ABD-RU-SHIN

DANS LA LUMIÈRE DE LA VÉRITÉ · MESSAGE DU GRAAL

I

ABD-RU-SHIN

DANS LA LUMIÈRE DE LA VÉRITÉ

MESSAGE DU GRAAL

I

ÉDITIONS FRANÇAISES DU GRAAL

STRASBOURG

Le présent ouvrage de Abd-ru-shin «Dans la Lumière de la Vérité», Message du Graal, est une traduction conforme au texte original allemand. La traduction ne peut rendre qu'approximativement la forme des mots et des phrases qu'employa l'auteur pour transmettre à l'esprit la Vérité vivante.

Le lecteur voudra bien se dire qu'aucune traduction ne saurait remplacer l'original. Mais s'il s'efforce, selon le désir de l'auteur, de saisir intuitivement la connaissance transmise par cette œuvre, il sera à même, malgré les inévitables lacunes d'une traduction, d'en reconnaître la haute valeur.

ISBN 2-900811-17-1
SEULE ÉDITION AUTORISÉE
© 1986 BY IRMINGARD BERNHARDT, VOMPERBERG, TIROL

LIBÈRE-TOI DE TOUTE EMPRISE DES TÉNÈBRES!

CELUI QUI

NE SE DONNE PAS LA PEINE

DE SAISIR LA PAROLE DU SEIGNEUR

DANS SON VRAI SENS

SE REND COUPABLE.

POUR VOUS GUIDER

LE BANDEAU tombe et la foi devient conviction. Dans la conviction seule reposent la délivrance et la rédemption.

Je ne m'adresse qu'à ceux qui cherchent sérieusement. Il faut qu'ils soient aptes et disposés à examiner objectivement cette œuvre objective. Que les fanatiques religieux et les rêveurs irresponsables demeurent à l'écart, car ils nuisent à la Vérité! Quant aux malveillants et aux personnes incapables d'objectivité, ils trouveront, dans les paroles mêmes, leur jugement.

Le Message n'atteindra que ceux qui portent encore en eux une étincelle de Vérité et le désir ardent d'être vraiment des hommes. Il leur sert à tous de phare et de soutien. Sans détours, il conduit hors du chaos de l'actuelle confusion.

La Parole qui va suivre n'apporte pas une nouvelle religion; par contre, pour tous les auditeurs et lecteurs sérieux, elle doit être le flambeau à l'aide duquel ils trouvent le vrai chemin qui les conduit vers les hauteurs auxquelles ils aspirent.

Seul celui qui se meut lui-même peut avancer spirituellement. L'insensé qui, dans ce but, utilise des aides extérieures sous forme de conceptions toutes faites, va son chemin comme sur des béquilles alors que ses propres membres valides sont inutilisés.

Mais dès l'instant où il exploite résolument comme instruments de son ascension tous les dons qui, dans l'attente de son appel, sommeillent en lui, il utilise – suivant la Volonté de son Créateur – le «talent» qui lui fut confié, et il surmontera en se jouant tous les obstacles qui voudront se mettre en travers de son chemin pour l'en détourner.

C'est pourquoi, réveillez-vous! Il n'est de foi véritable que dans la conviction, et la conviction ne peut naître que d'un contrôle et d'un examen intransigeants. Soyez des êtres vivants dans la merveilleuse création de votre Dieu!

Abd-ru-shin

QUE CHERCHEZ-VOUS?

QUE CHERCHEZ-VOUS? Dites, à quoi bon cette poussée impétueuse? Tel un tourbillon mugissant, elle déferle à travers le monde et tous les peuples sont submergés par un flot de livres. Les érudits fouillent les écrits du passé, sondent, se creusent la tête jusqu'à s'en épuiser l'esprit. Des prophètes surgissent pour avertir, pour promettre... De tous côtés, comme en un accès de fièvre, on veut soudain répandre une lumière nouvelle.

C'est ainsi que l'âme bouleversée de l'humanité subit actuellement les assauts d'une tempête. Loin de la rafraîchir et de la désaltérer, cette tempête consume, ronge et épuise les dernières forces qui restaient encore à cette âme déchirée dans la sombre époque actuelle.

De même, des chuchotements, des murmures s'élèvent çà et là, témoignant de l'attente grandissante d'un quelconque événement à venir. Chaque nerf est à vif, tendu en une inconsciente aspiration. Une agitation houleuse se déchaîne, et sur l'ensemble pèse une sorte d'oppressante et morne torpeur, porteuse de malheur. Que lui *faudra*-t-il enfanter? La confusion, le découragement et la perdition si la couche ténébreuse qui, à l'heure actuelle, enveloppe spirituellement le globe terrestre, n'est pas déchirée avec force; avec la visqueuse ténacité d'un marécage putride, cette couche absorbe et étouffe, avant qu'elle ait pu prendre de la force, toute pensée libre et lumineuse en train de prendre son essor et, dans le silence lugubre d'un bourbier, elle refoule, désagrège et anéantit déjà dans le germe tout bon vouloir avant qu'il ait pu se traduire en acte.

Cependant, le cri de ceux qui cherchent la Lumière – ce cri qui recèle la force de fendre la fange – se trouve détourné et se perd sous la voûte impénétrable qu'échafaudent avec zèle ceux-là mêmes qui s'imaginent porter secours. *Ils offrent des pierres au lieu de pain!*

Considérez ces innombrables publications:

L'esprit humain n'en est que lassé et non vivifié! Ceci est bien la preuve de la stérilité de tout ce qui est offert. En effet, ce qui lasse l'esprit n'est jamais le vrai.

8

(Le pain de l'esprit réconforte immédiatement, la Vérité désaltère et la Lumière vivifie.)

Les gens simples ne peuvent que se décourager à la vue des murs que les prétendues sciences de l'esprit érigent autour de l'au-delà. Qui parmi les êtres simples pourrait saisir ces phrases savantes, ces tournures étranges? L'au-delà serait-il donc l'apanage exclusif des maîtres en sciences occultes?

Et l'on y parle de Dieu! Faudrait-il créer une université pour y acquérir d'abord les facultés permettant de reconnaître la notion de la Divinité? Où conduit cette folie qui, pour la plus grande part, ne provient que de l'ambition?

Lecteurs et auditeurs titubent d'un endroit à l'autre, chancelants comme des ivrognes, privés de liberté intérieure, partiaux, étant donné qu'ils ont été détournés de la voie simple.

Écoutez, vous qui êtes découragés! Levez les yeux, vous qui cherchez sincèrement: *la voie qui mène vers le Très-Haut est ouverte à tout être humain. L'érudition n'en est point la porte d'entrée.*

Le Christ Jésus, cet éminent exemple sur le véritable chemin qui mène vers la Lumière, a-t-Il choisi Ses disciples parmi les pharisiens érudits? Parmi les docteurs de la loi? Non, Il les choisit dans un milieu humble et simple parce qu'ils n'avaient pas à lutter contre cette grave erreur qui consiste à croire que le chemin menant vers la Lumière est difficile à reconnaître et doit nécessairement être pénible.

(Cette façon de penser est la plus grande ennemie de l'homme, elle est mensonge!)

Abandonnez donc toute pédanterie scientifique là où il s'agit de ce qu'il y a de plus sacré en l'homme, de ce qui exige une *compréhension totale.* Laissez cela, car l'érudition, en tant que construction du cerveau humain, est œuvre fragmentaire et devra nécessairement rester fragmentaire.

Réfléchissez: comment des connaissances scientifiques laborieusement acquises pourraient-elles conduire vers la Divinité? *Qu'est-ce donc, après tout, que le savoir intellectuel?* C'est ce que le cerveau peut saisir. Mais combien limitée est la faculté de compréhension du cerveau qui reste étroitement liée à l'espace et au temps! (Le cerveau humain est déjà incapable de concevoir l'éternité et le sens de l'infini, notions qui, précisément, sont indissolublement liées à la Divinité.)

Mais le cerveau reste interdit devant cette force insaisissable qui flue à

9

travers tout ce qui existe et dans laquelle il puise lui-même son activité, cette force que tous ressentent intuitivement, chaque jour, à chaque heure, à chaque instant, comme quelque chose d'évident, cette force dont la science elle aussi a toujours reconnu l'existence et que l'on s'efforce pourtant vainement de saisir, de comprendre à l'aide du cerveau, c'est-à-dire par le savoir intellectuel.

Telle est donc la limitation de l'activité du cerveau, pierre de base et instrument de la science. Cette limitation s'étend naturellement aussi aux œuvres qu'il édifie, et par conséquent à l'ensemble des sciences elles-mêmes. Certes, la science est apte à *suivre en subordonnée*, en vue de mieux comprendre, de classer et d'ordonner tout ce qu'elle reçoit tout fait de la force créatrice qui la précède. Par contre, elle est nécessairement défaillante lorsqu'elle cherche à assumer elle-même la direction ou à faire des critiques, et cela tant qu'elle se lie aussi étroitement que par le passé à l'intellect, c'est-à-dire à la capacité de compréhension cérébrale.

C'est pourquoi l'érudition, tout comme ceux qui se règlent d'après elle, reste constamment accrochée à des détails alors que chaque être humain porte en lui, en tant que don, le grand et insaisissable «tout»; il est parfaitement capable d'atteindre, sans études laborieuses, ce qu'il y a de plus noble et de plus élevé.

En conséquence, débarrassez-vous de cette inutile torture qui asservit l'esprit! Le grand Maître ne nous lance pas en vain cet appel: «Devenez comme des enfants!»

Celui qui porte en lui le ferme vouloir pour le bien et s'efforce de conférer la pureté à ses pensées, *celui-là a déjà trouvé la voie qui mène vers le Très-Haut!* Tout le reste lui échoit alors en partage. Il ne faut à cet effet ni livres, ni astreinte spirituelle, ni ascèse, ni isolement. Il est sain de corps et d'âme, libéré de toutes les pressions engendrées par des cogitations maladives, car tout excès nuit. Des hommes, voilà ce que vous devez être, et non des plantes de serre qu'un développement unilatéral fait succomber au premier coup de vent.

— Éveillez-vous! Regardez autour de vous! Écoutez-en vous! Cela seul peut ouvrir la voie.

Ne tenez pas compte des controverses des Églises. Le Christ Jésus, l'éminent Dispensateur de la Vérité, l'incarnation de l'Amour divin, ne s'inquiéta pas des confessions. D'ailleurs, que sont les confessions aujourd'hui? Une entrave à la liberté de l'esprit humain, un asservissement de l'étincelle divine qui réside en vous, des dogmes qui visent à comprimer l'œuvre du Créateur de même que Son grand Amour en des formes forgées par la raison humaine, ce qui équivaut à rabaisser, à déprécier systématiquement ce qui est divin.

Cette manière de voir répugne à tout chercheur sincère car elle l'empêche à tout jamais de ressentir en lui-même la grandiose réalité. Son désir ardent de Vérité devient par là de plus en plus vain et il finit par désespérer de lui-même et du monde.

C'est pourquoi, éveillez-vous! Détruisez en vous les barrières du dogmatisme, arrachez le bandeau afin que la pure Lumière du Très-Haut puisse pénétrer jusqu'à vous sans subir d'altération. Alors, débordant d'allégresse, votre esprit prendra son essor; exultant, il ressentira tout l'immense Amour du Père qui ne connaît aucune des limites de l'intellect terrestre. Vous saurez enfin que vous êtes une partie de cet Amour, vous le concevrez facilement et pleinement, vous vous unirez à lui et vous obtiendrez ainsi chaque jour, à chaque heure, une force nouvelle en cadeau, une force qui rend toute naturelle votre ascension hors du chaos.

Observons donc de plus près tous ces hommes qui, aujourd'hui, cherchent d'une façon particulièrement active un guide spirituel et l'attendent dans un état d'élévation intérieure. A leur avis, ils sont eux-mêmes déjà solidement préparés spirituellement à le reconnaître et à écouter sa parole.

Une calme observation nous révèle de nombreuses scissions. La Mission du Christ, par exemple, a produit un effet singulier sur un grand nombre d'êtres humains. Ils s'en sont fait une fausse image. La cause en était, comme d'habitude, une fausse appréciation de soi-même: la présomption.

D'une part, à la place de la vénération d'autrefois, du maintien d'un abîme naturel et d'une démarcation stricte à l'égard de leur Dieu, est apparue une mendicité geignarde qui ne veut toujours que recevoir mais ne veut à aucun prix fournir le moindre effort. L'exhortation «prie» fut, certes, bien accueillie par eux; quant au complément «et travaille», c'est-à-dire «travaille sur toi-même», ils ne veulent pas en entendre parler.
— D'autre part, certains s'imaginent être si autonomes, si indépendants, qu'ils peuvent tout entreprendre par leurs propres moyens et même, en se donnant un peu de mal, devenir divins. —

Nombreux également sont ceux qui ne font qu'exiger et attendre que Dieu les sollicite. Par le seul fait d'avoir déjà envoyé Son Fils, Il a prouvé à quel point Il tient à ce que l'humanité se rapproche de Lui. En fait, Il aurait peut-être même besoin d'elle!

Où que l'on regarde, on ne trouve partout que présomption, mais point d'humilité. C'est l'exacte appréciation de sa propre valeur qui fait défaut.

Il importe tout d'abord que l'homme descende de son piédestal imaginaire pour pouvoir être *réellement un être humain* et, *en tant que tel,* entreprendre son ascension.

Aujourd'hui, spirituellement gonflé d'orgueil, l'homme est perché sur un arbre au pied d'une montagne au lieu de rester debout, les deux pieds solidement campés sur le sol. C'est pourquoi il ne pourra évidemment jamais gravir la montagne – à moins qu'il ne descende auparavant de l'arbre ou n'en tombe.

Entre-temps, cependant, tous ceux qui ont tranquillement et raisonnablement poursuivi leur chemin sur la terre ferme, en passant sous son arbre d'où il les contemplait orgueilleusement, seront probablement arrivés au sommet.

Mais les événements vont lui venir en aide, car l'arbre *s'abattra,* et ceci dans un avenir tout proche. Peut-être alors l'homme se ravisera-t-il à nouveau lorsqu'il sera tombé de sa hauteur instable et qu'il aura durement touché le sol! Mais alors il sera grand temps pour lui, il ne lui restera plus une heure à perdre.

Bien des gens se figurent à présent que ce laisser-aller peut continuer ainsi, comme ce fut le cas pendant des milliers d'années. Prenant leurs aises, ils se sont carrés dans leur fauteuil dans l'attente d'un guide puissant.

Mais *comment* se représentent-ils ce guide? Vraiment, c'est à faire pitié!

En premier lieu, ils attendent de lui ou, pour être plus précis, disons qu'ils *exigent* de *lui* qu'il fraie à chacun sa propre voie vers la Lumière. C'est *lui* qui doit se donner le mal de jeter des ponts vers le chemin de la Vérité pour les adeptes de *chaque* confession. C'est à *lui* de rendre cela si facile et compréhensible que chacun puisse le saisir sans peine. Ses paroles doivent être choisies de telle sorte que leur exactitude convainque immédiatement petits et grands de toutes conditions.

Dès que l'être humain doit fournir un effort personnel et penser par lui-même, alors ce n'est pas d'un véritable guide qu'il s'agit. En effet, s'il est appelé à guider et à indiquer le bon chemin à l'aide de sa parole, il doit tout naturellement aussi se donner de la peine pour les hommes. C'est *son* rôle de convaincre et d'éveiller les humains! Le Christ y a bien laissé Sa vie.

Ceux qui, de nos jours, pensent ainsi – et ils sont nombreux à le faire – n'ont même plus besoin de se mettre en peine car ils sont pareils aux vierges folles, ils vont au-devant d'un «trop tard»!

Le guide *ne* les réveillera certainement *pas;* il les laissera au contraire continuer tranquillement à dormir jusqu'à ce que la porte soit fermée et qu'ils ne puissent être autorisés à entrer dans la Lumière parce qu'ils ne pourront se libérer à temps des plans de la matière, ce que leur permettait la parole du guide qui leur indiquait le chemin.

13

Or, l'homme n'est pas aussi précieux qu'il se l'est imaginé. Dieu n'a pas besoin de lui, mais lui, il a besoin de son Dieu!

Étant donné que l'humanité, dans son prétendu progrès, ne sait plus rien aujourd'hui de ce qu'elle *veut* véritablement, elle sera en fin de compte contrainte d'apprendre ce qu'elle *doit* faire.

Les hommes de cette espèce passeront, en cherchant, certes, mais aussi en critiquant d'un air supérieur, comme tant d'autres déjà sont passés jadis devant *Celui* pour la venue duquel tout avait été soigneusement préparé par les révélations.

Comment peut-on s'imaginer *ainsi* un guide spirituel!

Il ne fera pas la moindre concession à l'humanité, *fût-ce de l'épaisseur d'un cheveu*, et partout où l'on s'attend à ce qu'il donne, il *exigera!*

Par contre, *tout homme* capable de penser sérieusement reconnaîtra aussitôt que c'est *précisément dans l'exigence rigoureuse et intransigeante* d'une réflexion sérieuse que réside ce qu'il y a de mieux, ce dont l'humanité déjà si profondément empêtrée dans sa paresse d'esprit a besoin pour son salut. C'est précisément parce qu'un guide exige de prime abord la mobilité spirituelle ainsi qu'un vouloir *sincère* et un effort personnel pour comprendre sa parole qu'il sépare dès le début, et en se jouant, le bon grain de la balle. Il y a là une activité spontanée telle qu'elle existe dans les Lois divines. Là encore, les hommes reçoivent la mesure exacte de ce qu'ils veulent réellement.

Mais il existe encore une autre catégorie d'êtres humains qui se croient particulièrement éveillés.

Ceux-là, ainsi qu'on peut le lire dans certains exposés, se sont évidemment fait du guide une image toute différente. Elle n'en est cependant pas moins grotesque, car ils attendent... un acrobate de l'esprit!

De toute façon, des milliers de personnes admettent déjà que la clairvoyance, la clairaudience, la voyance purement intuitive, etc., constitueraient un grand progrès, ce qui, en réalité, *n'est pas le cas*. De telles facultés, qu'elles soient acquises, développées, ou même innées, ne peuvent jamais s'élever au-dessus de l'emprise de cette Terre; elles ne s'exercent donc qu'à l'intérieur de limites inférieures qui ne peuvent jamais prétendre à un niveau élevé et sont par conséquent presque dépourvues de valeur.

Croit-on peut-être pouvoir contribuer *ainsi* à l'ascension de l'humanité en lui montrant ou en lui enseignant à voir ou à entendre ce qui, dans la matière subtile, se situe au même niveau qu'elle?

Ceci n'a aucun rapport avec l'ascension proprement dite de l'esprit et ne présente pas davantage d'utilité pour les événements terrestres. Ce sont des tours d'adresse spirituels, rien de plus, intéressants pour l'individu, *mais sans valeur aucune* pour l'ensemble de l'humanité.

Que toutes les personnes de ce genre désirent un guide qui leur soit semblable et en sache finalement plus qu'elles, est certes très facile à comprendre.

Il en est cependant un grand nombre qui, tout en prenant la chose fort au sérieux, vont encore beaucoup plus loin en ce domaine, et ce, jusqu'au ridicule.

Pour ceux-là, une autre preuve fondamentale de la qualité du guide serait, par exemple, l'impossibilité pour celui-ci... de s'enrhumer! Quiconque peut s'enrhumer se trouve a priori exclu, car cela ne correspond pas à l'idée qu'ils se font d'un guide idéal. Il faut en tout cas, et en premier lieu, qu'un guide fort soit entièrement au-dessus de ces petites choses par son esprit.

Cela peut paraître quelque peu artificiel et ridicule mais ne repose que sur des constatations réelles et n'est qu'un faible écho de l'exclamation d'antan: «Si Tu es le Fils de Dieu, aide-Toi toi-même et descends de la croix!» On crie la même chose aujourd'hui, avant même qu'un tel guide ne soit en vue.

Pauvres hommes ignorants! Celui qui entraîne son corps de façon aussi *unilatérale* afin de le rendre momentanément insensible grâce à la puissance de l'esprit, celui-là n'est nullement un être exceptionnel. Ceux qui l'admirent ressemblent aux enfants du temps passé qui, bouche bée et les yeux brillants d'admiration, contemplaient les contorsions des bateleurs, ce qui éveillait en eux le désir ardent de pouvoir les imiter.

Bon nombre de ceux qui, de nos jours, prétendent être chercheurs de Dieu ou chercheurs dans le monde de l'esprit, ne sont pas plus avancés sur le plan *spirituel* que ces enfants ne l'étaient jadis sur le plan purement *terrestre*.

Poursuivons donc nos réflexions: ce peuple nomade d'autrefois – dont je viens de parler – se perfectionna sans cesse, il se transforma en acrobates dans les cirques et les théâtres de variétés. Ses facultés se développèrent de façon prodigieuse et, journellement, des milliers de personnes blasées contemplent aujourd'hui encore leurs exhibitions avec un ébahissement sans cesse renouvelé et souvent même avec un frisson intérieur.

Cependant, en tirent-ils *profit pour eux-mêmes?* Que leur reste-t-il après de telles heures? Rien, absolument rien, et pourtant maint acrobate risque sa vie au cours de ces exhibitions. En effet, même portés à leur plus haut degré de perfection, tous ces exercices resteront *toujours* dans le cadre des théâtres de variétés et des cirques. Ils ne serviront toujours qu'à divertir mais ne seront jamais d'aucun profit pour l'humanité.

Or, ce sont des exploits acrobatiques *de ce genre,* mais transposés sur le plan *spirituel,* qui servent actuellement de critère pour reconnaître le guide éminent!

Laissez donc à ces gens leurs clowns de l'esprit! L'expérience vécue leur apprendra assez tôt où cela les conduit. A vrai dire, ils ignorent même ce qu'ils s'efforcent d'atteindre ainsi. Ils s'imaginent que seul est grand celui dont l'esprit domine le corps au point de lui éviter à tout jamais de connaître la maladie.

Tout entraînement de ce genre est unilatéral, et toute attitude unilatérale n'apporte que quelque chose de malsain et de malade. Loin *d'affermir l'esprit,* ces pratiques ne font au contraire *qu'affaiblir le corps.* L'équilibre nécessaire à une saine harmonie entre le corps et l'esprit se trouve perturbé. Il en résulte qu'un tel esprit finit par se séparer beaucoup plus tôt du corps ainsi maltraité, ce dernier n'étant plus capable de fournir la puissante et saine résonance indispensable à l'expérience terrestre. Or, cette expérience *fait défaut* à l'esprit qui arrive dans l'au-delà *dans un état d'immaturité.* Il lui faudra *une fois encore* vivre une existence terrestre.

De telles pratiques sont des tours d'acrobatie spirituelle, rien de plus; ces tours s'exercent aux dépens du corps terrestre dont le véritable rôle est de *seconder* l'esprit. Le corps *fait partie* d'une période d'évolution de l'esprit. Cependant, s'il est affaibli et asservi, il ne peut pas non plus être d'une grande utilité à l'esprit, car ses irradiations sont trop faibles pour conférer à celui-ci toute la force dont il a besoin dans la matière.

Lorsque quelqu'un veut juguler une maladie, il doit exercer spirituellement sur son corps une pression extatique comparable, à plus faible échelle, à la peur du dentiste qui parvient à refouler la douleur.

Le corps peut supporter sans dommages une et peut-être même plusieurs fois un tel état de surexcitation, mais il ne peut le faire de façon continue sans subir de sérieux préjudices.

Si un guide s'adonne à de *telles pratiques* ou les conseille, il ne mérite pas d'être guide car, en agissant ainsi, il enfreint les lois naturelles de la création. Sur Terre, l'homme doit prendre soin de son corps comme d'un bien qui lui a été confié et s'efforcer d'établir une saine harmonie entre l'esprit et le corps. Si cette harmonie est troublée par un refoulement unilatéral, ce n'est ni un progrès ni une ascension, mais au contraire un obstacle décisif à l'accomplissement de sa mission terrestre et, d'une façon générale, *dans la matière*. La force intégrale de l'esprit considéré sous l'angle de son action *dans la matière* se perd alors parce que, dans tous les cas, l'esprit a besoin de la force d'un corps physique qui ne soit pas assujetti mais en harmonie avec lui.

Celui qu'on appelle maître pour de telles raisons est moins qu'un élève qui ignore totalement les devoirs de l'esprit humain ainsi que les exigences de son évolution. C'est même un être nuisible pour l'esprit.

Les hommes en arriveront bien vite à reconnaître douloureusement leur folie!

Mais chacun de ces faux guides fera nécessairement *d'amères* expériences. Son ascension dans l'au-delà ne peut commencer *qu'à partir du moment* où tous ceux qu'il a retenus par ses jongleries spirituelles – ou qu'il a même induits en erreur – sont parvenus à la connaissance, et ce jusqu'au *dernier*. Tant que ses livres et ses écrits continuent à avoir de l'influence ici-bas, il se trouve retenu dans l'au-delà, même si, entre-temps, il y est parvenu à un meilleur entendement.

Quiconque recommande une initiation occulte offre aux hommes des pierres au lieu de pain et prouve par là qu'il n'a pas la moindre idée de ce qui se passe *réellement* dans l'au-delà, et encore moins de l'ensemble du mécanisme de l'univers.

L'ANTÉCHRIST

Hommes! Lorsque viendra l'heure où, selon la Volonté divine, l'épuration et le tri doivent s'accomplir sur la Terre, prêtez attention aux signes *dans le Ciel,* signes qui vous ont été annoncés et qui sont en partie supraterrestres.

Ne vous laissez pas alors abuser par *ces* hommes et *ces* Églises qui, depuis longtemps déjà, se sont voués à l'antéchrist! Il est affligeant que pas même les Églises n'aient su jusqu'ici où il leur fallait chercher cet antéchrist qui est pourtant à l'œuvre depuis si longtemps parmi tous les hommes. Avec tant soit peu de vigilance, elles auraient dû le reconnaître. Qui peut donc agir de façon encore plus contraire au Christ que ceux qui ont jadis combattu *le Christ Lui-même* et ont fini par Le mettre à mort? Qui pouvait se montrer plus cruellement, plus ouvertement l'ennemi du Christ?

C'étaient des chefs et des représentants de la religion temporelle auxquels *l'authentique* enseignement de Dieu, personnifié et transmis par le Fils de Dieu, ne convenait pas, étant donné qu'il ne s'accordait pas avec leurs propres institutions. En effet, l'authentique Message de Dieu ne pouvait pas cadrer avec la religion puisque les structures établies par les dignitaires ecclésiastiques terrestres visaient l'influence sur Terre, le pouvoir temporel ainsi que son extension.

Ils prouvaient ainsi clairement qu'ils étaient les serviteurs de l'intellect humain qui, orienté exclusivement vers le savoir terrestre et le pouvoir temporel, est hostile et fait obstacle à tout ce qui dépasse la capacité d'entendement terrestre. Or, puisque Dieu, tout comme le spirituel, reste totalement en dehors du savoir intellectuel terrestre, c'est précisément l'intellect qui constitue le seul et véritable obstacle. De par sa nature même, il est par conséquent l'adversaire de tout ce qui est divin et spirituel, et avec lui le sont donc logiquement tous les hommes qui croient à la prééminence absolue de leur intellect et n'essaient de construire que sur *lui.*

Les dignitaires de la religion d'alors craignaient que les éclaircissements apportés par le Fils de Dieu ne leur fassent perdre leur ascendant sur le peuple. Comme chacun le sait aujourd'hui, ce fut *là* la cause essentielle des calomnies qu'ils tentèrent de répandre contre le Christ et, finalement, cela entraîna l'exécution du Fils de Dieu. Ils clouèrent sur la croix comme blasphémateur Celui qui, pour éclairer les hommes, avait été envoyé par le Dieu même dont ils se déclaraient les serviteurs!

Or, ils connaissaient en réalité si peu *ce* Dieu et Sa Volonté – alors qu'ils voulaient faire croire aux hommes qu'ils Le servaient – que, pour Sa gloire et Sa défense sur Terre... ils assassinèrent ce Fils de Dieu, l'Envoyé de Dieu!

Ainsi se manifesta la funeste conséquence de leur asservissement à l'intellect terrestre qui ne luttait par là que pour maintenir son influence. Ils se firent les instruments du bourreau au service de l'antéchrist auquel ils avaient élevé en secret un trône en leur for intérieur: ils pouvaient ainsi satisfaire des faiblesses humaines telles que la présomption, l'orgueil, et leur vanité.

Celui qui attend des preuves plus évidentes ne peut être secouru, car rien ne saurait être plus hostile au Christ, au Fils de Dieu et à Sa Parole. D'ailleurs, le terme antéchrist signifie: «combattant *contre* le Christ», contre la rédemption de l'homme par le Message de Dieu. Ce fut l'intellect terrestre qui les y poussa, lui qui précisément, en tant que plante vénéneuse cultivée par *Lucifer,* est devenu son instrument le plus dangereux pour l'humanité.

C'est pourquoi le développement disproportionné et démesuré de l'intellect humain a jadis fini par devenir pour l'homme le péché originel. Or, étant l'antéchrist en personne, Lucifer lui-même se profile derrière lui! C'est *lui* qui, grâce aux hommes, a pu relever la tête, lui, le seul véritable ennemi de Dieu! Le combat hostile qu'il livra contre la Mission du Fils de Dieu lui a valu le nom d'antéchrist. Nul autre n'aurait eu la force et la puissance de devenir l'antéchrist.

Et Lucifer, dans sa lutte contre la Volonté de Dieu, ne se sert pas seulement *d'un* homme sur Terre mais de presque toute l'humanité qu'il conduit ainsi à la perdition sous l'effet de la colère divine. Celui qui ne peut saisir cela, à savoir l'évidence que seul *Lucifer en personne* pouvait être *l'antéchrist* qui ose affronter Dieu, celui-là ne pourra jamais comprendre quoi que ce soit à ce qui se produit en dehors de la matière dense, donc en dehors de ce qui est purement terrestre.

Et la situation *est aujourd'hui encore identique* à ce qu'elle était jadis. Elle

19

est même bien pire! Aujourd'hui également, nombreux sont les représentants des religions qui veulent lutter avec acharnement pour conserver dans les temples et les églises les pratiques terrestres observées jusqu'à nos jours par l'intellect humain.

C'est précisément cet intellect humain qui, étouffant toute intuition plus noble, constitue l'une des ramifications les plus insidieuses que Lucifer ait pu cultiver et répandre parmi l'humanité. Tous les esclaves de l'intellect sont en vérité des *serviteurs de Lucifer;* ils portent leur part de culpabilité dans l'effroyable effondrement qui, de ce fait, déferlera fatalement sur l'humanité.

Or, comme personne ne cherchait l'antéchrist dissimulé derrière l'intellect, son extension monstrueuse n'en fut que plus aisée! Lucifer triomphait: il barrait ainsi à l'humanité toute compréhension de ce qui se trouve en dehors de la matière dense. Il la coupait de *la vie proprement dite*, de l'endroit où commence seulement à s'établir le contact avec le spirituel qui mène à la proximité de Dieu.

Il prit ainsi pied sur cette Terre en tant que maître de la Terre et de la majeure partie de l'humanité.

Dès lors, il n'est pas surprenant non plus qu'il ait pu parvenir jusqu'aux autels et que les représentants des religions terrestres ainsi que ceux des Églises chrétiennes soient fatalement devenus ses victimes. En effet, eux aussi n'attendent l'antéchrist qu'avant le Jugement annoncé. La grande révélation de la Bible demeura, en ce domaine comme en tant d'autres, incomprise jusqu'à ce jour.

L'Apocalypse dit qu'avant le Jugement, cet antéchrist *relèvera la tête*, mais elle ne dit pas qu'il ne viendra qu'à ce moment-là! S'il fut écrit qu'il relève la tête, cela indique donc clairement qu'il lui faut déjà être présent et non encore à venir. *Il atteindra l'apogée de sa domination* peu avant le Jugement: tel est le sens de cette révélation.

Vous qui n'êtes pas encore devenus spirituellement sourds et aveugles, écoutez ce cri d'alarme! Donnez-vous la peine pour une fois de réfléchir très sérieusement *par vous-mêmes*. Si vous persistez dans votre nonchalance, vous vous considérez vous-mêmes comme perdus!

Lorsqu'on soulève la couverture protectrice du gîte d'un serpent venimeux qui se sent ainsi brusquement découvert, il cherche tout naturellement à sauter vers la main brutale pour la mordre.

Il en va de même dans ce cas. Se voyant découvert, l'antéchrist ripostera aussitôt par l'intermédiaire de ses serviteurs. Démasqué, il poussera les hauts cris et tentera l'impossible pour se maintenir sur le trône que l'humanité lui a délibérément offert. Mais il ne peut agir ainsi qu'avec l'aide de ceux qui le vénèrent intérieurement.

Prenez donc désormais bien garde à votre entourage lorsque commencera le combat! C'est précisément à leurs clameurs que vous reconnaîtrez le plus sûrement chacun de ceux qui lui appartiennent car, *une fois encore* et tout comme jadis, ceux-là, par crainte d'une Vérité pure, se cantonneront dans l'opposition.

L'antéchrist tentera à nouveau désespérément de maintenir son influence sur Terre. Observez son manque d'objectivité dans la défense et dans l'attaque, car il n'agira à nouveau que par la diffamation et les insinuations; ses partisans ne sauraient procéder autrement! Se tenir devant la Vérité et La réfuter est impossible.

C'est ainsi que les serviteurs de Lucifer combattront également l'Envoyé de Dieu, exactement comme ils combattirent autrefois le Fils de Dieu!

Chaque fois que se produit une tentative de ce genre, soyez vigilants, car de tels hommes veulent ainsi uniquement protéger Lucifer pour maintenir son règne sur la Terre. C'est là que se trouve un foyer des ténèbres, même si les hommes sont habituellement sur Terre vêtus de clair, même s'ils sont serviteurs d'une Église.

N'oubliez-pas l'événement qui se produisit lorsque le Fils de Dieu séjournait sur Terre. Songez plutôt qu'aujourd'hui encore, et avec un bien plus grand nombre de partisans, le *même* antéchrist s'évertue à conserver son emprise sur la Terre afin d'échapper à l'anéantissement et de continuer à obscurcir l'authentique Volonté de Dieu.

Par conséquent, observez attentivement tous les signes qui sont annoncés! Il s'agit pour chacun en particulier de prendre une *ultime* décision: le salut ou la perdition. En effet, cette fois, la Volonté de Dieu est que disparaisse tout ce qui osera à nouveau se révolter contre Lui.

Toute négligence à ce sujet entraînera votre jugement. Les signes divins n'apparaîtront pas au-dessus d'une église, ce n'est pas un dignitaire terrestre du clergé qui portera le sceau le marquant comme étant l'Envoyé de Dieu, mais seul celui qui, étant indissolublement lié à ces signes, les porte de ce fait avec lui, vivants et irradiants, comme jadis le Fils de Dieu lorsqu'Il séjourna sur cette Terre. Ce sont: la Croix de la Vérité, vivante et lumineuse en Lui, et la Colombe au-dessus de Lui. Ces signes seront visibles pour tous ceux qui auront obtenu la grâce de contempler ce qui appartient au plan spirituel afin d'en rendre témoignage à tous les hommes de la Terre car, parmi tous les peuples, il s'en trouvera qui cette fois auront le privilège de «voir», en tant qu'ultime grâce de Dieu.

Jamais ces signes sublimes de la Sainte Vérité ne peuvent être simulés. Même Lucifer – qui est contraint de fuir devant ces signes – en est incapable, et à plus forte raison un être humain. Ainsi, celui qui cherche encore à s'opposer à ce témoignage divin s'oppose désormais à Dieu en tant qu'en-nemi de Dieu. Il montre par là qu'il n'est et n'a jamais été un serviteur de Dieu, quoi qu'il ait pu jusqu'alors prétendre être sur Terre.

Prenez garde de ne pas compter, vous aussi, parmi ceux-là!

MORALITÉ

UNE SOMBRE nuée d'orage semble peser sur l'humanité. L'atmosphère est
étouffante. La faculté intuitive de l'être humain travaille paresseusement,
sous une pression accablante. Seuls sont tendus à l'extrême les nerfs qui
régissent le domaine des sens et des instincts du corps artificiellement ex-
cités par l'erreur d'une fausse éducation, d'une fausse attitude, et des illusions qu'on se fait sur soi-même.

L'homme d'aujourd'hui n'est pas normal à cet égard. En effet, il porte en
lui un instinct sexuel maladivement décuplé et s'évertue d'innombrables
façons à lui vouer un culte qui conduira fatalement l'humanité entière à la
ruine.

Tel un souffle pestilentiel, tout cela se propage, influençant aussi peu à
peu ceux-là mêmes qui tentent encore de se cramponner à un idéal qu'ils
ressentent confusément dans le secret d'une semi-conscience. Certes, ils
tendent les bras avec nostalgie vers cet idéal mais, désespérés à la vue de leur
entourage, les laissent invariablement retomber avec un soupir de découragement.

Frappés d'une morne impuissance, ils constatent, horrifiés, avec quelle
rapidité vertigineuse se trouble la vision claire de la moralité et de l'immoralité, comment se perd la faculté de juger et combien changent nos conceptions en ce domaine, au point que ce qui aurait encore peu de temps auparavant soulevé le dégoût et le mépris, est très vite considéré comme étant tout
naturel, et cela, sans même qu'on en soit choqué.

Mais la coupe sera bientôt pleine à ras bord. Il faut que survienne un
terrifiant réveil!

Dès maintenant, et de façon tout à fait spontanée et inconsciente, passe
parfois sur ces masses fouettées par leurs sens comme un brusque et craintif
besoin de se terrer. L'incertitude saisit par instants bien des cœurs; toutefois, cela ne suffit pas à les réveiller et à leur donner la nette intuition de
l'indignité de leur conduite. C'est alors qu'ils redoublent d'efforts pour

secouer, ou même étouffer de telles «faiblesses» ou «vestiges» d'opinions
surannées.

Il faut du progrès à tout prix. Mais on peut progresser de deux manières: vers le haut ou vers le bas, selon son choix. Or, au point où nous
en sommes, c'est vers le bas qu'on se dirige avec une effroyable rapidité.
Lorsque sonnera l'heure où ils buteront sur une forte résistance, la colli-
sion devra anéantir ceux qui se trouvent ainsi entraînés dans cette descente
vertigineuse.

Dans cette atmosphère étouffante, les nuages d'orage se concentrent,
toujours plus épais et plus menaçants. A tout instant, on peut maintenant
attendre le premier éclair qui va déchirer et illuminer l'obscurité. Avec une
impitoyable rigueur, sa flamme éclairera les choses les plus cachées, apportant la délivrance à ceux qui aspirent à la Lumière et à la clarté, mais la
perdition à ceux qui n'ont pas soif de Lumière.

Plus ce nuage opaque et pesant disposera de temps pour se condenser,
plus éblouissant et plus terrifiant aussi sera l'éclair qui jaillira de ce nuage.
La molle et engourdissante atmosphère qui dissimule dans ses indolentes
vapeurs une insidieuse lascivité se trouvera dissipée, car le premier éclair
sera tout naturellement suivi aussi d'un courant d'air frais et vif, porteur
d'une vie nouvelle. Sous la froide clarté de la Lumière, dépouillées de leurs
mensonges hypocrites, toutes les élucubrations de l'imagination ténébreuse seront brusquement exposées aux regards de l'humanité épou-
vantée.

Semblable à l'ébranlement d'un formidable coup de tonnerre, le réveil
secouera les âmes de sorte que les eaux vives de la pure Vérité pourront se
déverser impétueusement sur le terrain ainsi rendu perméable. Le jour de la
liberté se lève. C'est l'affranchissement du joug d'une immoralité qui, vieille
de milliers d'années, atteint maintenant sa plus belle floraison.

Regardez autour de vous! Considérez les lectures, les danses, les vête-
ments! L'époque actuelle s'efforce plus que jamais, en abattant toutes les
barrières entre les deux sexes, de troubler systématiquement la pureté de
l'intuition et, par là même, de la dénaturer et de l'affubler de masques
trompeurs pour finir, dans toute la mesure du possible, par l'étouffer
complètement.

Les hommes endorment leurs scrupules naissants par de belles paroles
qui, examinées de près, n'émanent que de l'instinct sexuel qui vibre en eux,

et ceci afin d'alimenter sans cesse la concupiscence sous de multiples formes, adroitement et maladroitement, secrètement et ouvertement.

Ils parlent d'un prélude à une humanité libre et indépendante, d'un développement de l'affirmation de soi, de la culture corporelle et de la beauté du nu, du sport qui ennoblit et de l'éducation, afin de rendre vivante la devise: «Aux purs, tout est pur!» Bref, on veut élever la race humaine en éliminant toute «pruderie» afin de créer l'homme noble et affranchi qui doit porter l'avenir. Malheur à celui qui ose s'y opposer! Le téméraire sera aussitôt lapidé d'injures sous un concert de hurlements: on affirmera par exemple que seules des pensées impures peuvent le pousser à «y trouver à redire».

C'est un tourbillon furieux d'eaux putrides exhalant des vapeurs délétères et engourdissantes qui, telle l'ivresse de la morphine, troublent les sens et provoquent des illusions dans lesquelles les êtres humains se laissent par milliers constamment glisser jusqu'à y sombrer, épuisés.

Le frère s'efforce de faire l'éducation de sa sœur, les enfants celle des parents. Tel un raz de marée, tout cela déferle sur l'humanité entière, et un violent ressac se produit là où quelques hommes réfléchis, écœurés, se dressent encore, solitaires, tels des rocs dans la mer. Beaucoup de ceux dont les propres forces menacent de s'épuiser dans la tempête déchaînée se cramponnent à eux. On aime à voir ces petits groupes, pareils à des oasis dans le désert. Tout comme elles, ils sont réconfortants et invitent au repos et à la détente le voyageur qui, en luttant péniblement, a pu échapper au simoun destructeur.

Ce que l'on prêche aujourd'hui en faveur du progrès sous tant de jolis prétextes n'est rien d'autre qu'un encouragement voilé à une grave impudicité, un empoisonnement des plus nobles intuitions en l'homme. C'est l'épidémie la plus terrible qui ait jamais frappé l'humanité. Chose singulière: il semble que tant d'hommes aient simplement attendu qu'un prétexte plausible leur soit fourni pour s'avilir eux-mêmes. Pour d'innombrables êtres humains, cela vient fort à propos.

Cependant, celui qui connaît les lois spirituelles qui sont à l'œuvre dans l'univers se détournera avec écœurement des aspirations actuelles. Contentons-nous de citer l'un des divertissements les plus «anodins»: les bains mixtes.

«Aux purs, tout est pur!» Cette phrase sonne si bien qu'à l'abri de cette résonance harmonieuse on peut se permettre bien des choses. Toutefois, dans un établissement de bains de ce genre, considérons les processus les plus simples se déroulant sur le plan de la matière subtile. Supposons qu'il y ait là trente personnes des deux sexes et que vingt-neuf d'entre elles soient vraiment pures à tous égard, supposition qui, dès l'abord, est absolument exclue, car le contraire – quoique rare encore – serait plus près de la vérité. Mais enfin, admettons!

L'une d'elles, la trentième, aiguillonnée par ce qu'elle voit, conçoit des pensées impures bien que son comportement extérieur puisse être parfaitement irréprochable. Dans la matière subtile, ces pensées se matérialisent immédiatement en de vivantes formes-pensées, elles se dirigent vers l'objet de sa convoitise et y demeurent attachées. Que cela ait donné lieu ou non à des paroles ou à des actes, il y a là une souillure.

La personne concernée ainsi atteinte emportera avec elle cette salissure capable d'attirer des formes-pensées errantes de même nature. De cette manière se crée autour d'elle un milieu de plus en plus dense qui risque finalement de la troubler et de l'empoisonner, tout comme une plante parasite fait souvent périr l'arbre le plus sain.

Tels sont les événements qui se déroulent sur le plan de la matière subtile lors de bains mixtes, de jeux de société, de danses ou autres choses prétendues «anodines».

Or, il faut considérer qu'en tout cas vont à ces bains et à ces divertissements précisément tous ceux qui cherchent particulièrement à exciter leurs pensées et leurs sens grâce à de pareils spectacles. Il n'est pas difficile d'expliquer la saleté qui se trouve ainsi engendrée sans que rien puisse être remarqué extérieurement sur le plan de la matière dense.

Il est tout aussi évident que, s'accumulant et se condensant sans cesse, cette nuée de formes-pensées sensuelles finit nécessairement par influencer d'innombrables personnes qui ne rechercheraient pas d'elles-mêmes ce genre de choses. Des pensées analogues montent en elles, d'abord faibles, puis plus fortes et plus vivantes, alimentées constamment par diverses formes de prétendu «progrès» dans leur entourage; c'est ainsi que, l'une après l'autre, elles glissent dans le fleuve sombre et visqueux où la possibilité de concevoir les notions de vraie pureté et de moralité s'obscurcit de plus en plus pour finalement tout entraîner dans les profondeurs des ténèbres les plus compactes.

Il faut en premier lieu faire disparaître ces occasions et ces incitations qui aboutissent au foisonnement de telles aberrations. Ce ne sont rien d'autre que des foyers d'incubation où la vermine pestilentielle des êtres immoraux peut déverser ses pensées qui, en proliférant, jaillissent ensuite et répandent la destruction sur toute l'humanité, créant sans cesse de nouveaux terrains d'incubation; finalement, ceux-ci ne forment plus qu'une énorme masse d'excroissances répugnantes d'où se dégagent des vapeurs délétères qui étouffent également ce qui est bon.

Arrachez-vous à ce délire! Tel un narcotique, il vous donne l'illusion de vous fortifier alors qu'en réalité il vous épuise et vous détruit.

Il est naturel, quoique désolant, que ce soit à nouveau justement le sexe féminin qui ait en premier lieu dépassé la mesure et qui, par ses toilettes, se soit sans scrupules ravalé au niveau de la prostituée.

Cela ne fait toutefois que prouver l'exactitude des explications concernant les événements se déroulant sur les plans de la matière subtile. Douée par la nature d'une plus grande faculté intuitive, c'est précisément la femme qui absorbe d'abord et plus profondément ce poison du monde infesté des formes-pensées de matière subtile bien qu'elle en soit elle-même totalement inconsciente. Elle est davantage sujette à ces dangers; de ce fait, elle est aussi la première à être entraînée, et elle dépasse alors toutes les bornes avec une rapidité aussi stupéfiante qu'incroyable.

Ce n'est pas sans raison que l'on dit: «Lorsque la femme s'avilit, elle est pire que l'homme!» Cela vaut dans tous les domaines, que ce soit dans la cruauté, dans la haine, ou en amour. Le comportement de la femme sera toujours le produit du monde de matière subtile qui l'entoure. Bien entendu, il y a là des exceptions. Mais la responsabilité de la femme n'en est nullement dégagée pour autant. Elle possède en effet la faculté d'observer les impressions qui l'assaillent et celle de diriger à son gré son propre vouloir et ses actes ... si elle le veut! Que la plupart d'entre elles n'agissent malheureusement pas ainsi est la faute du genre féminin, et cette faute provient uniquement de sa totale ignorance en ce domaine.

Mais ce qui est grave pour l'époque actuelle, c'est qu'en réalité l'avenir du peuple repose lui aussi entre les mains de la femme. Elle en dispose parce que son état d'âme exerce sur ses descendants une influence plus profonde que celui de l'homme. Quelle décadence nous réserve donc fatalement l'avenir! Elle est inéluctable. Les armes, l'argent, les découvertes ne pourront l'arrêter, pas plus que la bonté ou une politique avisée. Il faut qu'interviennent dans ce cas des moyens plus radicaux.

Mais la femme n'est pas seule à porter cette immense culpabilité. Elle ne sera jamais que le reflet fidèle du monde des formes-pensées qui planent sur son peuple. On ne doit pas l'oublier. *Respectez* et *honorez* la femme *en tant que telle* et elle se modèlera en conséquence: elle deviendra *ce que vous voyez en elle.* C'est ainsi que vous élèverez votre peuple tout entier!

Mais il faut auparavant que les femmes subissent une profonde transformation. Telles qu'elles sont actuellement, une guérison ne peut résulter que d'une opération radicale, d'une ablation violente et impitoyable qui, d'un scalpel acéré, sectionnera toute tumeur pour la jeter au feu. Sinon, elle détruirait également toutes les parties saines.

Avec une rapidité sans cesse croissante, l'époque actuelle se hâte irrésistiblement vers cette intervention nécessaire à tout le genre humain en la provoquant finalement elle-même. Ce sera douloureux, terrible, mais la guérison est à ce prix. Alors seulement sera venu le temps de parler de moralité. Aujourd'hui, cela équivaudrait à prononcer des paroles qui se perdraient dans la tempête.

Cependant, lorsque sera passée l'heure où cette Babel de perdition aura été obligée de disparaître parce qu'elle se sera effondrée sur elle-même dans sa propre pourriture, observez alors le genre féminin! Sa conduite vous montrera toujours *ce que vous êtes* étant donné que, dans sa faculté intuitive plus affinée, la femme vit ce que veulent les formes-pensées.

Ce fait nous donne aussi la certitude que, grâce à des pensées et à des intuitions pures, la femme sera la première à prendre son essor vers cet idéal que nous considérons comme l'être humain vraiment noble. Alors la moralité aura fait son entrée dans tout l'éclat de sa pureté!

ÉVEILLEZ-VOUS!

Vous, les humains, éveillez-vous de votre sommeil de plomb! Prenez conscience de l'indigne fardeau que vous portez et qui exerce sur des millions d'êtres une pression indiciblement tenace. Rejetez-le! Vaut-il la peine d'être porté? Pas une seule seconde!

Que renferme-t-il? De la balle vide que disperse le souffle de la Vérité. Vous avez gaspillé votre temps et vos forces pour rien. Brisez donc les chaînes qui vous retiennent, libérez-vous enfin!

L'homme qui reste lié intérieurement sera éternellement esclave, fût-il roi.

Vous vous liez par tout ce que vous cherchez à apprendre. Réfléchissez: en acquérant des connaissances, vous vous enserrez dans des formes étrangères que d'autres ont conçues, vous adoptez volontairement une conviction étrangère. Vous ne faites là que vous approprier les expériences que d'autres ont vécues *pour eux-mêmes*, en leur for intérieur.

Songez que ce qui convient à l'un ne convient pas à tous. Ce qui est utile à l'un peut être préjudiciable à l'autre. Chacun doit suivre sa propre voie en vue de son perfectionnement; pour ce faire, son équipement se compose des facultés qu'il porte en lui. C'est d'après elles qu'il doit se diriger, c'est sur elles qu'il doit construire! S'il ne le fait pas, il reste étranger à lui-même; il sera toujours *à côté* de ce qu'il a appris, et jamais cela ne saurait devenir vivant en lui. Dans ces conditions, tout profit est exclu pour lui. Il végète et tout progrès est impossible.

Écoutez, vous qui aspirez sincèrement à la Lumière et à la Vérité:

Chacun doit faire l'expérience personnelle du chemin qui mène à la Lumière, il doit le découvrir *lui-même* s'il veut y cheminer d'un pas sûr. Seul ce que l'être humain vit intérieurement, ce qu'il ressent intuitivement avec toutes les nuances, cela seul il l'a complètement saisi.

La souffrance, comme la joie, ne cesse de frapper à la porte pour encourager l'homme, pour le secouer en vue de son réveil spirituel. Pendant quelques secondes, il se trouve alors très souvent délivré de toutes les mesquineries de la vie quotidienne et, dans le bonheur comme dans la peine, il a le pressentiment d'un lien avec l'esprit qui flue à travers tout ce qui vit.

En effet, *tout* est vie, rien n'est mort! Heureux celui qui parvient à saisir et à retenir ces instants de liaison qui lui permettent de s'élancer vers les hauteurs! Toutefois, il ne doit pas s'en tenir ici à des formes rigides; au contraire, chacun doit se développer lui-même, à partir de ce qu'il porte en son for intérieur.

Ne vous souciez pas des railleurs qui sont encore étrangers à la vie de l'esprit. Ils sont comme des hommes ivres, comme des malades devant la grande œuvre de la création qui nous offre tant de choses. Tels des aveugles, ils avancent à tâtons tout au long de l'existence terrestre, ne voyant rien des splendeurs qui les entourent.

Ils sont égarés, ils dorment: en effet, comment quelqu'un peut-il encore affirmer, par exemple, que seul existe ce qu'il voit, que là où il ne peut rien voir avec ses yeux, il n'y a pas de vie et qu'avec la mort de son corps, lui aussi cesse d'exister, uniquement parce que, dans son aveuglement, ses yeux n'ont pu jusqu'à ce jour le convaincre du contraire? A présent, beaucoup de choses ne lui ont-elles pas déjà montré combien les capacités de l'œil sont limitées? Ne sait-il pas encore qu'elles dépendent de ses capacités cérébrales liées à l'espace et au temps et que, pour cette raison, ses yeux *ne peuvent* percevoir tout ce qui s'élève *au-dessus* de l'espace et du temps? Aucun de ces railleurs ne s'est-il encore rendu à l'évidence d'un raisonnement intellectuel aussi logique? Et pourtant la vie de l'esprit – nommons-la aussi l'au-delà – est tout simplement quelque chose qui dépasse totalement l'échelle terrestre de l'espace et du temps. Elle nécessite donc une voie de même nature pour être reconnue.

Cependant, notre œil ne voit même pas ce qui s'intègre dans l'espace et le temps. Que l'on songe à la goutte d'eau qui apparaît à l'œil nu d'une pureté absolue mais qui, observée à l'aide d'un microscope, recèle des millions d'organismes vivants s'y combattant et s'y détruisant sans merci. L'eau et l'air ne contiennent-ils pas parfois des bacilles que l'on ne peut reconnaître à l'œil nu et qui ont la force de détruire des corps humains? Pourtant, ils deviennent visibles à l'aide d'instruments de précision.

Dès lors, qui oserait encore affirmer que vous ne voyez rien de nouveau et d'inconnu jusqu'à présent dès que vous augmentez la puissance de ces instruments? Augmentez-la mille fois, des millions de fois, votre vision ne rencontrera pas de limites pour autant. Au contraire, des mondes sans cesse nouveaux s'ouvriront devant vous, des mondes que vous ne pouviez ni voir ni sentir auparavant bien qu'ils fussent présents.

Une réflexion logique entraîne également les mêmes déductions sur tout ce que les sciences ont pu accumuler jusqu'ici. Elle ouvre des perspectives sur une évolution continue, mais jamais sur une fin.

Or, qu'est-ce que l'au-delà? Beaucoup sont troublés par *l'expression* même. L'au-delà est simplement tout ce qui ne peut être perçu à l'aide de moyens terrestres; par moyens terrestres, il faut entendre les yeux, le cerveau et toutes les autres parties du corps, de même que les instruments qui les aident à exercer leur activité avec encore plus de précision et d'exactitude, leur permettant d'avoir un champ d'action plus vaste.

On pourrait donc dire: l'au-delà est ce qui se trouve au-delà de la capacité de perception de nos yeux terrestres. *Cependant, entre l'en-deçà et l'au-delà, il n'y a aucune séparation,* et aucun fossé non plus! Ils forment un tout, à l'instar de la création entière. Une *seule* force pénètre l'en-deçà et l'au-delà; tout vit et exerce son activité à partir de ce seul courant vital et se trouve par là indissolublement lié. Ce qui suit devient donc compréhensible:

Lorsqu'une partie de l'ensemble tombe malade, l'effet doit obligatoirement se faire sentir dans l'autre partie, tout comme pour le corps humain. Les substances malades de cette autre partie affluent alors vers la partie affectée du fait de l'attraction des affinités, aggravant encore la maladie. Cependant, lorsqu'une maladie de ce genre devient incurable, il en découle l'obligation absolue de procéder à l'ablation brutale de la partie malade pour éviter que l'ensemble ne soit entraîné dans une souffrance continue.

C'est pourquoi, modifiez vos conceptions! Il n'y a ni en-deçà ni au-delà, mais seulement une existence unitaire. Seul l'être humain a inventé la notion de dissociation parce qu'il ne peut pas tout voir et qu'il s'imagine être au centre de l'entourage qui lui est visible et en être le point principal. Cependant, son champ d'action est plus vaste. Mais, par l'idée erronée de la dissociation, l'homme ne fait que se limiter volontairement, il entrave sa progression et donne libre cours à l'imagination effrénée qui fait naître de monstrueuses images.

Est-il dès lors surprenant qu'en conséquence beaucoup se contentent d'un sourire sceptique et que d'autres montrent une vénération malsaine qui devient servile ou dégénère en fanatisme? Qui alors peut encore s'étonner de la peur farouche, voire de l'angoisse et de la terreur entretenues chez certains?

Débarrassez-vous de tout cela! A quoi bon ces tourments? Renversez cette barrière que l'erreur humaine a tenté de dresser et qui, en fait, n'a jamais existé! La fausse attitude que vous avez adoptée jusqu'à ce jour vous fournit également une base erronée sur laquelle vous vous efforcez en vain d'édifier continuellement la vraie foi, c'est-à-dire la conviction intérieure. Vous butez ainsi sur des points, sur des écueils qui vous font obligatoirement chanceler, douter, ou qui vous obligent à démolir vous-mêmes l'ensemble de l'édifice pour finir peut-être par abandonner la partie, soit par découragement, soit par amertume.

Vous seuls en subirez les dommages, car ceci n'est pas un progrès pour vous mais bien une stagnation ou même une régression. Le chemin qu'il vous faut de toute façon parcourir un jour n'en devient que plus long.

Lorsque vous aurez enfin saisi la création comme un tout – telle qu'elle est – et que vous cesserez de séparer l'en-deçà de l'au-delà, alors vous aurez trouvé le droit chemin, le but véritable se rapprochera, et l'ascension vous comblera de joie et vous remplira de satisfaction. Vous pourrez alors beaucoup mieux ressentir et comprendre les effets de la loi de la réciprocité dont les vivantes et chaudes pulsations parcourent l'ensemble de façon uniforme parce que toute activité est propulsée et soutenue par la Force unique. Ainsi la Lumière de la Vérité commencera à poindre pour vous.

Vous reconnaîtrez bientôt que, pour beaucoup, seules la commodité et la paresse provoquent leurs railleries uniquement parce qu'il leur en coûterait de renverser ce qu'ils ont appris et pensé jusqu'alors et de construire quelque chose de nouveau. Pour d'autres, cela empiète sur leur mode de vie habituel et ils ne se sentent pas à leur aise.

Laissez de tels êtres, ne discutez pas, mais prodiguez obligeamment votre savoir à ceux qui ne se satisfont pas de joies éphémères, à ceux qui recherchent dans la vie terrestre *davantage* que se remplir le ventre comme les animaux. Transmettez-leur ce que vous avez reconnu, n'enfouissez pas votre talent car, en donnant, vous enrichissez, vous affermissez votre savoir en retour.

Une loi éternelle est à l'œuvre dans l'univers: ce n'est qu'en donnant que l'on peut recevoir lorsqu'il s'agit de valeurs durables. Cette loi agit en profondeur, elle pénètre toute la création comme un legs sacré de son Créateur. Donner sans penser à soi, aider là où c'est nécessaire, comprendre les souffrances comme les faiblesses de son prochain, voilà ce que signifie recevoir, parce que c'est la voie simple et vraie qui mène vers ce qu'il y a de plus haut.

Vouloir cela sincèrement vous apporte immédiatement aide et force. Il suffit d'une seule aspiration vers le bien, aspiration sincère et profondément ressentie, pour que, à partir de «l'autre côté» qui vous est encore invisible aujourd'hui, le mur que vos pensées avaient jusqu'alors elles-mêmes érigé en obstacle se trouve immédiatement mis en pièces comme par une épée de feu; car vous faites un avec cet au-delà que vous craignez, que vous niez, ou auquel vous aspirez; vous êtes étroitement et indissolublement liés à lui.

Essayez, car vos pensées sont les messagères que vous envoyez et qui vous reviennent lourdement chargées de tout ce que vous y avez déposé, que ce soit en bien ou en mal. Cela s'accomplit! Souvenez-vous que vos pensées sont des réalités qui se façonnent spirituellement et deviennent souvent des formes qui survivent à l'existence terrestre de votre corps; alors bien des choses deviendront claires pour vous.

Il s'ensuit donc qu'il est tout à fait exact de dire: «car leurs œuvres les suivent». Les créations de la pensée sont des œuvres qui vous attendent un jour. Elles forment autour de vous des cercles lumineux ou sombres que vous devrez traverser afin de pénétrer dans le monde de l'esprit. Aucune protection, aucune intervention ne peut vous y aider, car vous possédez la liberté de décision. C'est pourquoi, dans tous les domaines, c'est à vous de faire le premier pas. Ce n'est pas difficile, cela dépend uniquement du vouloir qui s'exprime par la pensée. C'est ainsi que vous portez en vous le Ciel aussi bien que l'enfer.

La décision vous appartient, mais vous êtes ensuite soumis sans conditions aux conséquences de vos pensées et de votre vouloir. Ces conséquences, c'est vous-mêmes qui les créez. Voilà pourquoi je vous adresse cet appel:

«Gardez pur le foyer de vos pensées, vous faites ainsi régner la paix et vous êtes heureux!»

N'oubliez pas que chacune des pensées que vous engendrez et que vous émettez attire sur son chemin toutes celles qui lui sont semblables ou adhère à

33

d'autres pensées. Elle se renforce ainsi toujours davantage et finit par atteindre un but, un cerveau qui, s'oubliant ne serait-ce qu'un instant, donne par là libre accès à ce genre de formes-pensées errantes, leur offrant ainsi l'occasion de pénétrer et d'agir.

Considérez seulement la responsabilité qui retombe sur vous si votre pensée se transforme un jour en acte par l'intermédiaire d'une personne quelconque qu'elle aura pu influencer! Cette responsabilité se déclenche déjà du seul fait que toute pensée demeure constamment reliée à vous exactement comme par un fil infrangible; elle vous revient ensuite avec la force acquise en chemin, soit pour vous opprimer, soit pour vous rendre heureux, selon le genre que vous avez fait naître.

Vous vous trouvez ainsi dans le monde des pensées et, par votre façon de penser du moment, vous vous ouvrez à ces formes-pensées similaires. Par conséquent, ne gaspillez pas la force de la pensée! Concentrez-la au contraire pour vous défendre et acquérir une façon de penser *rigoureuse* qui, tel un javelot, s'élance au loin et agit sur toute chose. Faites donc de vos pensées la *Sainte Lance* qui combat pour le bien, qui guérit les blessures et fait progresser la création entière!

Mettez donc votre pensée au service de l'action et du progrès! Pour ce faire, il vous faut ébranler plus d'un pilier qui soutient des conceptions traditionnelles. C'est là une notion qui, mal comprise, empêche souvent l'homme de trouver le bon chemin. Il lui faut revenir à l'endroit d'où il est parti. Un trait de lumière détruira tout l'édifice qu'il avait laborieusement érigé durant des décennies et, après un engourdissement plus ou moins long, il se remettra à l'œuvre. Il le *doit,* étant donné qu'il n'y a aucune stagnation dans l'univers. Prenons par exemple la notion du temps:

Le temps passe! Les temps changent! On entend dire cela partout et, automatiquement, une image vient à l'esprit: *nous voyons défiler devant nous des temps sans cesse changeants.*

On s'habitue à cette image et, en conséquence, elle forme pour beaucoup une base solide sur laquelle ils continuent à construire; c'est sur elle qu'ils règlent toutes leurs recherches et toutes leurs spéculations. Cependant, ils ne tardent pas à se heurter à des obstacles en contradiction les uns avec les autres. Avec la meilleure volonté, de nombreuses choses ne concordent plus. Les hommes s'y perdent et laissent des lacunes que, malgré toutes leurs spéculations, ils n'arrivent plus à combler.

Beaucoup s'imaginent alors qu'en de tels cas c'est la *foi* qui doit servir de substitut lorsque la pensée logique ne trouve pas de prise. Mais cela est faux! L'homme ne doit pas croire en des choses qu'il ne peut concevoir. Il doit chercher à les comprendre, sinon il ouvre la porte toute grande aux erreurs, et les erreurs déprécient toujours la Vérité.

Croire sans comprendre n'est qu'indolence, que paresse de pensée. Cela ne conduit pas l'esprit vers le haut, mais l'accable. Levons donc les yeux, il nous faut tout examiner et aller au fond des choses. Ce n'est pas en vain que nous en ressentons le besoin.

Le temps! Passe-t-il vraiment? Pourquoi, en vertu de ce principe, butons-nous sur des obstacles dès que nous voulons y réfléchir davantage? Tout simplement parce que l'idée de base est *erronée. En effet, le temps est immobile,* c'est nous qui courons à sa rencontre. Nous nous précipitons dans le temps qui est éternel et nous y cherchons la Vérité.

Le temps est immobile. Il reste le même, aujourd'hui comme hier, et sera le même dans mille ans. Seules les formes changent. Nous plongeons dans le temps pour puiser en son sein ce qu'il a enregistré et pour enrichir notre savoir de tout ce qu'il a accumulé. En effet, rien ne lui a échappé, il a tout conservé. Il n'a pas changé parce qu'il est éternel.

Toi aussi, ô homme, tu es toujours le même, que tu paraisses jeune ou vieux. Tu restes celui que tu es. Ne l'as-tu pas encore toi-même ressenti? Ne remarques-tu pas une nette différence entre ta forme extérieure et ton «moi»? Entre ton corps qui est sujet aux transformations et toi, c'est-à-dire ton esprit, qui est éternel?

Vous cherchez la Vérité! Qu'est-ce que la Vérité? Ce que vous ressentez aujourd'hui encore comme étant la vérité, vous le reconnaîtrez dès demain comme étant une erreur pour découvrir plus tard à nouveau dans ces erreurs quelques bribes de vérité, car les révélations aussi changent de formes. C'est ainsi que vous poursuivez votre chemin en cherchant inlassablement, mais vous mûrissez à travers ces changements!

La Vérité, cependant, demeure toujours identique à elle-même; elle ne change pas, car elle est éternelle. Et, puisqu'elle est éternelle, elle ne sera jamais saisie dans sa pureté et dans sa réalité par les sens terrestres qui ne connaissent que des formes changeantes.

Par conséquent, devenez spirituels! Libérez-vous de toute pensée maté-rielle et vous *posséderez* la Vérité, vous serez dans la Vérité, vous serez plongés dans le rayonnement constant de sa pure Lumière car elle vous entoure totalement. Vous baignez en elle dès que vous devenez spirituels.

Alors, vous n'aurez plus besoin d'apprendre péniblement les sciences, vous n'aurez plus d'erreurs à redouter car vous trouverez déjà la réponse à chaque question dans la Vérité elle-même; mieux encore, vous n'aurez plus de questions: sans penser, vous saurez tout, vous embrasserez tout parce que votre esprit *vivra* dans la pure Lumière, dans la Vérité.

Devenez donc libres spirituellement, rompez tous les liens qui vous retiennent! Et si des obstacles se présentent, allez au-devant d'eux, emplis d'une jubilante allégresse, car ils signifient pour vous le chemin qui mène à la liberté et à la force. Considérez-les comme un cadeau d'où surgiront pour vous des avantages et vous les surmonterez aisément.

Ces obstacles ont pu être placés devant vous pour vous permettre d'en tirer une leçon et de vous développer, multipliant ainsi les moyens dont vous disposez en vue de votre ascension, ou bien ce sont les répercussions d'une faute que vous rachetez de cette façon et dont vous pouvez vous libérer. Dans les deux cas, ils vous font progresser. Affrontez-les donc hardiment, c'est pour votre salut!

C'est folie que de parler de coups du destin ou d'épreuves. Chaque lutte, chaque souffrance représente un *progrès*. L'occasion est ainsi offerte aux hommes d'effacer les ombres de fautes antérieures, car nul ne saurait être tenu quitte du moindre denier: là encore, le cycle des lois éternelles à l'œuvre dans l'univers est immuable. La Volonté créatrice du Père se manifeste en elles et nous pardonne ainsi, effaçant tout ce qui appartient aux ténèbres.

L'ensemble est organisé avec tant de clarté et tant de sagesse que la moindre déviation devrait réduire le monde à l'état de ruine.

Quant à celui qui a beaucoup d'erreurs antérieures à réparer, ne va-t-il pas alors se décourager, ne va-t-il pas s'effrayer à la perspective du rachat de ses fautes?

Qu'il se rassure et se mette joyeusement au travail: dès que son *vouloir* est *sincère*, il peut être sans inquiétude. Une *compensation* est en effet possible grâce au contre-courant de cette force du bon vouloir qui, dans le domaine spirituel, pareille à d'autres formes-pensées, devient vivante et constitue une arme puissante capable d'enlever tout poids des ténèbres, toute oppression et de conduire le «moi» vers la Lumière!

Force du vouloir, puissance insoupçonnée de tant d'êtres humains! Tel un aimant qui jamais ne faillit, elle attire à elle des forces semblables dont elle s'accroît à la manière d'une avalanche; unie à d'autres forces de même nature spirituelle, elle agit alors rétroactivement, regagnant son point de départ, c'est-à-dire touchant son origine, ou plus précisément son auteur, pour l'élever très haut vers la Lumière ou pour le précipiter plus profondément dans la fange et la boue selon le genre de sa volonté initiale.

Quiconque connaît cette loi de réciprocité qui se manifeste avec une absolue certitude, cette loi qui repose dans la création entière et dont les effets se déclenchent et se déploient avec une sûreté infaillible, sait l'utiliser; il doit l'aimer, il doit la craindre. Pour lui, le monde invisible qui l'entoure devient peu à peu vivant, car il en ressent si clairement les manifestations que le moindre doute disparaît.

Pour peu qu'il y prête quelque attention, il doit ressentir intuitivement les ondes puissantes de l'activité incessante qui agissent sur lui en provenance du grand Tout. Finalement, il ressent qu'il est le foyer de courants puissants; telle une lentille qui capte les rayons du soleil, ce foyer les concentre sur un point précis où il produit une force capable d'embraser, de consumer et de détruire, mais aussi de guérir, de vivifier, de répandre la bénédiction, une force qui est également capable d'enflammer un feu ardent.

Vous aussi, vous êtes de telles lentilles, capables par votre vouloir d'émettre de façon concentrée ces invisibles courants de force qui vous atteignent pour en faire une puissance conduisant à de bonnes ou de mauvaises fins, pour le bien de l'humanité ou encore pour sa perte. C'est ainsi que vous pouvez, que vous devez allumer dans les âmes un feu ardent, le feu de l'enthousiasme pour ce qui est bien, ce qui est noble, et pour le perfectionnement!

Il y faut seulement la force du vouloir qui, en un certain sens, fait de l'homme le seigneur de la création et le maître de son propre destin. Son propre vouloir lui apporte l'anéantissement ou la rédemption. Il détermine sa récompense ou son châtiment avec une inexorable certitude.

Or, ne craignez pas que ce savoir vous éloigne du Créateur ou affaiblisse la foi qui était la vôtre jusqu'à ce jour. Au contraire! La connaissance de ces Lois éternelles que vous pouvez utiliser vous fait apparaître toute l'œuvre de la création comme plus sublime encore. Sa grandeur contraint à tomber à genoux, dans le recueillement, celui qui cherche plus profondément.

Jamais alors l'homme ne voudra le mal. Il saisira avec joie le meilleur soutien dont il dispose: l'amour! L'amour de toute la merveilleuse création, l'amour du prochain, afin de le conduire, lui aussi, à la splendeur de ces délices, à cette conscience de la Force.

LE SILENCE

UNE PENSÉE surgit-elle en toi, retiens-la, ne l'exprime pas tout de suite, mais entretiens-la car, retenue par le silence, elle se condense et gagne en force comme la vapeur sous pression.

La pression et la condensation produisent une activité de nature magnétique, conformément à la loi selon laquelle tout ce qui est plus fort attire ce qui est faible. Des formes-pensées similaires sont ainsi attirées, retenues de tous côtés; elles renforcent toujours davantage la force de ta propre pensée initiale. Elles agissent néanmoins de telle sorte que la forme originellement conçue se polit par l'adjonction de formes étrangères, se modifie et revêt des aspects variables jusqu'à ce qu'elle arrive à maturité. Tu ressens bien tout cela intérieurement, cependant tu penses toujours que c'est là l'effet de ta seule volonté. *Mais ce n'est en aucun cas ton propre vouloir qui entre intégralement en jeu, il s'accompagne toujours d'apports étrangers.*

Que te dit ce processus?

Il te montre que c'est seulement dans l'union de nombreux éléments que peut être créée une œuvre parfaite. Créée? Est-ce bien là le terme exact? Non, c'est formée qu'il faudrait dire! Car il ne saurait être question de créer quelque chose de nouveau. Quelles que soient les circonstances, il ne s'agit en l'occurrence que de formations nouvelles, car tous les éléments existent déjà dans la vaste création. Mais, pour servir, ces éléments doivent être acheminés vers le perfectionnement, ce que réalise l'union.

L'union! Ne prends pas cela à la légère, mais efforce-toi d'approfondir cette notion afin que la maturité et la perfection puissent être atteintes par l'union. Ce principe repose dans toute la création, tel un joyau qui demande à être dégagé. Il est intimement lié à la loi selon laquelle ce n'est qu'en donnant que l'on peut recevoir. Et quelle est la condition nécessaire pour comprendre ces principes comme il se doit, c'est-à-dire pour les vivre? L'amour! Voilà pourquoi l'amour est aussi la force suprême, la puissance illimitée dans les secrets de l'Existence véritable!

De même qu'à chaque pensée l'union édifie, polit et forme, ainsi en va-t-il de l'homme lui-même et de toute la création dans laquelle naissent, en une incessante jonction de formes individuelles existantes, de nouvelles configurations par la force du vouloir; c'est ainsi que le chemin finit par être celui qui mène à la perfection.

Un individu isolé ne peut t'offrir la perfection, mais l'ensemble de l'humanité dans la multiplicité de ses particularités. Chaque individu a quelque chose qui appartient nécessairement à l'ensemble. Cela explique aussi pourquoi un être très évolué, qui ne connaît plus aucune convoitise terrestre, aime l'ensemble de l'humanité et non pas un individu isolé, étant donné que seul l'ensemble de l'humanité peut faire vibrer en un accord d'une harmonie céleste les cordes de son âme mûre, libérées par les épurations passées. Il porte l'harmonie en lui car toutes les cordes vibrent!

Revenons à la pensée qui attira à elle les formes étrangères et y gagna une puissance sans cesse accrue. Finalement, elle jaillit de toi en vagues de force compactes, elle traverse l'aura de ta propre personne et exerce une influence sur un entourage plus étendu.

C'est ce que les hommes appellent le magnétisme de la personne. Les non-initiés disent: «Tu irradies quelque chose.» Selon ton genre personnel, cela est agréable ou désagréable, attirant ou repoussant. De toute façon, on le ressent.

Cependant, tu n'irradies rien. Le processus qui fait naître cette impression chez autrui a son origine dans le fait que tu attires à toi, tel un aimant, tout ce qui se trouve en affinité spirituelle avec toi. Et cette attraction est sensible à ton prochain. Mais, là encore, la réciprocité des effets entre en jeu. Par cette liaison, l'autre ressent alors clairement ta force et, de ce fait, la «sympathie» s'éveille.

Ne perds jamais de vue que tout ce qui est spirituel est, pour l'exprimer selon nos conceptions, de nature magnétique. Tu n'ignores pas non plus que ce qui est plus fort domine toujours par attraction, par absorption, ce qui est faible. C'est ainsi qu'est «encore enlevé au pauvre (au faible) le peu qu'il possède». Il devient dépendant.

Il n'y a là aucune injustice; au contraire, cela se produit conformément aux Lois divines. Il suffit à l'homme de se ressaisir, d'exercer correctement son vouloir, et il en est préservé.

Sans doute vas-tu demander: Qu'adviendra-t-il si tous veulent être forts?

S'il ne reste plus rien à prendre à personne? Alors, cher ami, *il y aura échange volontaire,* conformément à la loi selon laquelle on ne peut recevoir qu'en donnant. Cela n'entraîne aucune stagnation; au contraire, tout ce qui est médiocre se trouve éliminé.

C'est ainsi que, par paresse, beaucoup deviennent dépendants en esprit, et parfois même, c'est à peine s'ils possèdent encore la faculté d'élaborer des pensées personnelles.

Il convient de préciser que seule l'affinité est attirée. D'où le proverbe: «Qui se ressemble, s'assemble». C'est ainsi que les buveurs se retrouvent toujours, que les fumeurs «sympathisent», de même que les bavards, les joueurs, et ainsi de suite. Cependant, les êtres nobles également se rassemblent en vue d'un but élevé.

Mais cela va plus loin: l'aspiration spirituelle se manifeste finalement aussi dans le domaine *physique* puisque tout ce qui est spirituel pénètre dans la matière dense. De ce fait, il ne faut pas perdre de vue la loi de la réciprocité, car une pensée reste constamment reliée à son origine et, par cette liaison, elle provoque le retour des radiations.

Je ne parle toujours ici que des pensées *réelles* qui portent en elles la force vitale de l'intuition de l'âme, et non du gaspillage de la force cérébrale qui t'est confiée en tant qu'instrument ne formant que des pensées éphémères se manifestant en une confusion extrême, ombres fantomatiques qui, heureusement, se dissipent très vite. De telles pensées ne sont pour toi qu'une perte de temps et d'énergie; tu dilapides ainsi un bien qui te fut confié.

Si, par exemple, tu te concentres sérieusement sur quelque chose, cette pensée, par la force du silence, acquiert une grande puissance magnétique en toi; elle attire tout ce qui lui est semblable et s'en trouve ainsi fécondée. Elle mûrit et sort du cadre de l'ordinaire; grâce à cela, elle pénètre même dans d'autres sphères où elle reçoit un afflux de pensées plus élevées... l'inspiration! C'est ainsi que, dans le cas de l'inspiration, contrairement à ce qui se produit dans le cas de la médiumnité, la pensée de base doit partir de toi-même, elle doit jeter un pont vers l'au-delà, le monde spirituel, pour y puiser consciemment à une source.

L'inspiration n'a donc rien à voir avec la médiumnité.

C'est ainsi que la pensée arrive à maturité en toi. Tu passes à l'exécution et, *condensé par ta force,* tu amènes à se matérialiser ce qui, sous forme d'innombrables éléments isolés, planait auparavant dans l'univers en tant que formes-pensées.

De cette façon, par l'union et la condensation d'éléments spirituels existant depuis longtemps, tu crées *une forme nouvelle!* Ainsi donc, dans toute la création, seules les formes changent car tout le reste est éternel et indestructible.

Garde-toi des pensées confuses, de toute platitude de pensée. La légèreté se venge amèrement; en effet, elle t'abaisse rapidement à un niveau où tu es le jouet d'influences étrangères. De ce fait, tu deviens facilement maussade, capricieux et injuste à l'égard de ton proche entourage.

Si tu as une pensée réelle et si tu t'y tiens, la force ainsi concentrée doit nécessairement finir par entraîner aussi la réalisation. *Étant donné que toute force est uniquement spirituelle,* le devenir de chaque chose se déroule entièrement sur le plan spirituel. Les choses qui deviennent alors visibles pour toi ne sont jamais que les effets ultimes d'un processus préalable de nature spirituelle-magnétique s'accomplissant continuellement et uniformément selon un ordre établi.

Observe, et tes pensées, tes sentiments t'apporteront bientôt la preuve que toute vie réelle ne peut être en vérité *que la vie de l'esprit;* en elle seule reposent l'origine ainsi que l'évolution. Tu dois en venir à la conviction que tout ce que tu vois avec tes yeux terrestres n'est en réalité qu'une manifestation de l'esprit en tant que force motrice éternelle.

Tout acte, et jusqu'au moindre mouvement d'un être humain, est toujours précédé d'un vouloir spirituel. Le corps n'y joue que le rôle d'un instrument animé par l'esprit, il n'est lui-même parvenu à se condenser que par la force de l'esprit. Il en va de même pour les arbres, les pierres et la Terre entière. Tout est animé, pénétré et propulsé par l'Esprit créateur.

Or, comme l'ensemble de la matière, c'est-à-dire ce qui est visible sur le plan terrestre, n'est qu'une manifestation de la vie spirituelle, il n'est pas difficile pour toi de saisir que les *conditions terrestres* également se forment à chaque fois en fonction de la nature de la vie spirituelle qui nous est *la plus proche.* Ce qui en découle logiquement est clair: la sage ordonnance de la création a doté l'être humain du pouvoir de façonner lui-même les circonstances en se servant de la Force même du Créateur. Heureux celui qui ne l'utilise que pour le bien, mais malheur à lui s'il se laisse entraîner à l'employer pour le mal!

Chez l'être humain, l'esprit est simplement entouré et obscurci par les convoitises terrestres qui adhèrent à lui comme des scories, l'alourdissent et l'entraînent vers le bas. Or, ses pensées sont des actes de volonté; la force de l'esprit y repose. *La décision appartient à l'homme de penser de façon bonne ou mauvaise: il peut ainsi diriger la Force divine vers le bien comme vers le mal.* C'est là que réside la responsabilité que porte l'être humain; en effet, la récompense ou le châtiment ne peut être évité parce que le déclenchement de la loi de réciprocité des effets fait refluer vers leur point de départ toutes les conséquences des pensées; cette loi ne faillit jamais, elle est en cela parfaitement immuable, donc inexorable. De ce fait, elle est également incorruptible, rigoureuse et juste. Or, n'en dit-on point autant de Dieu?

Si aujourd'hui de nombreux adversaires de la foi ne veulent plus entendre parler d'une Divinité, cela ne peut rien changer à la réalité des faits que j'ai mentionnés. Il leur suffit de laisser de côté le petit mot «Dieu» et de s'absorber sérieusement dans la science: ils y trouveront *exactement la même chose,* mais exprimée en d'autres termes. Dès lors, n'est-il pas ridicule d'en discuter encore?

Aucun être humain ne peut passer outre aux lois naturelles, personne ne peut aller à contre-courant. Dieu est la Force qui actionne les lois de la nature, la Force que personne n'a encore saisie, que personne n'a vue, mais dont chacun est pourtant obligé de constater les *effets,* de les ressentir intuitivement, de les observer journellement, à toute heure, et même à chaque fraction de seconde, à condition qu'il *veuille* voir; elle est en lui, en chaque animal, en chaque arbre, en chaque fleur, et jusque dans chaque fibre de la feuille qui se gonfle et fait éclater le bourgeon pour s'épanouir à la lumière.

N'est-ce pas de l'aveuglement que de s'opposer obstinément à cette réalité, alors que tous, y compris les détracteurs intraitables, confirment l'existence de cette Force et la reconnaissent? Qu'est-ce donc qui les empêche de nommer «Dieu» cette Force qu'ils reconnaissent? Est-ce une obstination puérile ou encore une certaine honte d'être dans l'obligation d'avouer que, pendant tout ce temps, ils se sont obstinément évertués à nier une chose dont l'existence leur est apparue depuis toujours comme une évidence?

Ce n'est vraisemblablement rien de tout cela. La raison se trouve sans doute dans le fait que, de tous côtés, on ne présente à l'humanité que des caricatures de la grande Divinité, caricatures qu'un chercheur sérieux ne saurait accepter. La Force de la Divinité qui embrasse tout et pénètre tout se trouve nécessairement rabaissée et dégradée si l'on essaie de la comprimer dans une image.

Une profonde réflexion fait comprendre qu'aucune image ne saurait la représenter. Précisément parce que tout être humain porte en lui la notion de Dieu, il se cabre avec le vague pressentiment que l'on tente par là de comprimer la majestueuse et inconcevable Force qui l'a créé et qui le guide.

Les *dogmes* sont coupables du fait que nombre de ceux qui, dans leur antagonisme, cherchent à dépasser toutes les bornes, vont bien souvent à l'encontre de leur vivante certitude intérieure.

Cependant, l'heure du réveil spirituel n'est pas loin! Ce sera l'heure où les Paroles du Rédempteur seront interprétées comme il se doit et Sa grande œuvre de rédemption comprise comme elle doit l'être. En effet, le Christ apporta la libération hors des ténèbres en indiquant le chemin qui mène à la Vérité, Il montra en tant qu'homme la voie qui conduit vers les hauteurs lumineuses. Et, par le sang versé sur la croix, Il apposa le sceau de Sa conviction.

La Vérité n'a jamais été différente de ce qu'elle était déjà alors, de ce qu'elle est aujourd'hui et de ce qu'elle sera encore dans des dizaines de milliers d'années, car elle est éternelle.

Apprends par conséquent à connaître les Lois qui reposent dans le grand Livre de la création entière. S'y soumettre signifie aimer Dieu, car tu n'apportes par là aucune dissonance dans l'harmonie; tu contribues au contraire à mener le puissant accord à son plein épanouissement.

Or, que tu dises: je me soumets volontairement aux lois de la nature, telles qu'elles existent, parce que c'est pour mon bien, ou que tu dises encore: je me conforme à la Volonté de Dieu qui se manifeste dans les lois de la nature, ou à la Force inconcevable qui régit les lois de la nature… quelle différence y a-t-il dans les effets? La Force est là et tu en reconnais l'existence, tu *dois* la reconnaître parce qu'il ne te reste pas d'autre alternative, pour peu que tu réfléchisses. Ce faisant, tu reconnais ton Dieu, le Créateur!

Or, cette Force agit également en toi quand tu penses. Ne l'utilise donc pas pour le mal, mais pense le bien! N'oublie jamais que lorsque tu engendres des pensées, tu emploies la Force divine qui te rend capable d'atteindre ce qu'il y a de plus pur, de plus haut.

Efforce-toi de ne jamais perdre de vue le fait que toutes les conséquences de tes pensées retombent invariablement sur toi, proportionnellement à la force, à l'intensité et à l'ampleur de *l'effet produit* par ces pensées, dans le bien comme dans le mal.

Toutefois, puisque la pensée est de nature spirituelle, ses conséquences reviennent *spirituellement*. Elles t'atteignent donc partout, que ce soit ici sur Terre, ou plus tard, après ton décès, dans les plans spirituels. Étant donné qu'elles sont spirituelles, elles ne sont nullement liées à la matière. Il s'ensuit que *la décomposition du corps n'en suspend pas le dénouement*. La rétribution se produira infailliblement en retour, tôt ou tard, ici-bas ou dans l'au-delà; cela est certain.

Le lien spirituel avec toutes tes œuvres demeure solidement établi puisque les œuvres terrestres et matérielles ont, elles aussi, une origine spirituelle grâce aux pensées qui les ont engendrées; elles continuent donc à subsister même lorsque tout ce qui est terrestre a disparu. Voilà pourquoi il est juste de dire: «Tes œuvres t'attendent dans la mesure où le dénouement ne t'a pas encore atteint dans sa répercussion.»

Si, lors d'une répercussion, tu te trouves encore sur cette Terre ou si tu y es de nouveau, les conséquences refluant du plan spirituel t'atteindront alors, soit en bien, soit en mal, avec plus ou moins de force *selon leur nature,* à travers les circonstances, dans ton milieu, ou directement sur ta propre personne, sur ton corps.

Il convient ici d'insister encore une fois tout particulièrement sur ce point: *la vie réelle, la vie proprement dite, se déroule sur le plan spirituel.* Or, ce qui est spirituel ne connaît ni temps ni espace, et donc pas de séparation non plus; cela est au-dessus des notions terrestres. Où que tu sois, les conséquences t'atteignent au moment où, selon la Loi éternelle, le dénouement reflue vers son point de départ. En l'occurrence, rien ne se perd, tout revient inéluctablement.

Voilà qui résout aussi la question si souvent posée: Comment se fait-il que des êtres apparemment bons aient parfois si durement à souffrir au cours de leur vie terrestre au point que cela semble être une injustice? *Ce sont là des dénouements qui doivent les atteindre!*

Tu connais à présent la réponse à cette question; en effet, ton corps du moment ne joue ici aucun rôle. Ton corps, ce n'est pas toi-même, il n'est pas ton «moi» tout entier mais un instrument que tu t'es choisi ou bien que tu as dû prendre en vertu des lois qui régissent la vie spirituelle. Tu peux encore les nommer lois cosmiques si elles te paraissent plus compréhensibles ainsi. La vie terrestre du moment ne représente qu'un court laps de temps de ton existence proprement dite.

Quelle pensée écrasante s'il n'existait dans ce cas aucune échappatoire, aucune puissance qui, s'opposant à tout cela, exerce sa protection! Plus d'un être humain perdrait alors courage au moment de son éveil spirituel et préférerait continuer à dormir selon ses anciennes habitudes. En effet, il ne sait pas ce qui lui est réservé, ce qui va encore le frapper sous forme de répercussion pour ses actes passés, ou bien, comme disent les hommes, «ce qu'il a à réparer».

Pourtant, sois sans crainte! Dès ton réveil, dans la sage ordonnance de la grandiose création, un chemin t'est montré grâce à cette *force du bon vouloir* à laquelle j'ai déjà explicitement fait allusion. Cette force atténue les dangers d'un karma en voie d'accomplissement ou les détourne même complètement.

Cela aussi, l'Esprit du Père l'a mis entre tes mains. La force du bon vouloir forme autour de toi un cercle capable de désagréger le mal qui t'assiège, ou tout au moins de l'atténuer considérablement. Exactement comme la couche atmosphérique qui protège le globe terrestre.

Or, la force du bon vouloir, cette solide protection, se développe et s'accroît par la puissance du silence.

C'est pourquoi, chercheurs, je vous adresse une fois encore ce pressant appel:

«Gardez pur le foyer de vos pensées, puis utilisez en premier lieu l'immense puissance du silence si vous souhaitez progresser vers les hauteurs!»

Le Père a déjà déposé en vous la force nécessaire à toute chose. Il vous suffit de l'utiliser!

ASCENSION

Vous qui aspirez à la connaissance, ne vous empêtrez pas dans un filet, mais devenez lucides!

Selon une loi éternelle, une immuable obligation d'expier vos fautes pèse sur vous, et jamais vous ne pouvez vous en décharger sur autrui. Ce dont vous vous chargez par vos pensées, vos paroles ou vos œuvres, nul autre que vous ne peut le racheter. Réfléchissez: s'il en allait autrement, la Justice divine ne serait qu'un son creux, et avec elle tout le reste tomberait en ruine.

Libérez-vous donc! Ne tardez pas une heure pour mettre un terme à cette obligation d'expier! Un vouloir sincère pour le bien et pour l'amendement, auquel une prière vraiment ressentie confère une force accrue, *apporte la rédemption*.

Sans le ferme et sincère vouloir pour le bien, il n'est pas de rachat possible. Ce qui est vil s'alimente alors sans cesse pour se maintenir, exigeant toujours de nouvelles expiations, sans discontinuer, de sorte que ce constant renouvellement vous apparaît comme un *seul* malheur ou une *seule* souffrance. Cependant, c'est une longue chaîne sans fin qui vous lie sans cesse à nouveau avant même que le mal précédent ait pu se dénouer.

Dès lors, il n'est jamais de rédemption puisqu'il y a constante exigence d'expiation. C'est comme une chaîne qui vous tient rivés au sol, et le danger est grand de sombrer encore davantage. C'est pourquoi, faites enfin l'effort de vouloir le bien, vous qui êtes encore dans l'en-deçà ou, selon vos conceptions, déjà dans l'au-delà! Grâce à un bon vouloir constant, la fin de toute expiation viendra *obligatoirement* puisque celui qui veut le bien et agit en conséquence cesse de susciter de nouvelles exigences de rachat. C'est ainsi que vient la délivrance, la rédemption qui seule permet l'ascension vers la Lumière. *Écoutez cet avertissement! Il n'est point d'autre chemin pour vous, pour personne.*

Voilà qui donne à chacun la certitude qu'il ne peut jamais être trop tard. Certes, l'acte accompli, vous avez ensuite à l'expier, à le racheter, mais à l'instant même où votre aspiration au bien intervient sérieusement, vous

47

placez la borne finale à votre expiation, vous avez la certitude que cette fin doit *immanquablement* venir un jour; c'est ainsi que commencera votre ascension. Vous pouvez alors joyeusement œuvrer à la liquidation de tout ce que vous avez à expier. Ce qui arrivera encore par la suite sera pour votre salut et vous rapprochera de l'heure de la rédemption, de la délivrance.

Comprenez-vous à présent la valeur du conseil que je vous donne de commencer de toutes vos forces à vouloir le bien et à garder vos pensées pures? Ne vous relâchez pas, accrochez-vous au contraire dans cette voie de toute votre ardente aspiration, de toute votre énergie! Cela vous élève bien haut, cela vous transforme, vous et votre entourage.

Songez que chaque vie terrestre est une courte école et qu'en abandonnant votre corps de chair, votre fin n'est pas venue. Vous vivrez sans cesse ou vous mourrez sans cesse. Vous goûterez une félicité constante ou subirez des douleurs sans fin.

Que celui qui s'imagine qu'avec l'inhumation terrestre tout est fini, que pour lui tout est réglé, s'écarte et aille son chemin, car il ne cherche par là qu'à se duper lui-même. Horrifié, il se trouvera alors devant la Vérité et... *devra* commencer son chemin de douleur. Dépouillé de la protection de son corps dont la densité l'entourait comme un rempart, son «moi» véritable sera alors attiré, entouré et retenu par ce qui est de même nature que lui.

Il devient pour lui plus difficile, et pour longtemps impossible, de se ressaisir avec la volonté sincère de s'amender, ce qui pourrait le libérer et le conduire plus haut, parce qu'il n'est soumis qu'à l'influence d'un entourage de genre identique dépourvu de la moindre pensée lumineuse susceptible de le réveiller, de le soutenir. Il doit doublement souffrir sous le poids de tout ce qu'il s'est créé.

Pour cette raison, l'ascension sera dans ce cas beaucoup plus difficile que dans un corps de chair et de sang où le bien côtoie le mal, ce qui n'est possible que grâce à la protection du corps physique parce que... cette vie terrestre est une école où il est donné à chaque «moi» la possibilité d'évoluer selon son libre arbitre.

C'est pourquoi, ressaisissez-vous enfin! Le fruit de chaque pensée retombe sur vous, ici ou dans l'au-delà, et il vous faut le goûter. Personne ne peut échapper à cette certitude.

A quoi cela vous sert-il de vous cacher craintivement la tête dans le sable, telle l'autruche, pour échapper à cette réalité? Regardez donc les faits courageusement en face! Vous vous faciliterez ainsi les choses, car ici-bas on peut progresser plus rapidement.

Commencez! Mais en étant conscients que l'ancien doit être entièrement compensé. N'attendez pas, comme tant d'insensés, que le bonheur vous tombe aussitôt par portes et fenêtres. Peut-être certains d'entre vous ont-ils encore à se défaire d'une chaîne immense; mais celui qui se décourage à cause de cela se porte tort uniquement à lui-même parce que rien ne peut lui être évité ni enlevé. Par des hésitations, il se rend tout plus difficile, et peut-être même impossible pour longtemps.

Cela devrait le stimuler à ne pas perdre une heure de plus, car il ne commence à vivre qu'avec le premier pas. Heureux celui qui vaillamment s'y décide! Il se trouvera libéré maillon après maillon. Il peut alors s'élancer à pas de géant et, jubilant d'allégresse, empli de gratitude, franchir jusqu'aux derniers obstacles, car il devient libre.

Les pierres que jusque-là ses actions erronées avaient accumulées devant lui, tel un mur, empêchant *nécessairement* sa progression, ne lui seront nullement enlevées mais au contraire soigneusement placées sur son chemin afin qu'il les reconnaisse et les surmonte, car il lui faut compenser toutes ses fautes. Étonné, émerveillé, il voit bientôt l'amour régner autour de lui dès qu'il fait simplement preuve de bonne volonté.

De subtils ménagements lui facilitent le chemin comme le fait une mère pour les premiers pas de son enfant. Est-il des faits de sa vie passée qui l'effrayaient secrètement et qu'il aurait préféré laisser dormir pour toujours... il se trouve placé devant eux de façon tout à fait inattendue! Il lui faut décider, agir. Il y est manifestement poussé par l'enchaînement des événements. Se risque-t-il à faire le premier pas, confiant dans la victoire du bon vouloir, alors le nœud fatal se défait, il passe à travers et s'en trouve libéré.

Mais à peine cette faute est-elle rachetée que déjà la suivante se présente sous une forme ou une autre, exigeant elle aussi d'être rachetée.

Ainsi se brisent un à un les maillons qui l'enserraient et devaient l'accabler. Il se sent si léger! Et cette sensation de légèreté que certains d'entre vous ont sans aucun doute déjà ressentie à un moment ou à un autre, n'est pas une illusion, mais bien l'effet d'une réalité. L'esprit ainsi libéré de cette pression s'allège et, conformément à la loi de la pesanteur spirituelle, il s'élance vers le haut, vers la région à laquelle sa légèreté le fait désormais appartenir.

C'est ainsi que doit sans cesse se poursuivre l'ascension vers la Lumière tant désirée. Le mauvais vouloir abaisse l'esprit et l'alourdit alors que le bon vouloir le porte très haut.

Ici encore, Jésus vous a montré la voie simple qui mène infailliblement au but, car une profonde vérité repose dans ces simples paroles: *«Aime ton prochain comme toi-même!»*

Par ces mots, Il a donné la clé de la liberté et de l'ascension. En effet, il est une certitude irréfutable: ce que vous faites à autrui, vous ne le faites en réalité qu'à vous-mêmes, à vous seuls puisque, selon les Lois éternelles, tout retombe obligatoirement sur vous, le bien comme le mal, que ce soit déjà ici ou dans l'au-delà. Cela s'accomplit! C'est pourquoi le plus simple des chemins vous est ainsi indiqué pour que vous compreniez comment il vous faut faire le pas qui conduit au bon vouloir.

C'est par votre *manière d'être*, par votre genre que vous devez «donner» à votre prochain, et non pas forcément avec de l'argent et des biens. Sinon, ceux qui en sont dépourvus seraient exclus de la possibilité de donner. Et c'est dans cette manière d'être, de «vous donner» dans vos rapports avec votre prochain, dans les égards, la considération que vous lui témoignez spontanément que repose cet «amour» dont Jésus nous parle; c'est là que réside aussi l'aide que vous prodiguez à votre prochain, aide grâce à laquelle il peut se changer lui-même ou devenir capable de continuer à progresser vers le haut parce qu'il peut s'affermir grâce à elle.

Selon la loi de la réciprocité des effets, les radiations rétroactives qui en émanent vous élèvent très vite, et par elles vous recevez constamment une force nouvelle. En un puissant essor, vous pouvez alors tendre vers la Lumière…

Pauvres insensés qui pouvez encore demander: «Que gagnerais-je à renoncer à tant de vieilles habitudes et à me corriger?»

Est-ce un marché qui doit être conclu? Et s'ils n'y gagnaient qu'en tant qu'hommes ayant, comme tels, acquis une manière d'être plus noble, ils y trouveraient déjà leur récompense. Mais c'est infiniment plus! Je le répète: à partir du moment où commence le bon vouloir, chacun met un terme à son obligation d'expier à laquelle il est soumis et ne peut jamais échapper. Personne d'autre ne saurait à cet égard le remplacer.

Grâce à cette décision, il commence donc à voir la fin de son obligation d'expier. C'est là une valeur qui vaut tous les trésors du monde. Il se libère ainsi de haute lutte des chaînes d'esclave qu'il se forge lui-même constamment. Sortez donc de ce sommeil qui vous épuise! Laissez enfin venir le réveil!

Secouez cette griserie qui vous apporte l'illusion paralysante que la rédemption par le Sauveur est devenue un sauf-conduit grâce auquel vous pouvez, votre vie durant, satisfaire un égoïsme insouciant pourvu qu'à la fin vous deveniez croyants, vous vous convertissiez et quittiez cette Terre avec la foi dans le Sauveur et dans Son œuvre. Insensés, qui attendez de la Divinité une œuvre aussi pitoyable, fragmentaire et imparfaite! Vraiment, ce serait là cultiver le mal. Pensez-y, libérez-vous!

LE CULTE

Le CULTE doit être l'aspiration concrétisée visant d'une façon ou d'une autre à rendre accessible à l'entendement humain ce qui est insaisissable du point de vue terrestre.

Il *devrait* être cette aspiration concrétisée mais, hélas, il n'en est pas encore ainsi, sinon bien des choses devraient avoir des formes entièrement différentes si elles étaient *sorties* de cette aspiration même. Dans ce cas, la voie *juste* exige précisément que les formes extérieures jaillissent du plus profond de l'être. Mais tout ce que nous voyons aujourd'hui est une construction *intellectuelle* dans laquelle les intuitions ne doivent être incorporées que postérieurement. On s'engage donc sur une voie à contre-sens, une voie que l'on pourrait évidemment aussi bien qualifier de voie contraire ou fausse; cette voie en soi ne peut jamais être vraiment vivante.

De ce fait, plus d'une chose se présente de façon lourde ou importune alors que, sous une autre forme, elle se rapprocherait bien davantage du *véritable* vouloir; c'est alors seulement qu'elle est en mesure d'entraîner un effet convaincant.

Ainsi maintes bonnes intentions ne peuvent-elles que rebuter au lieu de convaincre parce qu'on n'a pas encore trouvé la forme juste, forme que l'intellect ne peut jamais fournir pour ce qui est insaisissable sur le plan terrestre.

Il en va de même des Églises. Ce qui est édifié par l'intellect orienté vers l'influence terrestre se trouve mis en avant de façon trop évidente, et tant de choses bonnes perdent ainsi une partie de leur pouvoir suggestif parce que l'effet produit n'est pas naturel.

Par ailleurs, ce qui n'est pas conforme aux lois de la création ne peut que se manifester de façon contraire à la nature. Or, c'est justement ce genre de choses qui abonde dans les cultes actuels où tout ce qui est en opposition avec les lois de la nature se trouve purement et simplement voilé sous une mystérieuse obscurité.

Mais justement parce qu'en ce domaine les hommes, inconsciemment, ne parlent jamais d'une lumière mystérieuse, mais exclusivement d'obscurité, ils touchent juste, car la Lumière ne saurait être voilée; elle ne connaît donc pas non plus de mysticisme. Ce dernier ne devrait pas avoir sa place dans la création qui, issue de la Volonté de Dieu, fonctionne de façon auto-active selon un rythme immuable. Rien précisément n'est plus clair dans son activité que la création qui est l'œuvre de Dieu!

C'est là que réside le secret du succès et de la pérennité ou de l'effondrement. Lorsqu'on construit sur les Lois vivantes de la création, elles apportent leur aide, garantissant le succès et aussi la pérennité. Mais là où ces lois ne sont pas respectées, que ce soit par ignorance ou par entêtement, l'effondrement devra nécessairement s'ensuivre tôt ou tard, car rien ne peut subsister de façon durable qui ne soit bâti sur une base solide et stable.

C'est pourquoi tant d'œuvres humaines sont éphémères alors qu'elles n'auraient pas besoin de l'être. Parmi elles, il faut ranger toutes sortes de cultes qui doivent sans cesse être soumis à des changements pour leur éviter de s'effondrer totalement.

Par Sa *Parole,* le Fils de Dieu montra aux hommes de la Terre, de la façon la plus simple et la plus claire, la voie *juste* qu'ils doivent suivre durant leur vie ici-bas, conformément à l'activité de la création, afin que, par les Lois de Dieu qui se manifestent dans cette activité, ils soient aidés, soutenus et élevés vers les hauteurs lumineuses et qu'ils obtiennent la paix et la joie sur la Terre.

Hélas, les Églises ne s'en sont pas tenues à la voie si clairement expliquée et donnée par le Fils de Dieu Lui-même, voie qui devait conduire à la rédemption et à l'élévation du genre humain! Elles ajoutèrent au contraire à Son enseignement de nombreux éléments issus de leur propre réflexion, semant par là tout naturellement une confusion qui devait entraîner des scissions parce que ce n'était pas en accord avec les lois cosmiques, et par conséquent, si étrange qu'il puisse y paraître, cela s'oppose aussi au clair enseignement du Fils de Dieu dont les Églises se réclament pourtant pour se dire chrétiennes.

Tel est le cas, par exemple, du culte marial des chrétiens papistes. Jésus, qui enseigna *tout* aux hommes: comment ils devraient penser et agir, voire parler et prier pour faire ce qui est juste et ce qui repose dans la Volonté de Dieu, Jésus donc a-t-Il jamais dit quelque chose de ce genre, fût-ce par une seule parole? *Non, Il ne l'a pas fait!* C'est donc là une preuve qu'Il ne le voulait pas non plus, que cela ne devait pas être.

Certaines de Ses déclarations prouvent même le contraire de ce qu'exige le culte marial.

Et pourtant les chrétiens veulent, par des actes sincères, suivre uniquement le Christ, sinon ils ne *seraient* pas chrétiens, assurément.

Or, si les hommes ont encore ajouté autre chose à ce que le Christ a enseigné, et si les Églises papistes agissent différemment, la preuve est ainsi donnée que cette Église, dans sa présomption, se place *au-dessus* du Fils de Dieu, car elle essaie d'améliorer Sa Parole en instaurant des pratiques que le Fils de Dieu n'a *pas* voulues; sinon, compte tenu de tout ce qu'Il apporta aux hommes, Il les aurait indubitablement enseignées.

Certes, il *existe* une Reine du Ciel qui, selon les conceptions terrestres, pourrait aussi être nommée «Mère originelle», bien qu'elle soit de la plus pure virginité. Mais elle est de toute éternité dans les *hauteurs sublimes* et jamais elle ne fut incarnée sur Terre.

C'est aussi son *image radiante*, et non elle-même en réalité, qui peut être «vue» ou «ressentie intuitivement» ici ou là par des êtres humains profondément bouleversés. C'est par son intermédiaire que se produisent souvent ces secours accélérés appelés miracles.

Toutefois, voir réellement et *personnellement* cette Reine originelle est absolument impossible, même pour l'esprit humain le plus évolué, étant donné que, conformément aux lois inflexibles de la création, chaque genre n'est toujours en mesure de voir que ce qui est d'un genre identique. C'est ainsi que l'œil terrestre ne peut voir que ce qui est terrestre, l'œil de matière subtile que ce qui est de matière subtile, et l'œil spirituel que ce qui est spirituel, et ainsi de suite.

Et puisque *l'esprit* humain ne peut voir que le spirituel, d'où il est lui-même issu, il lui est donc impossible de contempler effectivement la Reine originelle qui est d'un genre beaucoup plus élevé. Si la grâce lui en est accordée, il ne peut malgré tout voir *que Son image radiante spirituelle;* cette image lui apparaît cependant comme si elle était vivante et son irradiation à elle seule peut se révéler si puissante qu'elle réalise des miracles là où se trouve un terrain préparé à cet effet grâce à une foi inébranlable ou à la suite d'une émotion profonde provoquée par la peine ou la joie.

Cela fait partie de l'activité de la création, activité issue de la Volonté parfaite de Dieu et portée par Elle. Dans cette activité reposent aussi tous les secours destinés aux êtres humains depuis le commencement et de toute éternité, à condition qu'ils ne s'en détournent pas eux-mêmes en voulant toujours mieux savoir.

Dieu agit dans la création car elle est Son œuvre parfaite.

Et c'est précisément en raison de cette perfection que la naissance terrestre du Fils de Dieu a dû être précédée d'une procréation terrestre. Quiconque soutient le contraire doute de la perfection des œuvres de Dieu, et donc de la Perfection de Dieu Lui-même dont la Volonté donna naissance à la création.

Une conception *immaculée* est une conception réalisée dans l'amour le plus pur, contrairement à une conception accomplie dans une sensualité coupable. Mais il ne saurait y avoir de naissance terrestre sans procréation.

Si une conception terrestre, c'est-à-dire une procréation terrestre en tant que telle, ne pouvait avoir lieu sans tache, il faudrait assurément voir dans toute maternité une souillure.

C'est aussi par la création que Dieu parle et qu'Il montre clairement Sa Volonté.

Reconnaître cette Volonté est le devoir de l'être humain. Le Fils de Dieu a montré par Sa Sainte Parole le droit chemin permettant d'y parvenir parce que les hommes n'avaient pas fait l'effort de reconnaître ce chemin par eux-mêmes et que, en conséquence, ils s'étaient toujours davantage fourvoyés dans les lois auto-actives de la création.

L'immuable activité de la création devait avec le temps obligatoirement anéantir les hommes en raison de la méconnaissance et du mauvais usage de cette activité, alors qu'elle élève bien haut l'humanité lorsqu'elle vit comme il se doit selon la Volonté de Dieu.

La récompense et le châtiment reposent pour l'être humain dans l'activité de la création, activité constamment et invariablement dirigée par la Volonté même de Dieu. C'est là que repose aussi la condamnation ou la rédemption. Elle est impitoyable et juste, toujours objective, jamais arbitraire.

C'est là que résident l'indicible Grandeur de Dieu, Son Amour et Sa Justice; là, c'est-à-dire dans *Son œuvre* qu'Il confia à l'homme ainsi qu'à de nombreux autres êtres pour leur servir de résidence et de patrie.

Le temps est venu où les hommes doivent acquérir cette connaissance afin de parvenir, avec la plus entière conviction, à reconnaître *l'activité de Dieu* qui s'exprime dans Son *œuvre*.

Dès lors, chaque être humain de la Terre ayant le ferme vouloir d'œuvrer dans la joie la plus pure restera inébranlable ici-bas et, empli de gratitude, il lèvera les yeux vers Dieu parce que, à travers le *savoir*, la connaissance le relie à jamais.

C'est pour transmettre à l'humanité un tel savoir qui lui donne une conviction intelligible, embrassant du regard l'activité de Dieu dans Sa Justice et Son Amour, que j'ai écrit l'œuvre «Dans la Lumière de la Vérité». Elle ne laisse aucune lacune, elle contient la réponse à *chaque* question et elle montre clairement aux hommes combien sont merveilleux dans la création les chemins que portent de nombreux serviteurs de Sa Volonté.

Mais Dieu seul est Saint!

ENGOURDISSEMENT

Dans la création, tout est mouvement. Le mouvement provoqué par la pression de la Lumière, de façon entièrement conforme aux lois, engendre la chaleur, ce qui permet aux formes de s'assembler. Sans Lumière, il ne saurait donc y avoir de mouvement. C'est pourquoi l'homme peut aussi concevoir que, dans les régions proches de la Lumière, le mouvement doit être encore beaucoup plus rapide, beaucoup plus fort que dans les régions qui en sont bien plus éloignées.

En fait, en s'éloignant de la Lumière, le mouvement devient toujours plus lent et plus pesant; il peut même, avec le temps, provoquer l'engourdissement de toutes les formes préalablement façonnées sous l'action d'un mouvement plus intense.

Dans ce cas, le terme «Lumière» ne signifie évidemment pas la lumière d'un astre quelconque mais la *Lumière originelle* qui est la Vie même, donc Dieu.

Pour faire suite à cette image d'une grande vue d'ensemble des processus qui ont lieu dans la création, je veux cette fois attirer l'attention sur la Terre qui décrit actuellement son orbite à une distance bien plus considérable de la Lumière originelle que ce n'était le cas il y a des millions d'années. En effet, elle fut de plus en plus abandonnée à la pesanteur des ténèbres par les êtres humains qui, dans leur ridicule suffisance, se sont éloignés de Dieu en raison du développement excessif et unilatéral de l'intellect. Celui-ci ne saurait être orienté que *vers le bas*, vers la matière dense, parce qu'il fut donné *dans ce but,* à condition toutefois qu'il puisse recevoir de façon inaltérée toutes les radiations et les impressions issues d'en haut, des hauteurs lumineuses.

C'est au cerveau qu'incombe tout le travail de l'intellect pour une activité extérieure dans la substance la plus lourde, donc dans la matière dense. Le cervelet, par contre, a le devoir de recevoir les impressions d'en haut, plus légères et plus lumineuses que la matière dense, et de les transmettre en vue de leur élaboration.

Cette harmonieuse collaboration des deux parties de l'encéphale, donnée aux hommes pour qu'ils en tirent profit, fut perturbée par le fait que l'être humain s'adonna unilatéralement à une activité exclusivement terrestre, donc faisant partie du domaine de la matière dense. Avec le temps, cette collaboration fut complètement étouffée, littéralement bloquée parce que, en raison de son activité excessive, le cerveau devait nécessairement se développer démesurément par rapport au cervelet négligé. En conséquence, ce dernier perdit de plus en plus sa capacité de perception et s'affaiblit. C'est de là que naquit, au cours des millénaires, le *mal héréditaire* lors de la procréation physique, car les enfants apportaient dès leur naissance un cerveau proportionnellement bien mieux développé que le cervelet, ce qui entraîna le danger de l'éveil du *péché héréditaire;* il en résulta que, dès le départ, on fut contraint d'avoir des pensées uniquement tournées vers les choses terrestres et donc détournées de Dieu.

Cela sera facilement compréhensible à tout homme animé d'un vouloir sincère; d'ailleurs, je l'ai expliqué de façon extrêmement détaillée dans mon Message.

C'est de là que *tout* le mal vint sur la Terre parce que l'être humain, en raison de son origine spirituelle, pouvait exercer par son vouloir une pression sur tout ce qui existe sur Terre en dehors de lui, alors que – en raison précisément de cette origine spirituelle – il aurait pu et même dû exercer une action *promotrice*, car telle était, et telle est encore sa mission proprement dite dans la postcréation au sein de laquelle tout ce qui est spirituel prend tout naturellement la direction. Le spirituel peut conduire vers le haut, ce qui serait naturel, mais il peut tout aussi bien conduire vers le bas si son vouloir n'aspire en priorité qu'à des choses terrestres, comme c'est le cas pour les hommes de la Terre.

La connaissance de la création, connaissance donnée par moi dans mon Message, de même que l'explication qui s'y rattache de toutes les lois agissant de façon auto-active dans la création – lois que l'on peut également appeler lois de la nature – montre sans lacune l'ensemble de l'activité de la création, ce qui permet de reconnaître clairement chaque processus ainsi que le but de l'existence entière de l'être humain; avec une logique infaillible, elle révèle aussi d'où il vient et où il va, donnant ainsi, pour autant que l'homme la cherche sérieusement, une réponse à chaque question.

Même les adversaires les plus malveillants doivent s'en tenir là car leurs subtilités ne suffisent pas pour pouvoir pénétrer dans la parfaite plénitude de ce qui est dit et la détruire afin de ravir aux hommes jusqu'à cette aide.

J'ai dit que le mouvement dans la création doit devenir de plus en plus lent à mesure qu'un élément quel qu'il soit se trouve davantage éloigné de la Lumière originelle, point de départ de la pression qui entraîne à sa suite le mouvement.

Tel est actuellement le cas pour la Terre. Son orbite s'est de plus en plus éloignée par la faute des hommes de cette Terre. Les mouvements deviennent ainsi plus lents et toujours plus pesants. De ce fait, bien des choses ont déjà atteint un stade proche du début de l'engourdissement.

L'engourdissement lui aussi comprend de nombreuses phases et n'est pas si facile à reconnaître à ses débuts. Même durant sa progression, le reconnaître reste exclu, à moins qu'à un moment donné un trait de lumière n'incite à une observation des plus rigoureuses.

Ceci est difficile, déjà pour la raison suivante: tout ce qui vit dans l'orbite des mouvements en ralentissement progressif se trouve régulièrement entraîné dans la densité croissante qui conduit à l'engourdissement. Cela vaut non seulement pour le corps d'un être humain, mais encore pour toute chose, y compris sa faculté de penser. Cela va jusqu'au moindre détail. Toutes les notions s'altèrent aussi et se déforment imperceptiblement, même celles qui ont trait au sens proprement dit du langage.

L'homme ne peut le remarquer chez son prochain puisqu'il se trouve personnellement entraîné dans la même vibration indolente à moins que, animé du plus ferme vouloir et avec ténacité, il ne s'efforce par lui-même de s'élever une nouvelle fois spirituellement afin de parvenir ainsi un peu plus près de la Lumière, ce qui rend progressivement son esprit plus mobile, donc plus léger, plus lumineux, et exerce une influence sur son discernement terrestre.

Mais alors, rempli d'effroi, il verra – ou du moins il ressentira avec un frémissement d'horreur – à quel point sur cette Terre la distorsion de toutes les notions est déjà parvenue à l'engourdissement. La large perspective de ce qui «est» réellement fait défaut parce que tout se trouve comprimé en d'étroites et imperceptibles limites que l'on ne parvient plus à franchir; après un certain laps de temps, elles devront entièrement étouffer tout ce qu'elles englobent.

Souvent déjà, j'ai attiré l'attention sur les notions déformées, mais à présent, en raison de l'éloignement constant de la Lumière, celles-ci glissent lentement sur la pente qui mène à l'engourdissement.

Il n'est pas nécessaire de donner des exemples particuliers: on ne prêterait aucune attention à des explications même de ce genre ou bien on les taxerait d'argumentations importunes parce qu'on est beaucoup trop rigide ou trop indolent pour consentir à y réfléchir en profondeur.

J'ai déjà parlé suffisamment de la puissance de la parole, du fait mystérieux que, sur le plan terrestre, même la *parole humaine* peut pendant un certain temps agir de façon constructive ou destructive sur l'activité de la création étant donné que par le son, le ton et la composition d'un mot entrent en mouvement des forces créatrices qui n'agissent pas dans le sens voulu par celui qui parle mais selon le sens du *mot* dans sa signification.

Toutefois, la signification fut donnée jadis par les forces que le mot met en mouvement et qui, de ce fait, s'accordent précisément avec le sens exact, ou inversement, et non pas avec le vouloir de celui qui parle. Le sens et le mot naquirent du mouvement correspondant des forces, c'est pourquoi ils sont inséparablement *unis.*

Lorsqu'il *pense,* l'être humain met à son tour en action *d'autres* courants de force qui correspondent au sens de la pensée. De ce fait, il devrait se donner la peine de choisir les mots exacts pour exprimer ses pensées, c'est-à-dire d'avoir ici des intuitions plus justes et plus claires.

Supposons que l'on interroge un homme au sujet d'un événement quelconque dont il a entendu parler et qu'il a peut-être même aussi pu voir en partie. Interrogé, il affirmerait sans plus qu'il *sait* de quoi il s'agit.

Au dire de nombreuses personnes superficielles, cette réponse serait exacte; et pourtant, elle est *fausse* et condamnable en vérité, car «savoir» signifie pouvoir donner des *renseignements précis* sur tout, depuis le début jusqu'à la fin, avec tous les détails, sans lacunes et d'après sa propre expérience vécue. Ce n'est *qu'alors* qu'un homme peut dire qu'il *sait.*

L'expression «savoir» et la notion qui s'y trouve liée impliquent une grande responsabilité.

J'ai déjà souligné auparavant l'énorme différence existant entre le «savoir» et ce qui a été «appris». L'érudition est encore bien loin du *savoir* véritable qui ne peut être que strictement personnel, alors que l'acquis demeure l'acceptation de quelque chose d'extérieur à la personne.

Entendre une chose, ou peut-être même la voir aussi en partie, est encore bien loin du *savoir* proprement dit! L'être humain n'est pas en droit d'affirmer: je *sais;* tout au plus pourrait-il dire: j'en ai entendu parler, ou encore: je l'ai vu en partie. Cependant, s'il veut agir *correctement* et de façon conforme à la Vérité, il est tenu de dire: je ne sais pas.

A tous points de vue, il agit alors de façon plus juste que s'il rend compte d'une chose avec laquelle il n'a personnellement rien à voir, et qui ne peut donc pas non plus être un *savoir* véritable; par contre, par des rapports incomplets, il ne ferait que soupçonner ou accabler d'autres personnes, et peut-être même les précipiter inutilement dans le malheur, sans connaître les vrais rapports. Pesez donc scrupuleusement à l'aide de votre intuition *chaque* mot que vous vous proposez d'utiliser.

Celui qui réfléchit plus profondément et ne veut pas se contenter de notions déjà rigides pour se disculper de ses pédants bavardages et de son mauvais vouloir comprendra aisément ces explications et, en un examen silencieux, il apprendra à saisir plus profondément la portée de tout ce qu'il dit.

Bon nombre de concepts limités de ce genre, avec leurs conséquences néfastes, sont déjà devenus habituels parmi les humains de la Terre. Les esclaves de l'intellect, dociles trabans des influences lucifériennes issues des ténèbres les plus pesantes, s'en emparent avidement et les encouragent.

Apprenez à observer attentivement et à utiliser comme il se doit dans cette création les courants qui portent en eux la Volonté de Dieu et, par là même, la Justice de Dieu sous Sa forme pure! Alors vous retrouverez l'authentique humanité qui vous a été arrachée.

Que de souffrances seraient ainsi évitées et combien d'êtres mal intentionnés se verraient également privés de toute possibilité d'agir comme ils le font!

On peut également imputer à ce mal le fait que la description de la vie terrestre du Fils de Dieu Jésus ne concorde pas en tous points avec la réalité, ce qui explique qu'avec le temps et jusqu'à nos jours une image totalement fausse s'est formée dans les pensées des hommes. Les paroles qu'Il donna furent elles aussi déformées, comme il en advint de *tous* les enseignements qui furent érigés en religion alors qu'ils devaient élever les hommes et leur apporter le perfectionnement de l'esprit.

Telle est aussi l'origine de la grande confusion qui règne parmi tous les hommes; ils se comprennent véritablement de moins en moins les uns les autres, ce qui permet à la discorde, à la méfiance, aux calomnies, à l'envie et à la haine de croître et de fleurir.

Voilà bien les signes infaillibles de l'engourdissement croissant sur cette Terre!

Entraînez votre esprit vers les hauteurs, commencez à penser et à parler en ayant des *vues larges* et sans limites! Naturellement, cela exige aussi que vous ne travailliez pas seulement avec l'intellect qui fait partie de la matière la plus dense, mais que vous redonniez à votre esprit la possibilité de guider votre intellect; ce dernier est tenu de servir l'esprit selon l'ordonnance de votre Créateur qui, dès l'origine, alors que vous n'étiez pas encore déformés, vous a permis d'accéder à l'existence terrestre.

Tant de choses en sont déjà au premier stade de l'engourdissement. Bientôt toute votre façon de penser risque d'en subir les atteintes; elle sera dès lors contrainte de suivre le cours des inflexibles canaux d'airain qui ne peuvent plus vous apporter, à vous personnellement, que malaise et souffrance sur souffrance, pour finalement vous faire tomber de la condition humaine au niveau d'une machine vide ne servant que les ténèbres, loin de toute Lumière.

LA CANDEUR

LE MOT «candide» est un terme que, dans leur façon de parler à la légère et de manière irréfléchie, les hommes emploient dans la plupart des cas de façon impropre.

Entravée par la paresse de l'esprit, cette expression n'est pas suffisamment ressentie en intuition pour pouvoir aussi être saisie correctement. Mais celui qui ne l'a pas saisie dans toute son ampleur ne pourra jamais non plus l'utiliser correctement.

Et pourtant, c'est justement la candeur qui offre à l'humanité un pont solide pour l'ascension vers les hauteurs lumineuses, c'est elle qui donne à chaque esprit humain la possibilité de mûrir et de se perfectionner afin de pouvoir «être» éternellement dans cette création qui est la Maison de Dieu le Père et qu'Il met à la disposition des êtres humains à condition que... ceux-ci y demeurent des hôtes qui Lui soient *agréables*, des hôtes qui n'occasionnent pas de dommages en des lieux qui, par un acte de grâce, leur furent attribués uniquement en usufruit avec une table toujours abondamment garnie.

Mais comme l'homme est loin à présent de la candeur qui lui est si nécessaire!

Sans elle, cependant, il ne peut obtenir quoi que ce soit pour son esprit. L'esprit *doit* posséder la candeur, car il est et demeure un enfant de la création, même lorsqu'il a pu acquérir sa pleine maturité.

Un enfant de la création! C'est là que réside le sens profond, car l'esprit doit se développer jusqu'à devenir un enfant de Dieu. Qu'il atteigne ou non un jour ce stade dépend uniquement du degré de connaissance qu'il est disposé à acquérir lors de sa pérégrination à travers tous les plans de la matière.

Mais ce vouloir doit également être accompagné de *l'action*. Dans les plans spirituels, la volonté est en même temps acte. Volonté et acte y sont toujours *un*. Toutefois, il n'en est ainsi que dans les plans *spirituels* et non dans les différents plans de la matière. Plus un plan matériel est dense et lourd, plus l'acte est éloigné de la volonté.

Que la densité agisse comme une entrave, on le constate déjà pour le son; dans le mouvement qu'il doit effectuer pour parvenir à traverser la matière, il est entravé proportionnellement au genre de densité de cette dernière. Ce phénomène est clairement reconnaissable, même sur de courtes distances.

Lorsqu'un homme fend du bois ou que, lors d'une construction quelconque, il enfonce des clous dans les poutres, on voit clairement l'impact de son outil; toutefois, le son ne se fait entendre que quelques secondes plus tard. C'est si frappant que chacun a dû, à un moment ou à un autre, en faire déjà l'expérience.

Il en va de même pour l'être humain ici-bas, mais de façon encore beaucoup plus accentuée, entre la volonté et l'acte. La volonté jaillit dans l'esprit, et c'est dans l'esprit qu'elle est immédiatement acte. Cependant, pour donner à la volonté une forme visible dans la matière dense, l'esprit a encore besoin d'un corps physique. Seul un acte impulsif incite le corps à réagir dès les premières secondes qui suivent le jaillissement de la volonté. Dans ce cas se trouve éliminé le laborieux travail du cerveau qui doit normalement servir de canal à la volonté pour parvenir à transmettre l'impression à l'activité du corps.

La voie normale prend un laps de temps un peu plus long. Parfois l'acte reste seulement ébauché ou n'est pas réalisé du tout parce que, sur ce chemin plus long, le vouloir s'affaiblit ou se trouve totalement bloqué sous l'effet des cogitations de l'intellect.

A ce propos – encore que cette indication ne soit pas tout à fait à sa place ici – je voudrais attirer l'attention sur la loi de l'attraction des affinités dont les effets, tout en étant peu remarqués, se manifestent pourtant de façon très visible dans l'activité humaine.

Les lois terrestres et humaines sont conçues par l'intellect terrestre et se trouvent également appliquées par lui. *En conséquence,* les plans élaborés par l'intellect, donc les actes réfléchis, sont, comme tels, plus sévèrement sanctionnés et plus mal jugés que les actes affectifs, donc irréfléchis. Ces derniers bénéficient dans la plupart des cas de circonstances atténuantes.

En réalité, de par l'affinité de l'activité intellectuelle, il y a là une relation imperceptible aux hommes, sous la contrainte de la loi de la création, et ce, pour tous ceux qui se soumettent inconditionnellement à l'intellect. Pour eux, cela est tout à fait compréhensible.

Ainsi, sans qu'on le sache, lors d'un acte impulsif, la majeure partie de la réparation est réservée *au plan spirituel*. Législateurs et juges ne s'en doutent nullement car ils partent de principes tout autres et purement intellectuels. Toutefois, si l'on réfléchit plus profondément et si l'on connaît les lois qui régissent la création, tout cela apparaît sous un jour entièrement différent.

Néanmoins, lors d'autres sentences et jugements terrestres, les vivantes Lois de Dieu dans la création agissent également par elles-mêmes de façon complètement indépendante, sans être influencées par les lois et concepts humains et terrestres. Il ne viendra certes à l'idée d'aucune personne sensée de croire qu'une faute réelle – et non pas simplement ce que les hommes qualifient de telle au premier abord – puisse aussi être effacée devant les Lois de Dieu en même temps que la peine dictée et purgée par l'intellect terrestre.

Depuis des millénaires déjà, ce sont là deux mondes pratiquement séparés, scindés par les actes et les pensées des hommes, alors qu'ils ne devraient former qu'un *seul* monde uniquement régi par les Lois de *Dieu*.

Sous l'effet d'une peine terrestre de ce genre, un rachat ne peut avoir lieu que dans la mesure où les lois et les châtiments concordent pleinement avec les Lois de Dieu dans la création.

Or, il existe deux sortes d'actes affectifs: tout d'abord, ceux qui viennent d'être décrits et que l'on devrait, à vrai dire, qualifier d'actes *impulsifs;* d'autre part, les actes affectifs qui jaillissent dans le cerveau – et non dans l'esprit – et qui sont du ressort de l'intellect. Ils sont irréfléchis mais ils ne devraient pas jouir des mêmes circonstances atténuantes que les actes impulsifs.

Toutefois, déterminer avec précision la juste différence entre les deux ne deviendra possible qu'à *ceux* qui connaissent toutes les Lois de Dieu dans la création et sont instruits de leurs effets. Cela doit être réservé à une époque à venir, époque où il n'y aura plus d'actes arbitraires, même parmi les hommes, parce que ceux-ci posséderont une maturité d'esprit qui les fera uniquement vibrer en harmonie avec les Lois de Dieu dans toutes leurs actions et toutes leurs pensées.

Cette digression n'est là que pour inciter à la réflexion; elle ne faisait pas partie du but proprement dit de cette conférence.

Il convient seulement de remarquer ici que, dans les plans spirituels, volonté et acte sont *un,* mais que, dans les plans matériels, ils sont dissociés en raison de la nature de la matière. Voilà pourquoi Jésus disait jadis aux hommes: *«L'esprit est prompt, mais la chair est faible»,* la chair – c'est-à-dire ici la matière dense du corps – ne met pas à exécution tout ce qui, dans l'esprit, était déjà volonté et acte.

Pourtant, sur la Terre également, l'esprit sous son vêtement de matière dense pourrait toujours obliger son vouloir à se transformer en acte sur le plan matériel s'il n'était pas trop paresseux pour cela. Il ne peut rendre le corps responsable de cette indolence, car le corps fut donné à chaque esprit uniquement en tant qu'instrument qu'il doit apprendre à dominer afin de s'en servir correctement.

L'esprit est donc un enfant de la création. Il doit y être *candide* s'il veut atteindre le but pour lequel il séjourne dans cette création. La présomption de l'intellect fit s'éloigner l'esprit de la candeur parce que ce même intellect ne pouvait «comprendre» ce qu'elle est réellement. C'est justement pour cette raison que l'esprit perdit tout soutien dans la création, et cette dernière, afin de pouvoir demeurer elle-même saine, se voit contrainte à présent de l'expulser comme un étranger, un perturbateur et un être nuisible.

C'est ainsi que leur fausse manière de penser et d'agir conduira les hommes à creuser eux-mêmes leur propre tombe.

N'est-il pas singulier que tout homme désireux de laisser pour une fois la fête de Noël faire impression sur lui dans son véritable sens doive d'abord essayer de se reporter au temps de son enfance?

C'est bien *là* le signe évident qu'il n'est nullement capable en tant qu'adulte de vivre *en intuition* la fête de Noël. C'est la preuve très nette qu'il a perdu quelque chose qu'il possédait étant enfant. Cela devrait pourtant donner aux hommes à réfléchir!

Là encore, c'est la paresse d'esprit qui les empêche de s'occuper sérieusement de ces choses. «C'est bon pour les enfants», pensent-ils, «et les adultes n'ont pas de temps à perdre pour cela! Ils doivent se préoccuper de choses *plus sérieuses.»*

Plus sérieuses! Par ces choses plus sérieuses, ils n'entendent que la course aux biens matériels, donc le travail de l'intellect. Et dès l'instant où le champ libre est laissé à l'intuition, l'intellect – afin de ne pas perdre sa suprématie – s'empresse de refouler tout souvenir bien loin à l'arrière-plan.

Tous ces faits – en apparence si minimes – permettraient de reconnaître les choses les plus *grandes* si l'intellect en laissait seulement le temps. Mais il est le plus fort et lutte avec ruse et perfidie pour le rester. En fait, ce n'est pas lui qui combat, mais en réalité ce qui se sert de lui en tant qu'instrument et se dissimule derrière lui: les ténèbres!

Elles ne veulent pas que l'on trouve la Lumière dans les souvenirs. Et vous reconnaîtrez *à quel point* l'esprit aspire à trouver la Lumière, afin d'y puiser une force nouvelle, dans le fait qu'avec le souvenir des Noëls de l'enfance s'éveille une vague et presque douloureuse nostalgie capable d'attendrir passagèrement bien des êtres.

Cet attendrissement pourrait fournir le terrain le plus favorable au *réveil*, à condition qu'on l'utilise immédiatement et de toutes ses forces. Malheureusement, les adultes ne font à ces instants que s'adonner à des rêveries; la force naissante se trouve ainsi gaspillée, perdue. Et c'est justement dans ces rêveries que passe l'occasion, sans pouvoir être d'aucun profit à quiconque ou sans avoir été saisie.

Même s'il arrive à plus d'une personne de laisser alors couler quelques larmes, elle en a honte, elle cherche à les dissimuler et se ressaisit en un sursaut de tout son corps qui révèle bien souvent un défi inconscient.

Quel riche enseignement les hommes pourraient tirer de tout cela! Ce n'est pas en vain qu'une vague mélancolie se mêle aux souvenirs d'enfance; c'est là le sentiment inconscient que quelque chose a été perdu, laissant un vide: l'incapacité de ressentir encore les choses avec candeur.

Or, vous avez sans doute bien souvent remarqué cette merveilleuse impression de fraîcheur que produit la seule présence silencieuse d'une personne dont les yeux laissent parfois transparaître une lueur *candide*.

L'adulte ne doit pas oublier qu'être candide ne signifie pas être puéril. Mais vous ignorez pourquoi la candeur peut produire un tel effet, vous ne savez pas ce qu'elle est véritablement, ni pourquoi Jésus disait: «Devenez comme des enfants!»

Pour approfondir la notion de candeur, il vous faut tout d'abord avoir clairement conscience que la candeur n'est nullement liée à l'enfant en soi. Vous connaissez vous-mêmes certainement des enfants auxquels la belle et vraie candeur fait défaut. Il y a donc des enfants dépourvus de candeur. Un enfant méchant ne produira jamais une impression de candeur, pas plus qu'un enfant mal élevé qui, en fait, n'est pas *élevé* du tout.

Il en résulte clairement que la candeur et l'enfant sont deux choses indépendantes l'une de l'autre.

Ce qui, sur Terre, se nomme candeur est une ramification issue de la *Pureté*. La Pureté dans son sens plus élevé et non pas seulement au sens terrestre et humain. Celui qui vit dans le rayonnement de la Pureté divine, celui qui fait place en lui au rayon de la Pureté a de ce fait aussi acquis la candeur, qu'il soit encore dans l'enfance ou déjà à l'âge adulte.

La candeur est le fruit de la pureté intérieure, elle est le signe qu'un tel être s'est voué à la pureté, qu'il la sert. D'ailleurs, ce ne sont là que différentes façons de s'exprimer, alors qu'en réalité elles désignent toujours la même chose.

Donc, seul un enfant intérieurement pur peut donner une impression de candeur, de même qu'un adulte qui cultive la pureté en son for intérieur. C'est pourquoi sa présence est *réconfortante* et vivifiante, et il éveille en même temps la confiance.

Là où se trouve la vraie Pureté, le véritable Amour peut également faire son entrée, car l'Amour divin œuvre dans le rayon de la Pureté. Le rayon de la Pureté est la voie sur laquelle l'Amour divin s'avance. Il ne saurait en emprunter une autre.

Celui qui n'a pas accueilli en lui le rayon de la Pureté ne pourra jamais être touché par le rayon de l'Amour divin!

Or, en se détournant de la Lumière par sa façon de penser intellectuelle et unilatérale à laquelle il sacrifia tout ce qui pouvait l'élever, l'être humain s'est privé de la candeur. Il s'est ainsi forgé mille chaînes qui le rivent à cette Terre, c'est-à-dire au plan de la matière dense qui le maintient sous son joug jusqu'à ce que lui-même s'en libère. Toutefois, cette libération ne pourra venir à lui par la mort terrestre, mais uniquement grâce à l'éveil *spirituel*.

LA CHASTETÉ

Les hommes de la Terre ont à tel point restreint la notion de chasteté qu'il n'est absolument rien resté de son vrai sens; elle fut même traînée sur une fausse voie. Cette déviation devait avoir pour conséquence naturelle une oppression inutile et bien souvent même aussi d'indicibles souffrances pour beaucoup d'êtres humains.

Demandez où vous voudrez ce qu'est la chasteté, partout, sous une forme ou une autre, on vous répondra en vous expliquant que c'est la notion de virginité physique; en tout cas, c'est là le sommet des conceptions humaines sur cette Terre.

Cela prouve indubitablement l'étroitesse de pensée de ceux qui se sont assujettis à l'intellect; ce dernier a lui-même tracé la limite de tout ce qui est terrestre parce que ses facultés nées dans le terrestre ne lui permettent pas d'atteindre un niveau supérieur.

Comme il serait alors facile à l'homme de passer pour chaste et d'acquérir par là une bonne réputation tandis qu'il se prélasse dans une fière suffisance! Mais cela ne le fait pas avancer d'un seul pas vers le haut, sur le chemin conduisant aux jardins lumineux qui, en tant que Paradis, sont le but bienheureux de l'esprit humain.

Il ne sert à rien à l'être humain de garder vierge son corps physique s'il souille son esprit qui ne pourra dès lors jamais franchir les différents seuils menant, d'un degré à l'autre, vers le haut.

La chasteté est différente de ce que s'imaginent les hommes; beaucoup plus vaste, plus grande, elle n'exige pas que l'on s'oppose à la nature, car ce serait un manquement aux lois qui vibrent dans la création de Dieu, ce qui ne saurait rester sans effets préjudiciables.

La chasteté est la notion *terrestre* de la Pureté qui, elle, est *divine*. C'est pour tout esprit humain l'aspiration à réaliser dans le domaine de la matière dense un reflet pressenti de ce qui est une évidence dans le domaine divin. La Pureté est divine, la chasteté en est l'imitation par l'esprit humain, donc une reproduction spirituelle qui peut et doit devenir apparente dans l'activité terrestre.

A tout esprit humain ayant atteint une certaine *maturité*, cela devrait suffire, en tant que loi fondamentale, pour être véritablement chaste. Mais, sur Terre, sous la pression de maints désirs personnels, l'homme a tendance à s'imaginer posséder quelque chose qu'en réalité il ne possède nullement, et ceci à seule fin de parvenir à réaliser ses désirs.

L'égoïsme prend la direction et paralyse le vouloir réellement *pur*. Jamais l'être humain ne se l'avouera; il se laisse au contraire tranquillement entraîner. S'il ne peut plus se justifier autrement à ses propres yeux, il qualifie de fatalité à laquelle il faut se soumettre cette aspiration souvent si nette à satisfaire de contestables désirs personnels.

Pour lui servir de ligne de conduite et de point d'appui, il lui faut donc encore d'autres indications lui permettant de reconnaître par l'expérience vécue ce qu'*est* en vérité la chasteté telle qu'elle repose dans la Volonté de Dieu qui ne veut pas que sur Terre on se sépare de la nature.

Sur le plan divin, la Pureté est étroitement unie à l'Amour. C'est pourquoi l'être humain ne doit pas non plus essayer de les dissocier sur cette Terre s'il veut en tirer une bénédiction.

Cependant, l'amour lui aussi n'est sur Terre qu'une hideuse caricature de ce qu'il est *en réalité*. Il ne peut donc sans changement préalable s'unir à la véritable notion de Pureté.

A tous ceux qui aspirent à atteindre la chasteté, je vais donner une indication qui offrira le point d'appui dont l'être humain a besoin ici-bas pour vivre de façon conforme aux lois de la création, et donc comme cela plaît à Dieu:

«Celui qui, dans ses actes, veille constamment à ne pas nuire à son prochain qui lui fait confiance, à ne rien entreprendre qui puisse le peiner par la suite, agira toujours *de façon telle* qu'il reste spirituellement libre de toute charge, et ainsi il pourra être qualifié de réellement chaste.»

Bien comprises, ces simples paroles peuvent guider l'homme en toute sécurité à travers la création entière et le conduire vers le haut dans les lumineux jardins qui sont sa véritable Patrie. Ces paroles sont la clé pour agir sur Terre comme il se doit, car l'authentique chasteté repose en elles.

Le Fils de Dieu Jésus exprima exactement la même chose en ces termes:

«Aime ton prochain comme toi-même!»

Il faut cependant vous garder de retomber dans les vieilles erreurs humaines et éviter d'arranger à nouveau le sens des mots en les déformant en partie pour qu'ils servent vos propres desseins, vous tranquillisent lors de vos fausses manières d'agir et vous aident à bercer vos semblables dans leur étourderie, voire à les duper.

Accueillez de telles paroles comme elles doivent l'être en vérité et non de la manière qui vous semble commode et conforme à votre vouloir personnel! Elles sont alors entre vos mains comme l'épée la plus tranchante avec laquelle vous pouvez frapper tout ce qui est ténèbres, pour peu que vous le vouliez. Laissez ces paroles devenir vivantes en vous de la juste manière, de sorte que, emplis de gratitude, vous saisissiez la vie sur Terre en vainqueurs exultants!

LE PREMIER PAS

Laissez ma Parole devenir *vivante* en vous car *cela seul* peut vous apporter le *profit* dont vous avez besoin pour permettre à votre esprit de s'élever vers les hauteurs lumineuses des éternels jardins de Dieu.

Il ne sert à rien d'avoir *connaissance* de la Parole. Quand bien même vous sauriez réciter par cœur mon Message tout entier, phrase par phrase, pour vous en instruire, vous et vos semblables... cela ne servirait à rien si vous *n'agissez* pas en conséquence, si vous ne *pensez* pas dans le sens de ma Parole, si vous ne réglez pas votre vie entière d'après Elle, comme quelque chose qui va de soi, qui est passé dans votre chair et dans votre sang et qui ne saurait être séparé de vous. Ce n'est qu'alors que vous pouvez puiser dans mon Message les éternelles valeurs qu'il renferme pour vous.

«C'est à leurs *œuvres* que vous les reconnaîtrez!» Cette Parole du Christ concerne en *premier* lieu tous les lecteurs de mon Message. A leurs œuvres, c'est-à-dire dans leur *activité,* donc dans leur façon de penser et dans leurs actions au cours de la vie quotidienne sur Terre. Vos paroles également, et pas seulement vos actes, font partie de vos actions, car la parole est assurément un acte dont vous avez jusqu'à ce jour sous-estimé l'effet. Les pensées même en font déjà partie.

Les hommes ont coutume de dire que les pensées sont «exemptes de taxes». Ils veulent laisser entendre par là qu'on ne peut leur demander de comptes sur Terre pour les pensées, car celles-ci se situent à un niveau inaccessible aux mains humaines.

C'est pourquoi ils *jouent* souvent avec les pensées de la plus frivole manière ou, plus exactement, ils jouent *en* pensées, jeu hélas souvent très dangereux, mené dans la vaine illusion de pouvoir en sortir indemnes.

Mais en cela ils se trompent, car les pensées elles aussi appartiennent à la *matière dense* et, dans tous les cas, doivent également y être rachetées avant qu'un esprit ne devienne capable de prendre librement son essor dès qu'il a rompu le lien qui le rattache au corps terrestre.

Efforcez-vous donc, déjà dans vos pensées, de vibrer constamment dans le sens de mon Message de façon à ne vouloir que ce qui est *noble* et à ne pas descendre dans les bas-fonds en vous imaginant que nul ne saurait le voir ou l'entendre.

Les pensées, les paroles et les actes visibles appartiennent tous au domaine de la matière dense de cette création.

Les pensées opèrent dans la matière dense de *faible* densité, les paroles dans la matière dense *moyenne* et les actes visibles prennent forme dans la matière *la plus grossière*, donc *la plus dense*. Ces trois genres de votre activité sont *du domaine de la matière dense*.

Cependant, les formes de ces trois genres sont étroitement liées entre elles et leurs effets s'interpénètrent. Ce que cela signifie pour vous, à quel point ces effets sont souvent incisifs et déterminants au cours des pérégrinations de votre existence, vous ne pouvez dès l'abord le concevoir.

Cela veut tout simplement dire que même une pensée, en continuant à agir de manière auto-active selon son genre, peut renforcer un genre similaire dans la matière dense *moyenne*, produisant par là des formes plus vigoureuses; de même, il s'ensuit que, par ce renforcement, elle continue à son tour à agir, se manifestant dans la matière *la plus dense* en une forme visible et agissante sans que vous paraissiez y avoir pris vous-mêmes une part directe.

Il est bouleversant de le savoir lorsqu'on connaît la frivolité et l'insouciance dont les êtres humains font preuve dans leur façon de penser.

Vous *participez* donc sans le savoir à maintes actions que l'un ou l'autre de vos semblables n'accomplit que parce qu'il a reçu un apport de force selon le processus que je viens de vous expliquer. Cet apport de force fut capable de le pousser à exécuter dans la matière la plus dense ce qui jusqu'alors ne reposait en lui qu'à l'état latent et avec lequel il n'avait fait auparavant que jouer en pensées.

C'est ainsi que bien des gens sur Terre désapprouvent très souvent un acte quelconque accompli par l'un de leurs semblables, le réprouvant et le condamnant avec emportement, alors que, devant les éternelles Lois de Dieu, il leur revient une *part de responsabilité*. Il peut, en l'occurrence, s'agir d'une personne qui leur est totalement étrangère et d'un acte qu'eux-mêmes n'auraient jamais accompli dans la matière la plus dense.

Ce n'est qu'en approfondissant pour une fois de tels événements que vous comprendrez vraiment pourquoi, dans mon Message, je vous lance cet appel: *«Gardez pur le foyer de vos pensées, vous faites ainsi régner la paix et vous êtes heureux!»*

Or, lorsque vous serez devenus assez forts dans votre propre purification, beaucoup moins de crimes en tous genres seront commis sur la Terre que jusqu'à présent, crimes dont beaucoup furent complices sans le savoir.

L'époque et le lieu de ces méfaits dont vous pouvez devenir complices ne jouent ici aucun rôle, même s'ils se passent aux antipodes, en des lieux que votre pied n'a jamais foulés et dont vous ignorez jusqu'à l'existence. Des apports de force nés de vos jeux de pensées aboutissent *là* où ils rencontrent des genres similaires, peu importe la distance, la nation et le pays.

C'est ainsi que des pensées de haine et d'envie peuvent, avec le temps, s'abattre sur des individus, des groupes, voire des peuples entiers, là où elles rencontrent une affinité, les contraignant à des actions qui prennent des formes entièrement différentes de celles qui naquirent tout d'abord de vos jeux de pensées.

L'effet peut alors se montrer conforme à l'état intérieur de *l'exécutant* au moment de l'action. Vous pouvez ainsi avoir contribué à l'exécution d'actes dont, en vérité, vous n'avez vous-mêmes jamais imaginé l'horreur; pourtant, vous êtes liés à eux, et une partie des répercussions doit nécessairement charger votre esprit et adhérer à lui comme un poids lorsqu'il se sépare du corps.

Mais inversement, vous pouvez aussi, avec bien plus de force encore, contribuer à la paix et au bonheur de l'humanité; vous pouvez, par des pensées pures et joyeuses, participer à l'épanouissement d'œuvres accomplies par des êtres humains fort éloignés de vous.

Évidemment, la bénédiction en reflue aussi sur vous, et vous ne savez pas pourquoi elle vous arrive.

Si vous pouviez *voir*, ne serait-ce qu'une fois, comment l'immuable Justice de la très Sainte Volonté de Dieu s'accomplit toujours dans les lois auto-actives de cette création pour chacune des pensées que vous nourrissez, vous mettriez tout en œuvre pour acquérir la pureté dans votre façon de penser.

Alors seulement vous serez devenus *ces* êtres humains que, dans Sa grâce, le Créateur veut guider dans Son œuvre vers la connaissance qui leur confère l'éternité et leur permet de devenir dans la création des aides dignes de

recevoir les grâces éminentes destinées à l'esprit humain afin qu'il les transforme et les transmette dans la joie et la gratitude à *celles* des créatures qui ne
peuvent les recevoir qu'ainsi transformées par lui. Or, aujourd'hui, elles en
restent criminellement coupées par suite de la déchéance de l'esprit humain
alors qu'il leur avait déjà été donné de naître en des temps où l'humanité
était meilleure et ses vibrations plus pures.

Mais alors, vous n'aurez par là rendu sur Terre, vivante et incandescente
en vous, qu'une *seule* phrase de mon Message!

Elle est pour vous *la plus ardue,* celle qui rend ensuite tout le reste
beaucoup plus facile. Son accomplissement doit déjà faire surgir devant
vous, de façon *visible* et tangible sur Terre, miracle sur miracle.

Lorsque vous aurez fait *cet* effort sur vous-mêmes, vous rencontrerez
alors sur votre chemin un nouveau danger qui résulte de la déformation de
la pensée humaine: vous y reconnaîtrez un pouvoir que vous ne voudrez
que trop volontiers comprimer en des formes bien définies afin qu'il serve à
tel ou tel dessein particulier fait d'un assemblage de désirs personnels.

C'est contre cela que je veux vous *mettre en garde* dès aujourd'hui, car le
danger peut vous engloutir; vous pourriez y sombrer après vous être déjà
engagés sur le bon chemin.

Gardez-vous de faire *des efforts désespérés* pour *conquérir* à tout prix
cette pureté des pensées; ce faisant, vous les comprimeriez dès l'abord dans
des voies déterminées, votre effort ne serait que charlatanisme et cette pureté des pensées ne serait *qu'artificiellement* provoquée, elle ne pourrait
jamais posséder l'effet puissant qu'elle doit avoir. Vos efforts porteraient
préjudice au lieu de profit parce que, dans ce cas, il leur manque l'authenticité de la libre intuition. Ce serait, là encore, un produit du *vouloir de votre
intellect,* mais jamais le travail de votre esprit. C'est contre cela que je vous
mets en garde!

Pensez à ma Parole du Message qui vous dit que toute vraie grandeur ne
peut résider que dans la *simplicité* puisque la vraie grandeur *est* tout simplement. Vous pourrez sans doute mieux comprendre *cette* simplicité à laquelle
je pense si, en guise de transition, vous la remplacez par la notion humaine
et terrestre de *droiture de cœur.* Ceci est peut-être plus près de votre faculté
de compréhension, et vous touchez juste.

Ce n'est pas par le vouloir réfléchi que vous pouvez conférer à vos
pensées cette pureté à laquelle je pense; au contraire, *simple* et sans limites,

c'est le pur vouloir qui, venant de votre intuition, doit monter en vous et non se trouver comprimé en un mot d'où ne peut naître qu'un concept limité. Cela ne doit pas être! Une poussée vers le bien, poussée qui englobe tout et est capable d'envelopper vos pensées à leur naissance, de les pénétrer avant même qu'elles prennent forme: voilà ce qui est juste, voilà ce dont vous avez besoin.

Ce n'est pas difficile, c'est même beaucoup plus facile que les autres tentatives dès que vous faites preuve de cette droiture de cœur grâce à laquelle les présomptions de l'intellect à l'égard de son propre savoir et de sa propre force sont incapables de se développer. Faites le vide de vos pensées et libérez en vous l'aspiration pour ce qui est noble et bon; vous aurez alors pour penser *cette* base qui est issue du vouloir de votre *esprit*, et *ce qui en naîtra*, vous pourrez tranquillement l'abandonner au travail de l'intellect qui le réalisera dans la matière dense la plus lourde. Jamais il ne pourra en résulter quelque chose de faux.

Rejetez loin de vous tous les tourments que vous causent vos pensées et, au lieu de vous tourmenter, faites confiance à votre *esprit* qui trouvera immanquablement le bon chemin, à moins que vous ne barriez vous-mêmes ce chemin. Devenez *libres en esprit* ne signifie rien d'autre que: *laissez la voie libre à l'esprit qui est en vous!* Il ne *peut* alors faire autrement que de s'acheminer vers les hauteurs, car son genre même l'attire avec certitude vers le haut. Vous l'avez retenu jusqu'à présent de sorte qu'il ne pouvait plus s'épanouir; vous avez ainsi entravé son vol, ligoté ses ailes.

La base qui servira à l'édification d'une humanité nouvelle, base que vous ne pouvez ni ne devez contourner, repose dans cette seule phrase: *Gardez pur le foyer de vos pensées!*

Et c'est *par cela* que l'homme doit commencer! C'est là son *premier* devoir qui fait de lui ce qu'il *doit* devenir: un *exemple* pour tous ceux qui aspirent à la Lumière et à la Vérité et qui veulent avec reconnaissance servir le Créateur par toute leur manière d'être. Quiconque accomplit *cela* n'a plus besoin d'autres directives. Il *est* tel qu'il doit être; de ce fait, il recevra en abondance les aides qui l'attendent dans la création et qui, sans interruption, le mènent vers le haut.

L'UNIVERS

L'UNIVERS! Lorsque l'homme emploie ce mot, il le prononce souvent de façon irréfléchie sans se faire une image de la véritable *nature* de l'univers dont il parle.

Or, bon nombre de ceux qui essaient de se représenter quelque chose de précis à ce sujet voient en esprit d'innombrables corps cosmiques, de nature et de grandeur très diverses, groupés en systèmes solaires, suivre leur orbite dans l'univers. Ils savent qu'il y a des mondes toujours nouveaux et de plus en plus nombreux à découvrir à mesure que l'on produit des instruments plus précis et de plus grande portée. En général, l'homme se contente alors du mot «infini», ce qui fait naître en lui l'erreur d'une *fausse* conception.

L'univers n'est pas infini. Il est la création matérielle, c'est-à-dire *l'œuvre* du Créateur. Comme toute œuvre, cette œuvre se trouve *à côté* de son créateur et, en tant que telle, elle est limitée.

Des personnes soi-disant évoluées sont souvent fières d'avoir reconnu que Dieu est présent dans la création entière, en chaque fleur, en chaque pierre, que les forces motrices de la nature sont Dieu, c'est-à-dire tout ce qui est insondable et se manifeste sans pouvoir pour autant être réellement saisi: c'est une Force originelle constamment en action, c'est la Source de Force qui se renouvelle éternellement par elle-même, la Lumière originelle inessentielle. Ces personnes s'imaginent considérablement évoluées, conscientes de trouver Dieu partout, de Le rencontrer partout, en tant que Force motrice pénétrant toute chose et œuvrant constamment dans le seul but de promouvoir l'évolution vers la perfection.

Mais cela n'est juste que dans un certain sens. Nous ne rencontrons dans la création entière que Sa Volonté, et par là même Son Esprit, Sa Force. Lui-même se trouve bien au-dessus de la création.

La création matérielle fut liée dès le commencement aux lois immuables du devenir et de la désagrégation; en effet, ce que nous nommons lois de la nature, c'est la Volonté créatrice de Dieu qui, en se manifestant, forme continuellement des mondes et les décompose. Cette Volonté créatrice est *uniforme* dans la création entière avec laquelle les mondes de matière subtile et ceux de matière dense ne font *qu'un*.

L'uniformité absolue et immuable des Lois originelles, donc de la Volonté originelle, a pour conséquence que le moindre événement se produisant sur la Terre de matière dense se déroule invariablement suivant un processus exactement identique à celui qui régit tout événement, qu'il s'agisse du plus grandiose de toute la création ou du processus créateur proprement dit.

La forme rigoureuse de la Volonté originelle est simple et sans artifice. Une fois reconnue, nous la retrouvons aisément en toutes choses. Le caractère confus et incompréhensible de tant d'événements provient uniquement des multiples engrenages résultant des tours et des détours engendrés par la diversité du vouloir humain.

L'œuvre de Dieu qu'est l'univers, est donc, en tant que création, soumise aux Lois divines qui sont immuables et parfaites en tout; elle en est également issue, et de ce fait limitée.

L'artiste, par exemple, est aussi dans son œuvre, il se fond en elle, et pourtant il se tient personnellement à côté d'elle. L'œuvre est limitée et éphémère, mais le talent de l'artiste ne l'est pas pour autant. L'artiste, c'est-à-dire le créateur de l'œuvre, peut détruire son œuvre – dans laquelle repose son vouloir – sans en être lui-même affecté. Il n'en restera pas moins l'artiste.

Nous reconnaissons et nous retrouvons l'artiste dans son œuvre, il nous devient familier sans que nous ayons besoin de l'avoir vu personnellement. Nous avons ses œuvres, son vouloir y repose et influe sur nous; il vient par là à notre rencontre, cependant il lui est possible de vivre sa propre vie loin de nous.

L'artiste créateur avec son individualité, de même que son œuvre, donne un pâle reflet des rapports de la création avec le Créateur.

Seul le *cycle* de la création est éternel et sans fin, donc infini dans son devenir, sa décomposition et son renouvellement incessants.

C'est dans le cadre de ce processus que s'accomplissent aussi toutes les révélations et prophéties. Finalement, le «Jugement dernier» lui aussi s'y accomplira pour la Terre.

Le Jugement «dernier», c'est-à-dire le Jugement *final*, se déclenche un jour pour *chaque* corps cosmique matériel, mais il n'intervient pas en même temps dans toute la création.

C'est un événement inéluctable au sein de la partie de la création ayant atteint, dans son cycle, le point où doit commencer sa désagrégation afin de pouvoir revêtir des formes nouvelles lors de son parcours ultérieur.

Ce cycle éternel ne doit pas être confondu avec la révolution de la Terre et d'autres astres autour de leurs soleils; il s'agit au contraire du cycle immense et plus important que tous les systèmes solaires sont tenus de parcourir à leur tour, tout en effectuant en plus eux-mêmes séparément leurs mouvements propres.

Le point où doit s'amorcer la décomposition de chaque corps cosmique est nettement défini, toujours en raison de la logique des lois naturelles; c'est à un endroit tout à fait précis que le processus de décomposition *doit* se dérouler, et cela indépendamment de l'état du corps cosmique en question et de ses habitants.

Irrésistiblement, le cycle y entraîne chaque corps cosmique. L'heure de la désagrégation s'accomplira sans retard, ce qui en réalité, comme toute chose dans la création, ne signifie qu'une modification offrant l'occasion d'une évolution ultérieure. Alors sera venue pour chaque homme l'heure du pour ou du contre: ou bien il sera élevé vers la Lumière si ses aspirations le portent vers ce qui est de nature spirituelle, ou bien il demeurera enchaîné à la matière à laquelle il est attaché s'il se déclare convaincu que seul ce qui est matériel a de la valeur.

Dans ce cas, conformément à son propre vouloir dont l'effet est soumis à la loi, il ne peut se dégager de la matière et se trouve ensuite enchaîné à elle sur la dernière partie du chemin menant à la décomposition. C'est alors la mort spirituelle! Elle équivaut à la radiation du Livre de la Vie.

Cet événement tout à fait naturel en soi est aussi appelé damnation éternelle parce que celui qui se trouve ainsi entraîné dans la décomposition «doit cesser d'avoir une existence personnelle». C'est le sort le plus épouvantable qui puisse frapper l'être humain. Il est considéré comme une «pierre de rebut» qui ne peut plus servir à une édification spirituelle et doit par conséquent être broyée.

Cette dissociation entre l'esprit et la matière intervient conformément aux lois et à la suite d'événements tout à fait naturels; elle constitue ce qu'on appelle le «Jugement dernier» lié à de grands bouleversements et à de profondes transformations.

Que cette désagrégation ne s'effectue pas en une *seule* journée terrestre, chacun le comprendra aisément car, pour les événements cosmiques, mille ans sont comme un jour.

Or, nous nous trouvons en plein début de cette époque. La Terre approche à présent du point où elle s'écarte de l'orbite suivie jusqu'alors, ce qui doit aussi se manifester de façon très sensible dans la matière dense. La division entre tous les hommes devient alors plus apparente; elle a déjà commencé ces derniers temps mais ne s'est traduite jusqu'ici que par des «opinions» et des «convictions».

Voilà pourquoi chaque heure de l'existence terrestre est plus précieuse que jamais. Que celui qui cherche sincèrement et souhaite apprendre, déploie tous ses efforts pour s'arracher aux pensées viles qui l'enchaînent inévitablement à ce qui est terrestre! Sinon, il court le danger de rester accroché à la matière et d'être entraîné avec elle vers la désagrégation complète.

Mais ceux qui aspirent à la Lumière verront peu à peu se relâcher leurs liens avec la matière et seront finalement élevés vers la Patrie de tout ce qui est spirituel.

Alors la séparation entre la Lumière et les ténèbres sera définitivement consommée et le Jugement accompli.

«L'univers», c'est-à-dire la création entière, ne disparaît pas à cette occasion, mais les corps cosmiques ne sont entraînés dans le processus de décomposition qu'au moment où leur course atteint le point où doit commencer la décomposition, et donc la séparation préalable.

Cet accomplissement se déclenche sous l'effet naturel des Lois divines qui, dès l'origine de la création, reposaient en elle et ont donné naissance à la création elle-même; aujourd'hui encore, comme dans l'avenir, ces Lois portent immuablement la Volonté du Créateur. Dans le cycle éternel, il y a un processus perpétuel de création, de semailles, de maturation, de récolte et de désagrégation afin que, stimulé par l'alternance des combinaisons, tout prenne à nouveau d'autres formes qui courent au-devant d'un prochain cycle.

En considérant ce cycle de la création, on peut se représenter un entonnoir géant ou une excavation gigantesque d'où jaillit constamment un flux intarissable de semences originelles. Animé de mouvements giratoires, ce flux tend vers de nouvelles combinaisons et un nouveau développement, ainsi que la science en a déjà connaissance et l'a justement relevé.

D'épaisses nébuleuses se forment par friction et par agglomération. Elles donnent à leur tour naissance à des corps cosmiques qui, en vertu de lois immuables et selon une logique infaillible, se groupent en systèmes solaires. Tout en effectuant leur propre révolution, ces corps cosmiques doivent suivre ensemble le grand cycle général qui est le cycle éternel.

Il en est exactement de même pour les événements visibles à l'œil terrestre que pour les grands événements cosmiques: la semence se développe, prend forme, mûrit, puis vient la récolte ou la décomposition qui entraîne pour les substances végétales, les corps d'animaux et ceux des humains une transformation, une désagrégation conduisant à une évolution ultérieure. Entourés d'un environnement bien plus important de matière subtile qui, par conséquent, est invisible à l'œil physique, les corps cosmiques visibles dans la matière dense sont, dans leur cycle éternel, soumis au même processus parce que les mêmes lois y sont à l'œuvre.

Même le sceptique le plus fanatique ne saurait nier l'existence de la semence originelle; cependant, aucun œil terrestre n'est en mesure de la voir car elle est d'une substance différente, d'une substance de «l'au-delà». Continuons à l'appeler matière subtile.

Il n'est pas non plus difficile de comprendre que, dans l'ordre naturel des choses, le monde qui se forme *d'abord* à partir de cette semence est lui aussi de matière subtile, et donc imperceptible à l'œil terrestre. Seul le précipité *le plus grossier* qui en résulte *ultérieurement* – précipité qui dépend du monde de matière subtile – forme peu à peu le monde de matière dense avec ses corps de matière dense. Et c'est seulement cela que les yeux terrestres, et tous les autres moyens de matière dense qui s'y ajoutent, sont à même d'observer à ses plus infimes débuts.

Il n'en va pas autrement de l'enveloppe de l'être humain proprement dit dans son genre spirituel dont je parlerai ultérieurement. Au cours de ses pérégrinations à travers les mondes de genres différents, son vêtement, son manteau, sa «robe», son corps ou son instrument – peu importe le nom donné à l'enveloppe – devra toujours être de la même substance que celle de l'environnement du moment dans lequel il pénètre, afin qu'il s'en serve comme d'une protection et d'un instrument indispensable s'il veut avoir la possibilité d'y agir de façon *directe* et efficace.

Or, puisque le monde de matière dense dépend du monde de matière subtile, il s'ensuit que tout ce qui se produit dans le monde de matière dense exerce aussi une action rétroactive sur le monde de matière subtile.

Ce vaste environnement de matière subtile fut créé, lui aussi, à partir de la semence originelle, il parcourt le même cycle éternel et est finalement poussé et aspiré à son tour vers l'arrière de ce gigantesque entonnoir dont j'ai déjà parlé et où se produit la décomposition, afin de se trouver refoulé de l'autre côté en tant que semence primitive appelée à recommencer un nouveau cycle.

Comparable à l'action du cœur et de la circulation sanguine, cet entonnoir est pour ainsi dire le cœur de la création matérielle. Le processus de décomposition atteint ainsi toute la création, y compris la partie de matière subtile, puisque *tout* ce qui est matériel se dissout à nouveau en semence originelle pour se reformer. Il n'y a là absolument rien d'arbitraire; tout se développe au contraire suivant la logique évidente et naturelle des Lois originelles qui ne tolèrent pas d'autre voie.

A un point donné de ce grand cycle survient donc pour tout ce qui est créé – qu'il s'agisse de matière dense ou de matière subtile – l'instant où le processus de décomposition se prépare indépendamment de ce qui est créé et, finalement, se déclenche.

Or, ce monde de matière subtile est le lieu de séjour transitoire de ceux qui ont quitté cette Terre; on le nomme l'au-delà. Il est intimement lié au monde de matière dense qui en fait partie et ne forme qu'un avec lui. Au moment du trépas, l'homme pénètre avec son corps de matière subtile – qu'il porte conjointement avec son corps terrestre – dans le milieu de matière subtile qui est en affinité avec lui et qui entoure le monde de matière dense, alors qu'il abandonne son corps de matière dense à la Terre.

Mais ce monde de matière subtile – l'au-delà – faisant partie de la création, est soumis aux mêmes lois de l'évolution permanente et de la désagrégation. Au moment où s'amorce le processus de décomposition, une séparation entre le spirituel et le matériel intervient à nouveau de façon tout à fait naturelle. Selon l'état spirituel de l'être humain – dans le monde de matière dense comme dans celui de matière subtile – l'être spirituel, le véritable «moi», doit ou bien se mouvoir vers le haut, ou bien rester enchaîné à la matière.

La sincère aspiration vers la Vérité et la Lumière, par suite du changement que cela entraîne pour lui, rendra chaque être humain spirituellement plus pur, et donc plus lumineux, si bien que cette condition devra tout naturellement le libérer de plus en plus du domaine de l'épaisse matière dense et l'entraîner vers les hauteurs en proportion de sa pureté et de sa légèreté.

Cependant, celui qui ne croit qu'à la matière se trouve lui-même attaché à cette matière par sa conviction, il y demeure enchaîné et, de ce fait, ne peut être entraîné vers le haut. D'une décision voulue personnellement résulte donc une séparation entre ceux qui aspirent à la Lumière et ceux qui sont liés aux ténèbres, conformément aux lois naturelles existantes de la pesanteur spirituelle.

Il devient ainsi évident que, lors du processus de purification de ce que l'on nomme l'au-delà, un *terme effectif* sera également mis, à un moment donné, à la possibilité d'évolution pour ceux qui ont quitté cette Terre. Ultime décision! Ou bien les hommes de ce monde et de l'autre seront suffisamment ennoblis pour pouvoir être élevés vers les régions de Lumière, ou bien, de par leur propre vouloir, ils demeureront prisonniers de leur nature de bas étage et seront donc finalement précipités dans la «damnation éternelle». En d'autres termes, ils seront entraînés dans la décomposition avec la matière dont ils ne peuvent se détacher. Ils subiront eux-mêmes douloureusement cette décomposition et cesseront par là d'exister personnellement.

Ils seront dispersés comme de la balle dans le vent, réduits en poussière et rayés ainsi du Livre d'or de la Vie!

Ce que l'on nomme le «Jugement dernier», c'est-à-dire le Jugement ultime, est donc, lui aussi, un événement qui s'accomplit tout à fait naturellement, sous l'effet des lois régissant la création, et de façon telle qu'il ne pourrait en être autrement. Ici encore, l'homme ne récolte jamais que les fruits de ce qu'il a lui-même voulu, donc ce qu'il a provoqué par sa conviction.

Le fait de savoir que tout ce qui arrive dans la création se produit autoactivement, suivant la plus stricte logique, que la trame de leur destin est tissée uniquement par les hommes eux-mêmes d'après leurs désirs et leur vouloir, que le Créateur n'intervient pas en observateur afin de récompenser ou de punir, ce fait n'amoindrit en rien la Grandeur du Créateur; au contraire, cela ne peut qu'inciter à Le considérer comme plus sublime encore.

La Grandeur du Créateur repose dans la *perfection* de Son œuvre, et cette perfection nous oblige à lever les yeux avec vénération car l'Amour le plus grand et la Justice la plus incorruptible doivent reposer sans distinction dans l'événement le plus important comme dans le plus insignifiant.

Placé comme il l'est dans la création, en tant que maître de son propre destin, l'homme est grand lui aussi! Il peut, grâce à sa volonté, se détacher de l'œuvre et contribuer par là au plus haut épanouissement de cette dernière, mais il peut aussi l'avilir et s'y empêtrer au point de ne plus pouvoir s'en dégager; il va alors avec elle au-devant de la décomposition, que ce soit dans le monde de matière dense ou dans celui de matière subtile.

C'est pourquoi, libérez-vous de toutes les entraves engendrées par les sentiments de bas niveau, car il en est grand temps! L'heure approche où le délai imparti à cet effet va expirer. Réveillez en vous l'aspiration vers ce qui est pur, vrai et noble!

Bien loin au-dessus du cycle éternel de la création plane au centre, telle une couronne, une «Ile Bleue», demeure des bienheureux, des esprits purifiés qui sont déjà autorisés à séjourner dans les régions de Lumière. Cette Ile est séparée de l'univers. C'est pourquoi elle ne participe pas non plus au rythme cyclique mais, bien qu'elle soit située très haut au-dessus de la création décrivant son cycle, elle forme le soutien et le point central des forces qui émanent du royaume spirituel. C'est l'Ile qui porte à son sommet la «Ville aux rues d'or», ville tant célébrée. Plus rien ici n'est soumis à un changement. Il n'est plus de «Jugement dernier» à craindre. Ceux qui peuvent y séjourner sont dans la «Patrie».

Mais aux confins de cette «Ile Bleue», à son point culminant, inaccessible aux pas de ceux qui ne sont pas appelés, se dresse... le Manoir du Graal si souvent chanté dans les poèmes.

Entouré d'un tissu de légendes, objet d'innombrables aspirations, il se dresse là, dans la Lumière de la plus grande magnificence, et recèle la coupe sacrée du pur Amour du Tout-Puissant: le Graal!

Les plus purs des esprits sont commis à sa garde. Ils sont porteurs de l'Amour divin dans sa forme la plus pure, Amour fondamentalement différent de ce qu'imaginent les hommes sur Terre bien qu'ils en éprouvent les effets tous les jours et à chaque heure.

C'est par des révélations que l'annonce de l'existence du Manoir parcourut, en de nombreuses gradations, le long chemin qui, depuis l'Ile Bleue, descend à travers le monde de matière subtile jusqu'à ce qu'enfin, grâce à la haute inspiration de quelques poètes profondément inspirés, elle parvînt aussi aux hommes de la Terre de matière dense. Transmise toujours plus bas, de degré en degré, la réalité subit de ce fait, bien qu'involontairement, diverses altérations de sorte que la dernière version ne pouvait être qu'un reflet, maintes fois troublé, qui donna naissance à bien des erreurs.

Toutefois, lorsque d'une partie de la grande création se trouvant dans une immense détresse, la souffrance et une ardente supplication montent vers le Créateur, un Servant de la coupe est alors envoyé en tant que Porteur de cet Amour pour intervenir dans la misère spirituelle en apportant Son aide. Ce qui, dans l'œuvre de la création, plane uniquement sous forme de mythe ou de légende, pénètre alors dans la création en tant que réalité vivante!

De telles missions, cependant, ne sont pas fréquentes. Elles s'accompagnent chaque fois de transformations radicales et de grands bouleversements. Ceux qui sont ainsi envoyés apportent la Lumière et la Vérité aux égarés, la paix aux désespérés. Par leur Message, ils tendent la main à tous les chercheurs pour leur offrir un courage nouveau, une force nouvelle et, à travers tout ce qui est ténèbres, les guider vers le haut, vers la Lumière.

Ils ne viennent que pour ceux qui aspirent à une aide de la Lumière et non pour les railleurs et les êtres infatués d'eux-mêmes.

L'ÉTOILE DE BETHLÉEM

La Lumière doit à présent se faire sur cette Terre comme cela aurait dû se produire jadis lorsque l'Étoile de la Promesse brilla au-dessus d'une étable à Bethléem.

Mais en ce temps-là quelques-uns seulement accueillirent la Lumière, et ceux qui les écoutèrent ne tardèrent pas, selon l'habitude des hommes de la Terre, à la déformer, à la défigurer. Ce qu'ils avaient oublié, ils tentèrent de le remplacer par des idées personnelles, ne faisant par là qu'engendrer une confusion qui doit passer aujourd'hui pour vérité intangible.

De crainte que tout ne s'écroule si le moindre pilier se révèle faux, on combat, on souille tout rayon de Lumière capable d'apporter la connaissance et, là où ce n'est pas possible, on se contente de le ridiculiser avec une malveillance et une perfidie qui montrent clairement à tous ceux qui pensent avec lucidité que pareille attitude résulte de la peur. Mais une pensée lucide est plutôt rare sur Terre!

Néanmoins, il *faut* que la Lumière de la vraie connaissance se répande enfin sur toute l'humanité.

L'heure est venue où tout ce que le cerveau humain a inventé de malsain sera balayé de la création afin que cela n'empêche plus désormais la révélation que la Vérité est *différente* des formes inconsistantes engendrées, en une soif de puissance temporelle et d'honneurs terrestres, par l'étouffant marécage de l'étroitesse bornée, la vantardise présomptueuse et le sens des affaires ainsi que par l'imagination maladive et l'hypocrisie.

Maudits soient ceux qui, induisant en erreur des milliers d'êtres humains, les ont asservis à un point tel qu'ils n'osent plus aujourd'hui ouvrir les yeux à la Lumière mais diffament aveuglément tout ce qui frappe leurs oreilles et résonne différemment de ce qu'ils avaient coutume d'entendre jusqu'alors, au lieu d'écouter et d'examiner enfin une bonne fois par eux-mêmes si ce qui est nouveau ne répond pas mieux à leur entendement que ce qu'ils ont appris jusqu'à présent.

Les oreilles sont bouchées, on veille anxieusement à ce que nul courant d'air frais n'y pénètre, et ceci uniquement par paresse et par crainte que cet air frais, par la guérison qui y est liée, n'implique *l'activité de l'esprit* qui exige et impose l'effort personnel, contrairement à l'actuelle somnolence spirituelle apparemment si commode, qui a pour conséquence un long et lourd sommeil: ne faisant ainsi que laisser les mains libres à la ruse de l'intellect déformé et corrompu.

Mais il ne sert à rien de boucher vos oreilles à la Parole nouvelle, de fermer les yeux afin de n'être ni éblouis ni effrayés par la Lumière. C'est *de vive force* que vous allez à présent être arrachés à ce triste engourdissement! Vous devez vous trouver transis devant la froide Lumière qui, impitoyablement, vous dépouille de tous vos dehors trompeurs, transis, car votre étincelle spirituelle ne peut plus s'allumer *en vous* pour que, en se réchauffant, elle s'unisse de l'intérieur à la Lumière.

Il ne vous est évidemment que trop *facile* de *croire l'incroyable* car, pour ce faire, vous n'avez pas besoin de vous donner la peine de penser et d'examiner par vous-mêmes. Précisément parce que l'incroyable ne peut résister à un examen fondé sur les Lois naturelles de Dieu, vous êtes tout simplement *obligés* de croire sans vous préoccuper du pourquoi ni du comment, obligés de croire *aveuglément*, et cela vous semble *grand!* Vous qui, de cette façon bien commode, vous imaginez être particulièrement croyants, vous vous élevez simplement au-dessus de tous les doutes et... vous vous sentez à l'aise, en sécurité, nobles, pieux et assurés de la félicité.

De cette façon, vous ne vous êtes cependant pas élevés au-dessus de tous les doutes, vous ne les avez que lâchement contournés! Vous avez été trop paresseux en esprit pour agir par vous-mêmes en ce domaine et vous avez préféré la foi aveugle à la connaissance des événements naturels conformes aux Lois de la Volonté de Dieu. Des élucubrations issues du cerveau humain vous y ont aidés. En effet, plus ce que vous devez croire est impossible, incompréhensible, plus il devient commode d'y croire *aveuglément* au plein sens du terme: il ne peut absolument pas en être autrement en ces choses. Dans ce cas, le savoir et la conviction sont *obligatoirement* exclus.

Seul l'impossible exige une foi aveugle et inconditionnelle, car tout ce qui est possible incite immédiatement à la réflexion personnelle. Là où est la Vérité – qui est toujours caractérisée par le naturel et la logique – apparaissent spontanément la réflexion et la compréhension intuitive. Cela ne cesse que lorsque le naturel fait défaut, donc là où il n'y a pas de Vérité. Seule la compréhension intuitive peut mener à la conviction, et seule la conviction apporte des valeurs à l'esprit humain!

C'est ainsi qu'à présent se clôt aussi, avec tout le reste, le cycle qui se déclencha lors de la nuit sacrée à Bethléem. Et la clôture de ce cycle doit rejeter les erreurs de transmission pour permettre à la Vérité de triompher. Les ténèbres créées par l'humanité sont dispersées par l'irruption de la Lumière.

Toutes les légendes qui, avec le temps, furent tissées autour de la vie de Jésus doivent s'effondrer pour que Sa vie ressorte enfin de façon pure et conforme aux Lois divines, comme il était absolument impossible qu'il en aille autrement dans cette création. Dans les cultes que vous avez vous-mêmes instaurés, vous avez jusqu'à présent, avec une légèreté criminelle, renié la Perfection du Créateur, votre Dieu.

C'est délibérément et consciemment que vous L'y représentez imparfait dans Sa Volonté! J'ai déjà parlé de cela, et vous aurez beau vous tourner et vous retourner dans tous les sens, *aucune* échappatoire ne pourra vous protéger parce que vous avez été trop paresseux pour y réfléchir par vous-mêmes. Vous n'honorez pas Dieu en croyant aveuglément des choses qui sont incompatibles avec les Lois originelles de la création. Au contraire, si vous croyez à la Perfection du Créateur, vous devez savoir que rien ne peut survenir ici dans la création qui ne soit en toute logique conforme aux Lois de Dieu fermement établies. Ce n'est qu'ainsi que vous pouvez vraiment L'honorer.

Quiconque pense différemment doute par là de la *Perfection* du Créateur, de son Dieu. En effet, là où des changements, voire des améliorations, sont encore possibles, il n'y a pas – et il n'y a jamais eu – de perfection. L'évolution est autre chose: elle est prévue et voulue dans cette création. Mais elle doit absolument être la *résultante* de l'activité des lois déjà existantes. Cependant, tout cela ne peut produire des faits tels que ceux qui sont admis comme une évidence par de nombreux croyants, notamment dans la vie du Christ.

Réveillez-vous, sortez enfin de vos rêves, devenez *vrais* en vous-mêmes! Qu'il vous soit dit une fois encore que, d'après les lois de la création, il est totalement impossible à un corps humain de naître sur cette Terre sans procréation préalable sur le plan physique, pas plus qu'un corps de matière dense ne peut être élevé jusqu'au royaume de matière subtile après sa mort terrestre, et encore moins à celui de l'essentialité ou, à plus forte raison, à celui de l'esprit! Et puisque Jésus devait naître ici sur cette Terre, cet événement fut également soumis à la Loi divine en vigueur dans la matière dense, à savoir celle de la procréation préalable.

Dieu aurait dû agir à l'encontre de Ses propres Lois si les événements de la vie du Christ s'étaient déroulés comme l'enseigne la tradition. Or, Il ne peut agir ainsi puisqu'Il *est parfait depuis le commencement,* tout comme l'est Sa Volonté qui repose dans les lois de la création. Quiconque ose encore penser différemment doute de cette Perfection et, en dernier ressort, il doute aussi de Dieu. Car, sans Perfection, Dieu ne serait pas Dieu. Il n'est ici aucune échappatoire! Nul esprit humain ne saurait ergoter sur cette simple évidence, même s'il fallait pour cela ébranler les fondements de maintes conceptions admises jusqu'à présent. Dans ce cas, il n'y a qu'une alternative: tout ou rien. Aucun pont, aucun compromis n'est possible car la Divinité ne tolère aucune demi-mesure ni rien d'inachevé. Il n'en va pas autrement pour tout ce qui concerne Dieu.

Jésus fut engendré *physiquement,* sinon une naissance terrestre n'aurait pas été possible.

Quelques-uns seulement reconnurent jadis dans l'Étoile la réalisation des promesses. Tel fut le cas de Marie elle-même et de Joseph qui, bouleversé, se voila la face.

Trois rois trouvèrent le chemin de l'étable et offrirent des présents terrestres, mais ensuite ils abandonnèrent sans protection l'Enfant auquel ils auraient dû aplanir le chemin sur Terre grâce à leurs richesses et à leur puissance pour qu'il ne Lui arrivât aucun mal dans l'accomplissement de Sa Mission. Ils n'avaient pas pleinement reconnu l'éminent appel qui s'adressait à eux, bien qu'ils aient été éclairés pour trouver l'Enfant.

L'inquiétude poussait Marie à quitter Nazareth, et Joseph, la voyant souffrir en silence et remarquant sa nostalgie, accéda à son désir uniquement pour lui rendre la joie. Il confia la direction de son atelier de charpentier à l'aîné de ses ouvriers et partit pour un pays lointain avec Marie et l'Enfant. Peu à peu, le travail et les soucis quotidiens ternirent pour tous deux le souvenir de l'Étoile rayonnante, d'autant plus que rien de particulier ne se manifestait chez Jésus durant ses années de jeunesse: comme tous les enfants, Il était tout à fait naturel.

Ce n'est qu'après son retour dans sa ville natale que Joseph – qui avait toujours été le meilleur et le plus paternel des amis pour Jésus – alors qu'il se mourait, au moment de passer dans l'au-delà, pendant ses derniers instants sur Terre, vit au-dessus de Jésus resté seul à son chevet, la Croix et la Colombe. Profondément ému, il prononça ses dernières paroles: «Alors, c'est donc bien Toi!»

Jésus Lui-même ne savait rien de tout cela avant de se sentir poussé à aller trouver Jean dont Il avait entendu dire qu'il prêchait la sagesse et baptisait au bord du Jourdain.

Par l'acte physique du baptême, le début de Sa Mission fut fortement ancré dans la matière dense. Le bandeau tomba. C'est à partir de cet instant que Jésus fut conscient qu'Il devait porter la Parole du Père à l'humanité de cette Terre.

Sa vie entière va se dérouler devant vous, telle qu'elle fut en réalité, dépouillée de tout ce que des cerveaux humains ont imaginé. Avec la clôture du cycle des événements, elle est révélée à tous dans le Jugement; c'est la victoire de la Vérité qui ne saurait encore être obscurcie pour longtemps.

Marie lutta intérieurement avec ses doutes encore aggravés par les soucis maternels au sujet de son fils jusqu'à la douloureuse montée au Golgotha, sur le plan purement humain et non surnaturel. Ce n'est que là qu'elle parvint finalement à reconnaître la Mission de son Fils et que, avec cette prise de conscience, elle trouva la foi.

Cependant, avec le retour de l'Étoile, toute erreur doit maintenant être redressée par la Grâce de Dieu; seront aussi déliées toutes les fautes de ceux qui – sans avoir agi par entêtement et par méchanceté – mirent jadis des obstacles sur le chemin du Christ et qui, à présent, à la clôture du cycle, reconnaissent et cherchent à réparer leur négligence ou leurs erreurs.

C'est dans la volonté de réparer que la rédemption se lève pour eux avec l'Étoile rayonnante. Délivrés, ils peuvent chanter leur gratitude à Celui qui, dans Sa Sagesse et Sa Bonté, créa les Lois selon lesquelles les créatures sont obligées de se juger et aussi de se racheter.

LE COMBAT

Il ne pouvait encore être question jusqu'à présent d'une sérieuse confrontation entre deux conceptions de l'univers. Le mot combat est par conséquent un terme mal choisi pour qualifier ce qui se passe effectivement entre les hommes d'intellect et ceux qui cherchent sincèrement la Vérité.

Tout ce qui s'est produit jusqu'ici a, de la part des intellectuels, consisté en attaques partiales qui apparaissent nécessairement à tout observateur impassible comme manifestement injustifiées et souvent ridicules. Le mépris, l'hostilité, voire les persécutions les plus graves, sont le lot de tous ceux qui cherchent à progresser de façon purement spirituelle, et ceci, même s'ils se cantonnent dans une discrète réserve. Il s'en trouve toujours quelques-uns pour essayer de retenir par l'ironie ou la violence ceux qui cherchent à s'élever et pour tenter de les replonger dans la morne torpeur ou dans l'hypocrisie des masses.

Beaucoup devaient ainsi devenir de véritables martyrs parce que non seulement la foule, mais en même temps la puissance terrestre se trouvaient du côté des intellectuels. Ce que ces gens sont capables d'offrir se trouve déjà clairement exprimé par le mot «intellect», à savoir: une faculté de compréhension étroitement limitée à ce qui est purement terrestre, donc à la fraction la plus minime de l'existence proprement dite.

Il est facile de comprendre qu'il ne puisse en résulter rien de parfait, ni même rien de bon, pour une humanité dont l'existence se déroule essentiellement en des régions que les intellectuels se sont eux-mêmes fermées, surtout si l'on considère que l'infime laps de temps d'une vie terrestre doit précisément devenir un tournant important pour l'existence entière et entraîner des interventions décisives dans les autres plans totalement inconcevables pour eux.

La responsabilité des intellectuels qui, tout bien considéré, sont déjà tombés si bas, s'accroît ainsi dans des proportions gigantesques. Le poids écrasant de cette responsabilité contribuera à les pousser de plus en plus vite vers le but de leur choix pour les forcer à goûter enfin les fruits de ce qu'ils ont défendu par leurs paroles obstinées et arrogantes.

Par intellectuels, il faut entendre ceux qui se sont soumis sans condition à leur propre intellect. Chose singulière, ils ont cru depuis des milliers d'années, en recourant à la loi et à la force, posséder le droit absolu d'imposer aussi leurs convictions bornées à ceux qui voulaient vivre selon d'autres conceptions. Cette prétention complètement illogique ne résulte à nouveau que de l'étroitesse d'entendement des intellectuels, entendement incapable de s'élever plus haut. C'est précisément cette limitation qui leur fournit un prétendu sommet de compréhension. Or, de telles prétentions doivent nécessairement être issues de leur imagination parce qu'ils se croient vraiment parvenus au plus haut sommet. En ce qui les concerne, il en est bien ainsi puisqu'ils ont alors atteint la limite qu'ils ne peuvent franchir.

Cependant, si on examine les choses de plus près, leurs attaques contre les chercheurs de Vérité révèlent clairement, par leur hargne si souvent incompréhensible, la verge que les ténèbres brandissent derrière eux. On trouve rarement dans ces actes hostiles une trace de vouloir sincère qui pourrait, dans une certaine mesure, excuser cette manière d'agir souvent incroyable. Dans la plupart des cas, c'est un déchaînement de rage aveugle dépourvu de toute réelle logique. Considérons calmement ces attaques: il est bien rare d'y trouver un article dont le contenu révèle l'effort de traiter d'une manière réellement *objective* les paroles ou les écrits d'un chercheur de Vérité.

Il est extrêmement frappant de constater que la médiocrité et l'inconsistance de ces attaques se manifestent toujours dans le fait qu'elles ne sont *jamais purement objectives*. Il s'agit toujours de diffamations, ouvertes ou voilées, à l'encontre de la *personne* du chercheur de Vérité. *Seul agit ainsi celui qui est incapable de répondre de façon objective.* En effet, un chercheur ou un porteur de Vérité n'offre pas ce qu'il est *personnellement*, mais bien ce qu'il *dit*.

C'est la parole qu'il convient d'examiner et non la *personne!* Le fait de mettre constamment l'accent d'abord sur la personne et d'examiner ensuite si l'on peut prêter attention à ses paroles est une coutume chère aux intellectuels. Leur faculté de compréhension étant étroitement limitée, ils ont *besoin* d'un appui extérieur de ce genre parce qu'il leur faut se cramponner aux apparences pour ne pas sombrer dans le désarroi. Voilà précisément l'édifice creux qu'ils érigent; or, cet édifice est insuffisant pour les hommes et constitue un sérieux obstacle à leur progression.

S'ils disposaient d'un ferme appui intérieur, ils laisseraient simplement les faits répondre aux faits, en ignorant les personnes. Toutefois, ils en sont incapables. Ils évitent d'ailleurs intentionnellement de le faire parce qu'ils sentent, ils ont plus ou moins conscience que, lors d'un tournoi en règle, ils seraient vite désarçonnés. La désignation ironique si courante de «prédicateur laïc» ou de «commentateur laïc» dénote une suffisance tellement ridicule que toute personne sincère ressent intuitivement: «Voilà un paravent qu'on utilise pour dissimuler à tout prix sa superficialité, pour couvrir son propre vide intérieur d'une enseigne à bon marché!»

C'est là une tactique bien maladroite qui ne saurait être de longue durée. Son but est de placer d'emblée les chercheurs de Vérité – qui pourraient devenir gênants – sur un pied «d'infériorité», voire de les ridiculiser aux yeux de leurs semblables ou du moins de les ranger parmi les «charlatans» afin d'éviter qu'on ne les prenne au sérieux.

Par de tels procédés, on veut empêcher qui que ce soit de s'occuper des paroles. Néanmoins, le mobile de cette façon d'agir n'est pas le souci que le prochain se trouve entravé intérieurement dans son ascension par des enseignements erronés, c'est au contraire une vague crainte de perdre de l'influence et d'être ainsi contraint d'aller soi-même plus au fond des choses que par le passé et d'avoir par là à modifier maintes conceptions qui passaient jusqu'à ce jour pour intangibles et qui étaient commodes.

Ce sont précisément ces allusions fréquentes aux «laïcs», cette singulière façon de regarder de haut ceux qui, grâce à leur intuition plus affinée et plus indépendante, approchent bien davantage la Vérité et ne se sont pas érigé des murs par les formes rigides de leur intellect, qui dévoilent une faiblesse dont les dangers ne peuvent échapper à quiconque réfléchit tant soit peu. *Il est dès l'abord exclu que celui qui professe de telles opinions soit un enseignant et un guide non influencé,* car il se trouve par là, et bien plus que tout autre, éloigné de Dieu et de Son activité.

La connaissance de l'évolution des religions, avec toutes leurs erreurs et toutes leurs fautes, ne rapproche pas les hommes de leur Dieu, pas plus que l'interprétation intellectuelle de la Bible ou d'autres écrits précieux appartenant aux diverses religions.

L'intellect est et demeure lié à l'espace et au temps – donc lié à la Terre –

alors que la Divinité, et par conséquent la connaissance de Dieu et de Sa Volonté sont au-delà de l'espace et du temps et au-dessus de tout ce qui est éphémère; l'intellect aux capacités étroitement limitées est donc à tout jamais incapable de les saisir.

Pour cette simple raison, l'intellect n'est pas davantage appelé à fournir des éclaircissements sur les valeurs éternelles. Il y aurait là, assurément, une contradiction. En conséquence, celui qui veut *ici* se targuer de diplômes universitaires et regarder de haut ceux qui ne sont pas influencés témoigne de sa propre incompétence et de son étroitesse de vue. Les êtres réfléchis ressentiront immédiatement la partialité et se montreront prudents en face de celui qui les exhorte ainsi à la prudence.

Seuls ceux qui sont appelés peuvent être de vrais instructeurs. Les appelés sont ceux qui en portent cette aptitude en eux. Cependant, ces aptitudes n'exigent pas une instruction supérieure mais bien les vibrations d'une faculté intuitive affinée capable de s'élever au-dessus de l'espace et du temps, donc au-dessus de la limite de compréhension de l'intellect terrestre.

En outre, tout homme intérieurement libre jugera toujours une chose ou un enseignement en fonction de ce que *cela* apporte et non point en fonction de *celui* qui les apporte. Cette dernière attitude témoigne d'une telle pauvreté de la part de l'investigateur qu'il ne saurait y en avoir de plus grande. De l'or, c'est de l'or, qu'il se trouve dans la main d'un prince ou dans celle d'un gueux.

Pourtant, on cherche obstinément à ignorer ou à dénaturer cette réalité irréfutable, précisément en ce que l'être spirituel a de plus précieux, et naturellement sans plus de succès que pour l'or, car ceux qui sont d'authentiques chercheurs ne se laissent pas dissuader par semblables diversions d'examiner personnellement la question. Par contre, ceux qui se laissent ainsi influencer ne sont pas encore mûrs pour recevoir la Vérité. Elle n'est pas pour eux.

Cependant, l'heure n'est plus éloignée où doit commencer un combat qui n'a pas encore été livré jusqu'à présent. La partialité prend fin et est suivie d'une rigoureuse confrontation qui anéantit toute arrogance.

SCIENCES SPIRITUELLES MODERNES

SCIENCES spirituelles modernes: Que de choses se rassemblent sous ce pavillon! Que de choses s'y unissent, et que de choses s'y combattent aussi! C'est un véritable champ de foire où se mêlent recherches sérieuses, savoir médiocre, vastes projets, vanité, sottise, bien souvent aussi une vaine vantardise et, plus encore, un sens des affaires dépourvu de tout scrupule. Il n'est pas rare que dans tout ce chaos fleurissent l'envie ainsi qu'une haine sans bornes aboutissant finalement à une soif de vengeance sournoise de la plus vile espèce.

Comment s'étonner que, dans ces conditions, bien des gens fuient ces agissements insensés par crainte d'être intoxiqués à leur contact! Ils n'ont certes pas tout à fait tort car, en vérité, d'innombrables adeptes des sciences spirituelles ne montrent dans leur comportement rien d'engageant et encore moins d'attirant; au contraire, tout en eux incite plutôt chacun à faire preuve de la plus extrême prudence.

Il est singulier que tout le domaine des prétendues sciences spirituelles – souvent confondues par des personnes malveillantes ou ignorantes avec la science *«des esprits»* – soit encore considéré aujourd'hui comme une sorte de *zone franche* où chacun peut se démener librement et faire des siennes, et ceci sans retenue et impunément.

Ce domaine *passe* pour être une zone franche. Cependant, l'expérience a déjà très souvent montré que tel *n'est pas* le cas.

En ce domaine, d'innombrables pionniers assez imprudents pour risquer encore quelques pas dans leurs investigations, avec des connaissances purement imaginaires, devinrent les impuissantes victimes de leur négligence. La seule chose à déplorer ici est que tant de victimes soient tombées sans que cela ait apporté quoi que ce soit à l'humanité.

A vrai dire, chacun de ces cas aurait dû fournir la preuve que la voie suivie n'est pas la bonne puisqu'elle n'apporte que des dommages, voire la perdition, mais aucune bénédiction. On s'obstine cependant dans cette voie erronée avec une singulière opiniâtreté et l'on continue à sacrifier de nouvelles victimes. On pousse de grands cris à chaque grain de poussière que l'on découvre comme un fait nouveau – bien qu'il soit évident dans la grande création – et on écrit d'innombrables traités qui ne peuvent que rebuter bon nombre de chercheurs sincères parce que le tâtonnement incertain y devient nettement perceptible.

En réalité, tout le travail de recherche effectué jusqu'alors doit plutôt être qualifié de jeu dangereux sur un arrière-plan de bon vouloir.

Le domaine des sciences spirituelles, domaine considéré comme zone franche, ne pourra jamais être abordé impunément tant que l'on ne saura pas tenir compte *au préalable* des lois *spirituelles* dans toute leur étendue. Toute opposition, qu'elle soit consciente ou inconsciente, c'est-à-dire toute «inobservance» de ces lois – ce qui équivaut à une transgression – doit, par l'inévitable jeu de la réciprocité des effets, frapper l'être téméraire, frivole ou étourdi qui n'en tient pas rigoureusement compte ou s'avère incapable de les observer.

Vouloir explorer ce qui n'appartient pas à la Terre avec des moyens et des possibilités terrestres revient à abandonner seul dans une forêt vierge un enfant ignorant et pas encore familiarisé avec les dangers du monde terrestre, alors qu'un homme équipé en conséquence, en pleine possession de ses forces et faisant preuve d'une extrême prudence, peut seul avoir quelque chance de s'en sortir indemne.

Ainsi en va-t-il des adeptes des sciences spirituelles modernes avec leurs méthodes actuelles de travail, même lorsqu'ils s'imaginent agir avec la plus grande sincérité et prennent véritablement de gros risques, uniquement par amour de la science, afin d'aider ainsi les hommes à progresser au-delà d'une frontière à la porte de laquelle, depuis longtemps déjà, ils frappent et attendent.

Tels des enfants, ces chercheurs se tiennent aujourd'hui encore devant cette frontière, impuissants, tâtonnants, ignorants des dangers qui, à tout instant, peuvent fondre sur eux ou se déverser sur d'autres par leur intermédiaire dès l'instant où leurs essais hésitants creusent une brèche dans le rempart naturel ou encore ouvrent une porte qui, pour beaucoup, ferait mieux de rester fermée.

On ne peut taxer tout cela que d'insouciance et non d'audace, tant que ceux qui veulent s'avancer ainsi ne sont pas absolument certains d'être en mesure de maîtriser immédiatement et sans restriction tout danger éventuel, non seulement pour eux-mêmes mais aussi pour autrui.

Les «chercheurs» qui s'adonnent à ces expériences sont les plus irresponsables de tous. Il a déjà été fait allusion à plusieurs reprises au crime de l'hypnose.*

Or, les chercheurs qui se livrent à d'autres genres d'expériences commettent dans la plupart des cas la faute regrettable et imputable à leur propre ignorance – sinon ils ne la commettraient assurément pas – de plonger d'autres personnes très sensibles ou douées de médiumnité dans un sommeil magnétique, voire même hypnotique, pour les rapprocher ainsi des influences, physiquement invisibles, du monde de «l'au-delà», espérant par là pouvoir entendre ou observer différentes choses, ce qui ne serait pas possible si le sujet d'expérimentation en question jouissait de sa pleine conscience diurne.

Dans au moins quatre-vingt-quinze pour cent des cas, ils exposent ainsi ces personnes à d'immenses dangers qu'elles ne sont pas encore de taille à affronter; car *toute sorte* d'intervention artificielle destinée à aller plus avant est un asservissement de l'âme, contraignant cette dernière à une sensibilité dépassant celle que permettrait son développement naturel.

Il en résulte que la victime de ces expériences se trouve soudain du point de vue psychique sur un plan où, par suite d'une intervention artificielle, elle se voit privée de sa protection naturelle, ou bien tout simplement elle ne dispose pas sur ce plan de cette protection naturelle qui est la sienne, cette dernière ne pouvant naître que d'une évolution intérieure saine et *personnelle*.

Un tel être est digne de pitié; il faut se le représenter comme attaché nu à un pieu, tel un appât avancé en pleine zone dangereuse pour attirer à lui la vie et l'activité encore inconnues dans ce milieu et même les laisser agir sur lui afin qu'il puisse en rendre compte ou que différentes manifestations deviennent visibles à autrui grâce à son concours, moyennant l'abandon de certaines substances physiques bien déterminées de son corps.

Grâce à la liaison que son âme ainsi avancée est obligée de maintenir avec son corps terrestre, un tel sujet d'expérimentation est capable de communiquer comme par téléphone et de transmettre par instant à l'observateur tout ce qui se produit.

* Conférence: «Le crime de l'hypnose».

Mais qu'à cette occasion la sentinelle ainsi artificiellement mise en avant subisse une attaque quelconque, elle se trouve, en raison de son absence de protection naturelle, dans l'incapacité de se défendre. Elle est abandonnée sans secours, parce que, avec l'aide d'autrui, elle n'a fait qu'être poussée artificiellement dans un domaine qui, par rapport à son propre degré d'évolution, n'est pas encore le sien, ou bien où elle n'a nullement sa place. Toutefois, le soi-disant chercheur qui l'a poussée jusque-là par soif de savoir ne peut pas davantage lui venir en aide, étant donné qu'il n'est lui-même qu'une personne étrangère et inexpérimentée sur le plan d'où vient le danger; il ne peut donc rien entreprendre en vue d'une protection quelconque.

C'est ainsi que les chercheurs deviennent des criminels sans le vouloir et sans qu'ils puissent pour autant comparaître devant la justice terrestre. Mais cela n'exclut pas que les lois *spirituelles* déclenchent leur activité de réciprocité dans leur pleine rigueur et enchaînent le chercheur à sa victime.

Maint sujet d'expérimentation a subi des attaques en provenance de la matière subtile, attaques qui avec le temps, et souvent même très rapidement, voire instantanément, affectent aussi le domaine du corps de matière dense, entraînant par la suite une maladie physique ou la mort. Le préjudice que subit l'âme ne se trouve toutefois pas éliminé pour autant.

Par contre, les observateurs qui se nomment chercheurs et qui poussent leurs victimes dans les régions inconnues se tiennent dans la plupart des cas, au cours de ces dangereuses expériences, sous une bonne protection terrestre grâce à l'abri que leur offrent leur corps et leur conscience diurne.

Il est rare qu'ils partagent simultanément les dangers encourus par les sujets d'expérimentation et que, par conséquent, ils en soient eux-mêmes immédiatement atteints. Mais à leur mort terrestre, au moment de leur passage dans le monde de matière subtile, ils seront de toute façon, de par leur enchaînement à leurs victimes, *contraints* de se rendre aux endroits où celles-ci auront pu éventuellement être entraînées; ce n'est qu'ensuite qu'ils pourront reprendre avec elles une nouvelle et lente ascension.

Or, la projection artificielle d'une âme dans un autre domaine ne signifie pas forcément que l'âme sort du corps pour s'envoler vers une autre région. Dans la *plupart* des cas, elle reste tranquillement dans le corps. Le sommeil magnétique ou hypnotique ne fait que lui conférer une sensibilité anormale de sorte qu'elle réagit à des influences et à des courants beaucoup plus subtils que ceux qu'elle pourrait ressentir dans son état normal.

Il est évident que, dans cet état anormal, elle ne dispose pas de la force intégrale dont elle jouirait si elle était arrivée d'elle-même aussi loin grâce à son évolution intérieure et si, de ce fait, elle se tenait, ferme et assurée, sur ce sol nouveau et plus subtil en opposant à toutes ces influences une force équivalente.

En raison de ce manque de saine force intégrale, les interventions artificielles provoquent un déséquilibre qui entraîne nécessairement des perturbations. Il s'ensuit que toutes les intuitions subissent un trouble incontestable, ce qui donne lieu à des déformations de la réalité.

Ce ne sont toujours que les chercheurs eux-mêmes qui, par leurs incitations nuisibles, sont à l'origine de ces rapports inexacts et de ces innombrables erreurs. Voilà aussi pourquoi, parmi les nombreux points ayant fait l'objet de «recherches» et existant déjà dans le domaine occulte, tant de choses ne sauraient concorder avec une rigoureuse logique. Il s'y trouve d'innombrables erreurs qui jusqu'à présent n'ont pu encore être reconnues comme telles.

Or, en suivant ces voies visiblement fausses, absolument rien ne peut être acquis qui puisse dispenser aux êtres humains tant soit peu de profit ou de bienfaits.

En réalité, seul peut être profitable aux hommes ce qui les aide à *s'élever*, ou du moins leur en indique le chemin. Mais, en ce qui concerne ces expériences, tout cela est dès le départ, et à jamais, totalement exclu!

Néanmoins, en ayant recours à des incitations artificielles, un chercheur parvient parfois à pousser hors de son corps de matière dense n'importe quel être sensible ou doué de médiumnité et à le faire pénétrer dans le monde de matière subtile qui lui est le plus proche mais, de toute façon, il n'est *pas* capable de le mener – ne serait-ce que de l'épaisseur d'un cheveu – *plus haut* que le plan auquel cet être humain appartient en vertu de son propre développement intérieur. Au contraire, par une intervention artificielle, il ne peut même pas l'amener jusque là, mais seulement dans l'entourage le plus proche de tout ce qui est terrestre.

Or, cet entourage si proche du plan terrestre ne peut contenir que toute la partie de l'au-delà qui est encore étroitement liée à la Terre et qui, dans sa médiocrité, ses vices et ses passions, reste attachée à cette Terre.

Naturellement, il arrive aussi de temps à autre que des êtres un peu plus évolués séjournent passagèrement dans ce milieu. On ne peut cependant pas toujours s'attendre à ce que tel soit le cas. Ce qui est élevé ne peut, pour des raisons purement conformes aux lois naturelles, se trouver à ce niveau. L'univers en serait plutôt renversé ou bien... il faudrait alors que se trouve chez un être humain une base pour servir d'ancrage à la Lumière.

Il n'est guère vraisemblable que cela se rencontre chez un sujet d'expérimentation ou chez l'un de ces chercheurs tâtonnants. Le danger et l'inutilité de toutes ces expériences subsistent donc.

Il est également certain qu'une entité réellement supérieure *ne saurait* s'approcher d'un médium – et encore moins s'exprimer par le truchement de ce dernier – sans la présence d'un être humain très évolué qui purifie tout ce qui est de nature plus dense. Des matérialisations provenant des sphères *plus élevées* sont totalement hors de question, encore bien moins lors de ces passe-temps amusants et si appréciés que sont les coups frappés, les déplacements d'objets et ainsi de suite. Dans ce cas, le fossé est beaucoup trop grand pour être franchi d'emblée.

Même avec la présence d'un médium, toutes ces manifestations ne peuvent être effectuées que par des êtres de l'au-delà qui sont encore très étroitement liés à la matière. S'il pouvait en être autrement, c'est-à-dire si ce qui est de nature élevée pouvait entrer aussi facilement en relation avec l'humanité, le Christ n'aurait nullement eu besoin de se faire homme; Il aurait également pu accomplir Sa Mission sans ce sacrifice.* Or, l'âme des humains d'aujourd'hui n'est certainement pas plus évoluée que du temps où Jésus vivait sur Terre; on ne saurait donc admettre qu'une liaison avec la Lumière soit plus facile qu'en ce temps-là.

Il est vrai que les spiritualistes disent que leur but est avant tout de constater la vie dans l'au-delà, et notamment la continuation de la vie après la mort terrestre. Il faut, disent-ils, en raison du scepticisme général qui règne partout actuellement, avoir recours à de puissants arguments de choc, et donc à des preuves *physiquement tangibles*, pour battre en brèche les positions défensives des adversaires.

Ces motifs ne sauraient toutefois excuser le fait que des âmes humaines soient constamment mises en jeu avec autant de légèreté.

D'ailleurs, il n'y a aucune nécessité impérieuse à vouloir convaincre à tout prix des adversaires malveillants! Il est bien connu que ces gens ne seraient

---

* Conférence: «Le Rédempteur».

pas disposés à croire, même si un ange venait directement du Ciel pour leur annoncer la Vérité. Après son départ, ils prétendraient simplement qu'il s'agissait d'une hallucination collective et non d'un ange, ou bien ils trouveraient quelque autre échappatoire. Et si on leur présentait quelque chose ou quelqu'un qui garde son état terrestre, c'est-à-dire qui ne disparaît pas ou ne devient pas invisible, ils trouveraient encore d'autres arguments, et cela précisément parce que ces faits paraîtraient alors trop terrestres à ceux qui ne veulent pas croire à un au-delà.

Ils n'hésiteraient pas à présenter une telle preuve comme une supercherie et la personne en question comme un exalté, un fanatique, ou même un imposteur. Qu'il s'agisse donc de faits par trop terrestres ou pas assez terrestres, ou même des deux à la fois, ils trouveront toujours matière à critiquer et quelque chose à mettre en doute. Et lorsqu'ils ne savent absolument plus comment se tirer d'affaire, ils se répandent en diffamations, passent même à des attaques plus dures et ne reculent pas devant la violence.

Il n'y a donc pas lieu de faire des victimes pour convaincre des gens *de cette espèce* et, à plus forte raison, les prétendus adeptes des sciences spirituelles. Ces derniers, par une étrange sorte de présomption due à leur croyance dans la vie de l'au-delà – croyance le plus souvent quelque peu obscure et fantaisiste – s'imaginent pouvoir émettre certaines exigences à ce sujet pour être en droit, eux aussi, de «voir» et «d'éprouver» quelque chose. Ils attendent de leurs guides des signes de l'au-delà en récompense de leur bonne conduite.

Les espoirs qu'ils nourrissent et qui vont de soi pour eux, de même que leur sourire suffisant et condescendant où s'affiche à vrai dire leur ignorance, ont souvent un effet franchement ridicule. C'est du poison que de vouloir encore faire une démonstration à ces foules; en effet, puisque ces gens s'imaginent en savoir tant, les expériences ne représentent pour eux guère plus que des heures de distraction bien méritées au cours desquelles des êtres de l'au-delà doivent jouer le rôle d'artistes de variétés.

Mais laissons cette fois ces grandes expériences pour considérer les plus petites telles que les tables tournantes. Celles-ci ne sont nullement aussi inoffensives qu'on veut bien le croire; au contraire, en raison de l'extrême facilité avec laquelle elles peuvent se répandre, elles constituent un *très grave danger*.

Chacun devrait être mis en garde contre elles. Ceux qui savent vraiment ce qui se passe doivent se détourner avec horreur lorsqu'ils voient avec quelle légèreté on traite ces choses. Combien d'adeptes cherchent dans certains cercles à montrer leur «savoir» en incitant à faire des expériences avec les tables tournantes ou bien en présentant au sein des familles, avec des sourires ou de mystérieux chuchotements, l'exercice presque devenu un jeu avec des lettres et un verre ou tout autre accessoire qui, lorsqu'on y pose légèrement la main, se dirige ou se trouve attiré vers certaines lettres, formant ainsi des mots.

Tout cela s'est développé à un rythme inquiétant jusqu'à devenir ces jeux de société auxquels on s'adonne avec des rires, des railleries, et parfois même d'agréables frissons.

C'est ainsi que dans les familles, on voit journellement des dames d'un certain âge, ou d'autres plus jeunes, s'installer autour d'une petite table, seules ou à plusieurs, devant un morceau de carton sur lequel on a dessiné des lettres qui, autant que possible, doivent même avoir une forme particulière afin que ne manquent pas les simagrées qui stimulent l'imagination. Ces dernières sont parfaitement inutiles; tout irait d'ailleurs aussi bien sans elles, pour peu que les personnes concernées aient un penchant pour ces choses, et elles sont légion!

Les spiritualistes et les dirigeants des cercles occultes s'en réjouissent puisque de véritables mots et phrases auxquels l'exécutant n'a pas pensé se trouvent ainsi formés, que ce soit consciemment ou inconsciemment. Celui-ci ne pourra qu'être convaincu et viendra grossir le nombre des adeptes de «l'occultisme».

Des traités orientés vers l'occultisme en font mention, des conférenciers défendent cette cause, on fabrique et on vend des accessoires qui facilitent toutes ces aberrations. Les occultistes dans leur quasi totalité se présentent donc comme *d'excellents auxiliaires des ténèbres* avec la sincère conviction d'être ainsi des prêtres de la Lumière.

Ces faits à eux seuls prouvent déjà la complète ignorance qui est à la base des tentatives occultes de ce genre. Ils montrent que parmi tous ces gens, aucun n'est *réellement voyant*. Il ne faut pas considérer comme preuve du contraire que de temps à autre quelque bon médium se soit développé après de tels débuts ou plutôt, ce qui est plus exact, qu'un bon médium y ait temporairement été entraîné au début.

Les rares personnes prédestinées à ces choses dès le départ possèdent, dans leur propre évolution naturelle, une protection totalement différente qui surveille avec soin chaque étape, protection dont d'autres ne bénéficient *nullement*. Toutefois, cette protection n'agit qu'en cas d'évolution naturelle et personnelle, *sans la moindre intervention artificielle*. Il va de soi qu'une protection repose uniquement dans ce qui est naturel.

Dès qu'entre en jeu la moindre intervention extérieure – qu'il s'agisse d'exercices pratiqués par l'intéressé lui-même ou que cela provienne d'autres sources sous forme de sommeil magnétique ou d'hypnose – la chose n'est plus naturelle, elle ne répond donc plus entièrement aux lois de la nature qui sont seules en état d'assurer une protection. Qu'on ajoute encore l'ignorance – telle qu'elle existe partout actuellement – et le résultat est désastreux. Le *vouloir* seul ne remplacera jamais le «savoir» quand on passe à l'action. Or, nul ne doit surestimer ses capacités.

Il n'est naturellement pas exclu que, parmi les centaines de milliers de personnes qui s'adonnent à ces jeux dangereux, il y en ait une ici ou là qui s'en tire vraiment impunément et jouisse d'une bonne protection. De même, bien d'autres sont seulement touchés de façon telle que cela ne se remarque pas encore du point de vue terrestre. Ce n'est qu'après leur passage dans l'au-delà qu'ils doivent soudain reconnaître quelles sottises ils ont en réalité commises. Mais nombreux sont aussi ceux qui subissent déjà un préjudice visible ici-bas, même si, durant leur vie terrestre, ils ne parviennent jamais à en reconnaître la véritable cause.

Voilà pourquoi il faut que soit enfin expliqué le processus qui, durant ces amusements, se déroule sur le plan de la matière subtile et sur celui du spirituel. Comme tout dans la création, il est simple, il n'est nullement compliqué, tout en étant, là encore, plus difficile que beaucoup se l'imaginent.

Dans l'état actuel de la Terre, les *ténèbres*, à cause du vouloir de l'humanité, ont conquis la suprématie sur tout ce qui est matériel. Par conséquent, dans tout le matériel, elles se trouvent pour ainsi dire sur un sol qui leur appartient, qui leur est familier, et peuvent de ce fait agir pleinement dans la matière. Elles y sont dans leur élément et luttent sur un terrain qui leur est connu. C'est pourquoi, dans tout ce qui est de nature matérielle – c'est-à-dire de matière dense – elles sont pour le moment plus fortes que la Lumière.

Il en résulte que dans tout ce qui est matériel, la force des ténèbres l'emporte sur celle de la Lumière. Mais, au cours de ces amusements que sont entre autres les tables tournantes, la Lumière – donc ce qui est de nature élevée – n'entre absolument pas en ligne de compte. Tout au plus pouvons-nous parler de quelque chose de mauvais, donc de sombre, et de quelque chose de mieux, donc de plus clair.

Or, si quelqu'un se sert d'une table, d'un verre ou, de façon générale, d'un quelconque objet de matière dense, il se place de ce fait sur le champ de bataille familier aux ténèbres, terrain que tout ce qui est ténèbres considère comme son fief. Il leur concède ainsi dès le départ une force à laquelle il ne peut opposer de protection correspondante.

Considérons à présent une séance spirite ou tout simplement le jeu de société utilisant la table et suivons ce qui se passe du point de vue spirituel, ou plutôt au niveau de la matière subtile.

Lorsqu'une ou plusieurs personnes s'approchent d'une table pour entrer par son intermédiaire en contact avec des êtres de l'au-delà, soit que ces derniers se manifestent par des coups frappés, soit – ce qui est plus fréquent – qu'ils aient à faire bouger la table de manière à pouvoir former des mots à l'aide de ces signes, cette liaison avec la matière attire en premier lieu aussi les ténèbres qui se chargent des manifestations.

Avec beaucoup d'adresse, les êtres de l'au-delà utilisent souvent des paroles grandiloquentes et, étant donné qu'ils peuvent facilement lire les pensées des hommes, ils tentent d'y répondre dans le sens voulu par ces derniers. Mais ensuite, ils les induisent toujours en erreur s'il s'agit de questions sérieuses, et lorsque ces expériences se répètent, ils s'efforcent de les soumettre peu à peu à leur influence qui se fait de plus en plus forte, les entraînant ainsi, lentement mais sûrement, vers le bas. Ce faisant, ils laissent très adroitement ceux qu'ils ont induits en erreur croire qu'ils progressent vers le haut.

Or, s'il arrive dès le début, ou à un moment quelconque, qu'un parent ou un ami trépassé communique par l'intermédiaire de la table – ce qui est très fréquent – la mystification est encore plus facile à réaliser. Les participants reconnaîtront que ce doit réellement être un ami bien précis qui se manifeste. Ils croient alors que c'est toujours lui qui s'exprime lorsque, par le truchement de la table, certains propos sont transmis et que le nom de l'ami est donné comme en étant l'auteur.

Mais tel n'est pas le cas! Non seulement les ténèbres, toujours aux aguets, utilisent adroitement ce nom pour donner à leurs mystifications une apparence de crédibilité aussi grande que possible et gagner la confiance de ceux qui les interrogent, mais un être ténébreux va jusqu'à intervenir au milieu d'une phrase commencée par l'ami réel pour la terminer faussement à dessein. Il se produit alors un fait mal connu: *deux* personnes ont participé à la formulation d'une phrase rendue de façon nette et bien enchaînée. D'abord le véritable ami, peut-être tout à fait lumineux et donc plus pur, puis une âme malveillante venue des ténèbres, et cela sans que la personne qui interroge s'aperçoive de rien.

On peut facilement en imaginer les conséquences: l'être confiant est trompé et ébranlé dans sa foi. L'adversaire en profite pour intensifier ses railleries et ses doutes et parfois même pour attaquer violemment la cause entière. Mais en réalité tous deux ont tort, ce qui doit être uniquement attribué à l'ignorance régnant encore en ce domaine.

Pourtant, l'événement se produit avec le plus grand naturel: si un ami plus lumineux, un ami véritable, se trouve près de la table pour répondre au désir de celui qui interroge et se manifester, et si un être ténébreux s'interpose, cette âme plus lumineuse est contrainte de s'en écarter, étant donné que l'être plus ténébreux peut – grâce à la table dont la substance matérielle sert d'intermédiaire – développer une force supérieure parce que tout ce qui est matière est actuellement le domaine propre aux ténèbres.

La faute en incombe à celui qui, choisissant des objets de nature matérielle, crée dès l'abord un terrain inégal. Ce qui est compact, lourd – et donc ténébreux – est déjà, par sa densité même, plus proche de la matière la plus dense que ce qui est lumineux, pur et plus léger; il peut donc, grâce à sa liaison plus étroite, déployer une force supérieure.

D'autre part, ce qui est plus lumineux – et qui peut encore se manifester par l'entremise de la matière – possède toujours aussi un certain degré de densité correspondant à la matière, sinon il ne serait plus en mesure d'établir avec celle-ci une liaison en vue d'une quelconque manifestation. Cela suppose en fait un rapprochement avec la matière, rapprochement entraînant à son tour la possibilité d'une souillure dès que la liaison avec les ténèbres se trouve réalisée par le truchement de la matière.

Pour éviter ce danger, il ne reste à l'âme plus lumineuse qu'à se retirer vivement de la matière, donc de la table ou de tout autre accessoire, dès qu'un être ténébreux s'en empare afin d'éliminer ainsi l'élément servant d'intermédiaire qui constituerait un pont jeté par-dessus l'abîme naturel servant de séparation, et par là même, de protection.

Dans des cas semblables, on ne peut éviter depuis l'au-delà que la personne utilisant la table pour ses expériences soit nécessairement abandonnée à la merci des influences inférieures. Par son comportement, elle n'a d'ailleurs pas voulu autre chose *car, là non plus, l'ignorance des lois ne saurait la protéger.*

Avec ces faits, tant d'événements restés inexpliqués jusqu'à ce jour se trouveront élucidés pour beaucoup; bon nombre de mystérieuses contradictions sont résolues; il faut aussi espérer que de nombreux êtres humains s'abstiendront dorénavant de jeux aussi dangereux.

Il est possible à présent de décrire de façon tout aussi détaillée les dangers que comportent toutes les autres expériences qui sont bien plus importantes et plus fortes. Toutefois, citer ces exemples très courants et on ne peut plus répandus devrait suffire pour le moment.

Seul un autre danger doit encore être mentionné: par cette façon de poser des questions et d'attendre des réponses et des conseils, les gens se rendent très dépendants et perdent leur liberté, ce qui est à l'opposé du but de l'existence terrestre.

Ce chemin est faux sous tous les rapports! Il n'apporte que préjudice et aucun profit. Cela équivaut à ramper sur le sol où l'on court le risque d'entrer à tout moment en contact avec une infecte vermine, de gaspiller ses forces pour finir par s'effondrer en route, épuisé... pour rien!

Ce «désir d'investigation» cause également de graves préjudices aux êtres de l'au-delà.

Beaucoup d'âmes ténébreuses trouvent ainsi l'occasion – on les induit même directement en tentation – de faire le mal et de se charger d'une nouvelle faute que sinon elles n'auraient pu commettre aussi facilement. D'autres, par contre, par suite de l'enchaînement constant des désirs et des pensées, se trouvent entravées dans leur aspiration à s'élever.

En observant clairement l'attitude de ces chercheurs, tout cela paraît souvent empreint d'un si puéril entêtement, d'un égoïsme si totalement dépourvu d'égards et aussi d'une lourdeur tellement manifeste que l'on est obligé de se demander, en hochant la tête, comment il est possible que quelqu'un veuille ouvrir au public un domaine dont lui-même ne connaît pas non plus la plus petite partie.

Il est faux également de se livrer à toutes ces recherches devant le grand public. On donne ainsi libre accès aux exaltés et aux charlatans, et il devient plus difficile à l'humanité d'avoir confiance.

On n'a jamais vu chose pareille dans aucun autre domaine. Toute recherche dont on reconnaît aujourd'hui le plein succès a subi au préalable de nombreux échecs pendant la période d'essai, mais le public ne fut pas autorisé à y participer dans la même mesure. Il s'en lasse et finit par s'en désintéresser totalement. Il s'ensuit que, lors de la découverte finale de la Vérité, la force principale du puissant enthousiasme qui renverse tous les obstacles a dû se trouver préalablement perdue. L'humanité n'est plus capable de se ressaisir en une jubilante allégresse qui entraîne tout avec elle par sa conviction.

Lorsqu'on reconnaît avoir fait fausse route, les échecs subis deviennent des armes acérées entre les mains de nombreux ennemis qui, avec le temps, peuvent inspirer à des centaines de milliers d'hommes une telle méfiance que, lorsque la Vérité se présente, ces malheureux ne veulent plus l'examiner sérieusement, tout simplement par crainte d'une nouvelle déception. Ils se bouchent les oreilles – qu'ils auraient sinon gardées ouvertes – et laissent ainsi passer le dernier délai qui pourrait encore leur donner l'occasion de s'élever vers la Lumière.

Ainsi les ténèbres auront-elles obtenu une nouvelle victoire! Elles peuvent en remercier les chercheurs qui leur ont tendu la main et qui sont heureux et fiers de parvenir à se hisser au rang de dirigeants de toutes les sciences spirituelles modernes.

FAUSSES VOIES

A peu d'exceptions près, les hommes vivent dans une erreur sans bornes et qui leur est extrêmement funeste.

Dieu n'a pas besoin de courir après eux et de les supplier de croire à Son existence. Ses serviteurs ne sont pas davantage envoyés pour exhorter sans relâche à ne se couper de Lui en aucun cas. Ce serait vraiment ridicule. C'est déprécier et avilir la sublime Divinité que de penser ainsi et de s'attendre à une chose pareille.

Cette conception erronée cause de graves préjudices. Elle est entretenue par le comportement de nombreuses personnes vraiment sincères ayant charge d'âmes et qui, par un réel amour de Dieu et des hommes, tentent sans cesse de convertir les gens exclusivement tournés vers ce qui est terrestre, de les convaincre et de les gagner à l'Église. Tout cela ne fait que contribuer à accroître démesurément la présomption de l'être humain tout imbu de son importance – présomption qui est déjà assez grande – et à donner finalement à bon nombre d'entre eux l'illusion qu'il faut les supplier de vouloir le bien.

Telle est aussi la cause de l'attitude singulière de la majorité des «croyants» qui font plutôt figure d'exemples rebutants que de modèles. Ils sont des milliers à éprouver en leur for intérieur une certaine satisfaction, une exaltation à la pensée qu'ils croient en Dieu, qu'ils récitent leurs prières avec toute la sincérité dont ils sont capables et qu'ils ne causent pas intentionnellement de tort à leur prochain.

Dans cette «exaltation» intérieure ils ressentent une sorte de récompense pour le bien qu'ils ont fait, un remerciement de la part de Dieu pour leur obéissance, ils se sentent unis à Dieu auquel ils pensent parfois avec un certain frisson sacré qui provoque ou laisse derrière lui une sensation de béatitude dont ils jouissent avec ravissement.

Mais ces légions de croyants font fausse route! Ils vivent heureux dans une illusion qu'ils ont eux-mêmes créée et qui les range inconsciemment parmi ces pharisiens qui offrent leurs petits sacrifices avec un sentiment de gratitude authentique mais erronée: «Seigneur, je Te remercie de ne pas être comme les autres hommes.» Ces mots ne sont pas exprimés, pas plus qu'ils ne sont vraiment pensés, mais le sentiment d'être «élevé» intérieurement n'est rien d'autre que cette inconsciente prière de gratitude que le Christ Lui aussi dénonçait déjà comme fausse.

«L'exaltation» intérieure n'est en de tels cas rien d'autre que l'effet d'une autosatisfaction née de la prière ou de pensées voulues bonnes. Ceux qui se disent humbles sont la plupart du temps très loin de l'être véritablement! Il faut souvent se faire violence pour parler à de tels croyants. Jamais, au grand jamais, avec un tel état d'esprit, ils n'atteindront la félicité qu'ils sont déjà convaincus de posséder. Qu'ils prennent bien garde de ne pas se perdre complètement par leur orgueil spirituel qu'ils prennent pour de l'humilité!

Il sera bien plus facile à beaucoup de gens encore totalement incroyants aujourd'hui d'accéder au Royaume de Dieu qu'à toutes ces foules qui, en réalité, dans leur humilité prétentieuse, ne se présentent pas devant Dieu en sollicitant simplement, mais en exigeant au contraire indirectement qu'Il les récompense de leurs prières et de leurs pieuses paroles. Leurs requêtes sont des exigences, leur attitude de l'hypocrisie. Ils seront balayés de Sa Face comme de la balle vide. Assurément, ils recevront leur récompense, mais elle sera différente de ce qu'ils imaginent. Ils se sont déjà suffisamment gorgés sur Terre de la conscience de leur propre valeur.

Ce sentiment de bien-être disparaît très vite lors de l'entrée dans le monde de matière subtile où l'intuition profonde, dont on soupçonne à peine l'existence ici-bas, passe au premier plan, tandis que le sentiment, jusqu'alors surtout engendré par les pensées, s'évanouit dans le néant.

L'attente intérieure silencieuse et soi-disant humble de quelque chose de meilleur n'est en réalité qu'exigence, même si on l'exprime différemment par des paroles, si belles soient-elles.

Or, toute exigence est prétention. Dieu seul est en droit d'exiger! Le Christ ne vint pas non plus parmi les hommes avec Son Message pour solliciter, mais bien pour avertir et pour exiger. Il donna, certes, des explications sur la Vérité mais Il n'a pas fait miroiter de séduisantes récompenses devant Ses auditeurs afin de les inciter à devenir meilleurs. Calme et sévère, Il ordonna aux chercheurs sincères: «Allez et agissez en conséquence!»

Dieu se tient devant l'humanité pour *exiger*, non pour séduire et solliciter, pas plus que pour se plaindre et se désoler. Il abandonnera tranquillement aux ténèbres tous les méchants, et même tous les hésitants, pour que ceux qui aspirent à s'élever ne soient plus exposés aux attaques et pour laisser les autres vivre intégralement tout ce qu'ils considèrent comme juste afin qu'ils parviennent à reconnaître leurs erreurs.

QU'EST-CE QUI SÉPARE AUJOURD'HUI
TANT D'ÊTRES HUMAINS DE LA LUMIÈRE?

TELLE une nuit profonde, les ténèbres de matière subtile recouvrent cette Terre, et depuis fort longtemps déjà. Elles maintiennent la Terre dans une étreinte étouffante, si serrée et si ferme que toute intuition de Lumière venant à s'élever ressemble à une flamme qui, privée d'oxygène, s'affaiblit et, pâlissant rapidement, s'effondre sur elle-même.

Cet état, qui se manifeste actuellement dans ses pires effets sur les plans de la matière subtile, est horrible. Quiconque serait autorisé à contempler cet événement – fût-ce pour quelques secondes – serait saisi d'une épouvante qui lui enlèverait tout espoir de salut.

Tout cela résulte de la faute des hommes eux-mêmes, et cette faute vient de leur penchant pour ce qui est vil. En l'occurrence, l'humanité fut à elle-même son plus grand ennemi. A présent, même les quelques personnes qui aspirent à nouveau sincèrement à s'élever vers les hauteurs courent le danger d'être, *elles aussi*, entraînées dans les profondeurs vers lesquelles d'autres se dirigent actuellement à une allure inquiétante.

Cela équivaut à une étreinte infailliblement suivie d'un mortel enlisement dans un marécage étouffant et visqueux où tout s'enfonce sans bruit. Ce n'est plus une lutte, c'est un étranglement silencieux, muet et sinistre.

Et l'être humain ne s'en rend pas compte! Sa paresse d'esprit le rend aveugle devant ce funeste événement.

Mais le marais exhale sans cesse ses effluves méphitiques qui épuisent lentement les forts et les vigilants afin que, à bout de forces, ils s'endorment et sombrent à leur tour.

Voilà à quoi ressemble à présent cette Terre. Ce n'est pas une image que je montre par là, mais bien la *vie!* Étant donné que tout ce qui est de matière subtile revêt des formes créées et animées par les intuitions humaines, semblable événement se déroule en réalité en permanence. Tel est l'entourage qui attend les hommes lorsqu'ils doivent quitter cette Terre et ne peuvent être guidés vers le haut, vers des sphères plus lumineuses et plus belles.

Or, les ténèbres se condensent toujours *davantage*.

Voilà pourquoi l'heure approche où cette Terre doit se trouver abandonnée pour un temps à la domination des ténèbres et privée du secours direct de la Lumière parce que l'humanité a tout fait par son vouloir pour arriver à cette situation. Les conséquences du vouloir de la majorité des hommes devaient *nécessairement* conduire à cette fin. C'est l'époque que Jean fut jadis autorisé à voir et où Dieu se voile la Face.

La nuit règne alentour. Cependant, dans la plus grande détresse, lorsque toutes choses, y compris les meilleures, menacent de sombrer, voici qu'en même temps apparaît l'aurore! Mais l'aurore apporte d'abord les douleurs d'une grande épuration. Cette dernière est inévitable avant que puisse commencer le sauvetage de tous les chercheurs sincères. En effet, *aucune* main secourable ne peut être tendue à tous ceux qui n'aspirent qu'à ce qui est vil. Ils doivent sombrer jusque dans ces horribles profondeurs: ce n'est que là qu'ils pourront espérer s'éveiller grâce à des tourments qui finiront par les conduire nécessairement au dégoût d'eux-mêmes.

Ceux qui ont pu jusqu'à présent par leurs sarcasmes – et apparemment en toute impunité – créer des obstacles à ceux qui s'efforcent de s'élever, deviendront silencieux et plus réfléchis jusqu'au moment où, mendiant et gémissant, ils imploreront enfin la Vérité.

Mais alors ce ne sera pas si facile pour eux: il leur faudra inéluctablement passer par les meules des Lois d'airain de la Justice divine jusqu'à ce que, par *l'expérience vécue*, ils parviennent à reconnaître leurs erreurs.

Au cours de mes voyages, j'ai pu remarquer que ma Parole faisait l'effet d'un brandon parmi les paresseux esprits humains lorsque j'expliquais qu'aucun homme ne peut prétendre posséder quelque chose de divin alors que, précisément à l'heure actuelle, on se donne beaucoup de mal pour découvrir Dieu *en* soi afin de devenir finalement soi-même divin.

C'est ainsi que ma Parole a éveillé maintes inquiétudes. L'humanité cherche à se défendre contre Elle en se cabrant car elle ne veut entendre que des paroles soporifiques et apaisantes qui lui semblent *agréables*.

Mais ceux qui se cabrent ainsi ne sont que des lâches; ils préfèrent se dissimuler à eux-mêmes ce qu'ils sont, rien que pour demeurer dans la pénombre où ils peuvent se laisser aller à de si douces et si agréables rêveries, au gré de leurs *propres* désirs.

Tout le monde ne peut supporter d'être exposé à la Lumière de la Vérité

qui montre clairement et impitoyablement les défauts et les taches du vêtement.

Par leurs sourires, leurs railleries ou leur hostilité, de tels individus veulent empêcher la venue du jour qui fait apparaître clairement les pieds
d'argile de cette idole instable qu'est leur «moi». De tels insensés ne font
que se jouer à eux-mêmes des mascarades dont le blafard mercredi des
cendres sera l'inévitable lendemain. Tout bien considéré, ils ne cherchent
qu'à se déifier eux-mêmes dans leurs fausses conceptions, ce qui leur permet
de se sentir à leur aise ici-bas. Dès l'abord, ils considèrent comme un
ennemi *quiconque* vient troubler leur indolente tranquillité.

Cette fois, cependant, toute révolte ne leur servira à rien!

La divinisation de soi-même, qui se montre dans l'affirmation que l'être
humain possède en lui quelque chose de divin, est une sordide tentative de
porter atteinte à la Grandeur et à la Pureté de votre Dieu, *souillant ainsi* ce
que vous avez de plus sacré, ce vers quoi vous levez les yeux en une
bienheureuse confiance.

Au plus profond de votre être s'élève un autel qui doit servir à l'adoration
de votre Dieu. Cet autel, c'est votre faculté intuitive. Si elle est pure, elle se
trouve directement reliée au spirituel et ainsi au Paradis. Il y a alors des
instants où vous pouvez, vous aussi, ressentir pleinement la proximité de
votre Dieu, comme cela se produit souvent dans la douleur la plus profonde
ou la joie la plus grande.

Vous ressentez alors Sa proximité de la même manière que la vivent
constamment au Paradis les esprits primordiaux éternels auxquels vous êtes
étroitement reliés en de tels instants. La puissante vibration que provoque le
bouleversement issu d'une grande joie ou d'une profonde douleur repousse
loin à l'arrière plan, l'espace d'un instant, tout ce qui est bas et terrestre. La
pureté de l'intuition se trouve ainsi libérée et elle jette immédiatement un
pont vers cette pureté de même nature qui anime le Paradis.

Tel est le bonheur suprême pour l'esprit humain. Au Paradis, les êtres
éternels le vivent en permanence. Il procure la merveilleuse certitude d'être
protégé. Ces êtres sont alors pleinement conscients de la proximité de leur
Dieu dans toute Sa Grandeur; ils se tiennent dans Sa Force, néanmoins ils
conçoivent tout naturellement qu'ils ont atteint leur plus haut degré d'évolution et qu'ils seront à jamais incapables de contempler Dieu.

Toutefois, cela ne les attriste nullement; en reconnaissant Son inaccessible

Grandeur, ils exultent de gratitude au contraire pour l'indicible Grâce qu'Il a sans cesse dispensée à la créature arrogante.

Or, ce bonheur, l'être humain de la Terre peut déjà le goûter. Il est parfaitement exact de dire qu'à certains moments solennels, l'être humain terrestre ressent la proximité de son Dieu. Toutefois, partant de ce pont merveilleux qu'est la conscience de la proximité de Dieu, il devient sacrilège pour l'être humain de vouloir affirmer porter en lui une étincelle de la Divinité.

La dépréciation de l'Amour divin va aussi de pair avec cette affirmation. Comment peut-on mesurer l'Amour de Dieu à l'échelle de l'amour humain? Bien plus, comment peut-on même lui donner une valeur *inférieure* à cet amour humain? Considérez ceux qui se représentent l'Amour divin comme l'idéal le plus élevé, un amour devant tout supporter en silence et, de surcroît, tout pardonner! Ils veulent reconnaître le Divin dans le fait qu'Il tolère toutes les insolences de la part de *créatures* inférieures, pareil en cela au plus faible, au plus lâche des hommes que l'on méprise pour cette raison. Réfléchissez donc au monstrueux outrage que cela comporte!

Les hommes veulent pouvoir pécher impunément pour causer finalement une joie à leur Dieu en Lui permettant de pardonner leurs fautes sans expiation personnelle. Pour admettre une chose pareille, il faut être soit démesurément borné, soit d'une paresse répréhensible, soit encore avoir reconnu combien sa propre faiblesse est désespérante lorsqu'il s'agit de faire preuve du bon vouloir qui incite à tendre vers le haut. Cependant, l'un est tout aussi condamnable que l'autre.

Représentez-vous l'Amour divin clair comme le cristal, rayonnant, pur et grand! Pouvez-vous alors imaginer qu'il puisse être d'une faiblesse aussi doucereuse, d'une indulgence aussi dégradante que le souhaiteraient si volontiers les hommes? Ils veulent établir une fausse grandeur là où ils *souhaitent* la faiblesse, ils donnent une fausse image uniquement afin de se duper et de se tranquilliser eux-mêmes quelque peu au sujet de leur propre imperfection qui les met si obligeamment au service des ténèbres.

Dès lors, où trouver la fraîcheur et la force inhérentes à la Pureté cristalline de l'Amour divin? L'Amour divin est inséparable de la Justice divine la plus rigoureuse. En réalité, Il est cette Justice même. La Justice est l'Amour et l'Amour à son tour ne repose que dans la *Justice*. C'est uniquement là que réside aussi le pardon divin.

Lorsque les Églises disent que Dieu pardonne *tout* et qu'Il pardonne *réellement*, c'est juste, contrairement à l'homme, qui considère comme à jamais indigne même celui qui a expié quelque petite faute. Avec une telle façon de penser, il se charge d'une double culpabilité parce qu'en l'occurrence il n'agit pas selon la Volonté de Dieu. Ici c'est la justice qui manque à l'amour humain.

Les effets de la Volonté créatrice divine purifient chaque esprit humain de sa faute, soit par des expériences vécues personnelles, soit par un amendement volontaire, dès qu'il tend à s'élever.

S'il se dégage de ces meules du domaine matériel pour retourner dans le spirituel, il se retrouve pur dans le Royaume de son Créateur, *quoi qu'il ait pu commettre* jadis. Il est tout aussi pur que celui qui n'a encore jamais péché. Cependant, son chemin passe *d'abord* par l'activité des Lois divines; c'est dans ce fait que réside la garantie du pardon divin, de Sa Grâce!

N'entend-on pas souvent de nos jours cette question angoissée: comment de telles années de misère sont-elles compatibles avec la Volonté de Dieu? Dans ce cas, où est l'Amour, où est la Justice? *L'humanité* se pose la question, les *nations* s'interrogent, les familles même, et jusqu'à l'individu! Or, cela ne devrait-il pas plutôt être la preuve *qu'en fin de compte* l'Amour de Dieu est *différent* de ce que tant d'hommes aimeraient croire? Essayez donc de vous représenter *enfin* l'idée de l'Amour divin qui pardonne tout, tel que l'on cherche obstinément à Le représenter, n'exigeant pas d'expiation personnelle, tolérant tout et, *finalement*, pardonnant encore avec magnanimité. Quel pitoyable résultat! L'être humain s'imagine-t-il si précieux que son Dieu doive en souffrir? Serait-il encore plus précieux que Dieu? Que ne trouve-t-on pas dans cette prétention de la part des hommes!

En y réfléchissant calmement, il vous faut buter sur d'innombrables obstacles et vous ne pouvez arriver à une solution qu'en rapetissant Dieu, en Le rendant imparfait.

Or, Il était, Il est et Il demeure parfait, quelle que soit l'attitude des hommes à cet égard.

Son pardon repose dans la *Justice*, et en elle seule! C'est uniquement dans cette Justice immuable que repose également l'immense Amour de Dieu, Amour si méconnu jusqu'à ce jour.

Perdez l'habitude de recourir en ces choses à des normes terrestres! La Justice de Dieu et l'Amour de Dieu s'appliquent à *l'esprit* humain. La matière ne joue ici aucun rôle; en effet, elle n'est *formée* que par l'esprit humain lui-même et, sans l'esprit, elle ne possède pas de vie.

Que vous tourmentez-vous si souvent pour des bagatelles purement terrestres en les ressentant comme des fautes alors qu'elles n'en sont absolument pas!

Seul ce que *veut l'esprit* au cours d'un acte est décisif pour les Lois divines dans la création. Or, cette volonté spirituelle n'est pas l'activité réfléchie, mais l'intuition la plus intime, le vouloir véritable en l'homme, vouloir qui seul peut mettre en mouvement les lois de l'au-delà, comme il le fait d'ailleurs auto-activement.

L'Amour divin ne se laisse pas rabaisser par les hommes, car c'est en Lui que reposent aussi, au sein de la création, les Lois d'airain de Sa Volonté qui est portée par l'Amour. Ces Lois se manifestent selon la façon dont l'homme s'y conforme. Elles peuvent le relier jusqu'à proximité de son Dieu, ou bien elles forment une cloison qui ne peut jamais être abattue si ce n'est par l'adaptation finale de l'être humain, ce qui est synonyme d'obéissance: c'est là seulement qu'il peut trouver son salut et son bonheur.

D'une *seule* coulée, le grand Oeuvre ne révèle aucun défaut, aucune faille. Chaque sot, chaque insensé qui s'y oppose, s'y brisera.

L'Amour divin n'agit qu'en fonction de ce qui est *utile* à chaque esprit humain et non selon ce qui sur Terre lui fait plaisir ou lui semble agréable. Cet Amour va *beaucoup plus loin* parce qu'il règne sur l'existence entière.

De nos jours, beaucoup de gens pensent souvent: «S'il faut attendre calamités et destruction pour amener une grande épuration, Dieu doit alors être juste au point d'envoyer auparavant des prédicateurs qui incitent à la pénitence. Il faut bien que les hommes soient avertis au préalable. Où est Jean pour annoncer ce qui doit venir?»

Les malheureux! Ils se veulent grands alors qu'ils manquent totalement de réflexion. Seule une prétention issue d'un grand vide intérieur se cache derrière de telles exclamations. Ils le fustigeraient bel et bien et le jetteraient au cachot!

Ouvrez donc les yeux et les oreilles! Mais c'est *en dansant* que l'on passe à la légère sur toutes les misères et les angoisses de son prochain. On ne *veut* ni voir ni entendre.

Il y a deux mille ans déjà, un prédicateur vint lui aussi prêcher la pénitence avant la Parole incarnée qui le suivit de très près. Cependant, là encore, les hommes ont déployé tous leurs efforts pour effacer le pur éclat de la Parole et l'obscurcir afin que la force d'attraction de Sa Lumière s'éteigne peu à peu.

Et tous ceux qui veulent dégager la Parole des plantes parasites devront bien vite ressentir à quel point les agents des ténèbres s'efforcent désespérément d'empêcher tout éveil joyeux.

Mais rien de ce qui se passa du temps du Christ ne se renouvelle aujourd'hui! A cette époque vint la Parole. L'humanité avait son libre arbitre et, en ce temps-là, dans sa grande majorité, elle prit la décision de La refuser, de La rejeter. Elle était dès lors assujettie aux lois dont l'activité faisait suite auto-activement à la libre décision alors prise de cette façon. Par la suite, les humains trouvèrent tous les fruits de leur propre vouloir sur la voie qu'ils avaient eux-mêmes choisie.

Or, le cycle va bientôt se fermer. Tout s'accumule de plus en plus et se dresse, tel un rempart qui ne va pas tarder à s'effondrer sur l'humanité tandis que, sans se douter de rien, elle végète dans sa léthargie spirituelle. A la fin, à l'heure de l'accomplissement, et tout naturellement, elle ne disposera plus du libre choix.

Désormais, il lui faut enfin récolter ce qu'elle a semé jadis et aussi lors de ses égarements ultérieurs.

Aujourd'hui, à l'heure du règlement des comptes, tous ceux qui, du temps du Christ, ont jadis rejeté la Parole, sont à nouveau incarnés sur cette Terre. Ils n'ont plus droit à présent à un avertissement préalable ni à une décision réitérée. En deux mille ans, ils disposèrent de suffisamment de temps pour se raviser! De même, celui qui accepte de fausses interprétations de Dieu et de Sa création et ne se donne pas la peine d'acquérir sur ces deux notions une compréhension plus claire, plus pure, celui-là ne les a *nullement* saisies. C'est même beaucoup plus grave, car une croyance erronée empêche de comprendre la Vérité.

Mais malheur à celui qui *falsifie* ou *altère* la Vérité pour gagner ainsi les foules, sachant que des formes plus commodes leur sont aussi plus agréables! Non seulement celui-ci se charge de la faute de falsification ou de tromperie, mais il est de plus entièrement responsable de ceux qu'il a pu attirer à lui en leur proposant un chemin plus commode ou plus accessible.

Il ne lui sera alors *pas* porté secours lorsque sonnera pour lui l'heure de l'expiation. Il sera précipité en des profondeurs auxquelles jamais il ne pourra échapper, et ce sera justice! Cela aussi, Jean fut autorisé à le voir, et c'est contre cela que, dans son Apocalypse, il met l'humanité en garde.

Et lorsque commencera la grande épuration, l'homme n'aura cette fois plus le temps de se révolter ou même de s'opposer aux événements. Les Lois divines dont il se fait volontiers une fausse image s'accompliront alors inexorablement.

C'est précisément au cours des temps les plus effroyables que la Terre ait jamais connus que l'humanité apprendra enfin combien l'Amour de Dieu est éloigné de la mollesse et de la faiblesse qu'on a eu l'audace d'inventer à Son sujet.

Plus de la moitié de tous les êtres vivant actuellement ici-bas n'appartiennent nullement à cette Terre!

Depuis des millénaires déjà, cette humanité est tombée à un niveau si bas et vit *tellement* dans l'obscurité que, par son vouloir impur, elle a jeté de nombreux ponts vers les régions obscures situées bien *au-dessous* du plan de cette Terre. C'est là que vivent les êtres profondément déchus qui, en raison de la pesanteur de leur corps de matière subtile, n'auraient jamais pu se hisser jusqu'au niveau du plan terrestre.

Il y avait là une *protection* aussi bien pour tous ceux qui vivaient sur la Terre que pour ces êtres ténébreux eux-mêmes. Ils sont séparés par la loi naturelle de la pesanteur de la matière subtile. Dans ces régions inférieures de matière subtile, ils peuvent donner libre cours à leurs passions, à toutes leurs bassesses, sans causer de dommages, au contraire! Le fait de vivre sans frein leurs passions ne touche là-bas que ceux qui leur sont semblables, de même que la façon de vivre de ces êtres les affecte à leur tour. Ils se font ainsi souffrir mutuellement, ce qui les amène à mûrir, mais sans les charger de fautes nouvelles. En effet, la souffrance peut un jour éveiller le dégoût de soi-même, et avec ce dégoût s'éveille aussi le désir de sortir de ces régions. Ce désir finit par conduire à un cruel désespoir d'où peuvent naître finalement les plus ardentes prières et, par là, le ferme vouloir de s'amender.

Voilà ce qui aurait dû être. Mais, par le vouloir erroné des humains, il en advint différemment.

Par leur vouloir *ténébreux*, les hommes jetèrent un pont vers les régions des ténèbres. Ils tendirent ainsi la main à ceux qui vivent en ces lieux et, par la force d'attraction des affinités, leur permirent d'accéder au plan terrestre. Ils y trouvèrent naturellement aussi l'occasion d'une nouvelle incarnation, ce qui, dans le cours normal des événements cosmiques, n'était pas encore prévu pour eux.

En effet, sur le plan terrestre où, par le truchement de la matière dense, ils peuvent *côtoyer* des êtres meilleurs et plus lumineux, ils ne font que causer des préjudices, se chargeant ainsi de *nouvelles* fautes. Dans leurs bas-fonds, cela est impossible; leur bassesse ne peut en effet qu'être profitable à leurs semblables parce qu'à la fin ils en viennent à se voir tels qu'ils sont et à en éprouver du dégoût, ce qui contribue à leur amendement.

Or, l'être humain a *perturbé* la voie normale de toute évolution en utilisant son libre arbitre de façon vile; il s'en est servi pour jeter des ponts de matière subtile vers les régions des ténèbres, si bien que les déchus ont pu, telle une meute, être lâchés sur le plan terrestre; triomphants, ils en peuplent aujourd'hui la majeure partie.

Étant donné que les âmes lumineuses sont contraintes de reculer là où les ténèbres ont pris pied, il était facile aux âmes plus sombres, parvenues à tort sur le plan terrestre, de réussir parfois à s'incarner là où, normalement, seule une âme lumineuse aurait eu accès. En l'occurrence, l'âme sombre a trouvé un point d'ancrage par l'entremise d'une personne quelconque de l'entourage de la future mère, lui permettant de se maintenir et de supplanter ce qui est lumineux, même si la mère ou le père font partie des êtres plus lumineux.

Ainsi s'explique l'énigme que plus d'une brebis galeuse ait put venir s'incarner chez de bons parents. Cependant, si la future mère fait davantage attention à elle ainsi qu'à son entourage immédiat et à ses fréquentations, cela ne peut *pas* se produire.

Il ne faut donc voir que de *l'amour* dans le fait que, par l'effet ultime des lois, se trouvent enfin balayés du plan terrestre, selon une stricte justice, tous ceux qui n'ont *pas* leur place ici, afin qu'ils sombrent dans les régions ténébreuses auxquelles ils appartiennent de par leur nature. En conséquence, ils ne peuvent plus entraver l'ascension des êtres plus lumineux ni se charger de fautes nouvelles, mais peut-être parviennent-ils quand même à mûrir encore dans le dégoût de leurs propres expériences vécues.

Il est certain que le temps viendra où le cœur de *chaque* homme sera saisi par une poigne d'airain et où l'orgueil spirituel sera extirpé de toute créature humaine de façon terrifiante et inexorable. Alors s'écrouleront aussi tous les doutes qui empêchent aujourd'hui l'esprit humain de reconnaître que le Divin n'est pas *en* lui, mais bien loin *au-dessus* de lui. Seule Sa plus pure *image* peut avoir sa place sur l'autel de sa vie intérieure, et c'est vers cette image qu'il lève le regard en une humble prière.

Ce n'est pas une erreur mais bien une faute pour l'esprit humain que d'affirmer vouloir être divin lui aussi. Une telle présomption doit nécessairement causer sa chute, car elle équivaut à une tentative d'arracher le sceptre de la main de son Dieu, de Le ravaler au même niveau que celui de l'homme, niveau que ce dernier n'a même pas encore atteint jusqu'à présent parce qu'il a voulu être *davantage* et qu'il aspire à des hauteurs que, de toute façon, il ne peut jamais atteindre ni même reconnaître. Ainsi, sans y faire attention, il a négligé toute la réalité et s'est rendu non seulement entièrement inutile dans la création mais, ce qui est bien pire, il est devenu un être manifestement *nuisible!*

Finalement, en conséquence de la fausse orientation qui est la sienne, la preuve lui sera donnée avec une inquiétante clarté que, dans son état de profonde déchéance actuelle, il ne représente même pas l'ombre d'une divinité. Tous les trésors du savoir terrestre, amassés au prix de tant de peines au cours des millénaires, s'avèreront alors *inexistants* à ses yeux épouvantés. Désemparé, il fera sur sa propre personne l'expérience que les fruits de ses aspirations unilatérales durant son séjour terrestre deviennent pour lui inutiles et constituent même parfois une malédiction. *Qu'il tente alors de se prévaloir de sa propre divinité s'il le peut!*

Impérieuse, une voix tonnante lui criera: «A genoux, créature, devant ton Dieu et Seigneur! Ne commets pas le sacrilège de t'élever toi-même au rang de Dieu!»

L'égocentrisme du paresseux esprit humain s'arrêtera là.

Alors seulement, cette humanité pourra songer à une ascension. Ce sera aussi l'époque où tout ce qui ne repose pas sur une base juste s'écroulera. Ceux qui veulent paraître, de même que les faux prophètes et les associations qui se regroupent autour d'eux, s'effondreront sur eux-mêmes. Ainsi se trouveront aussi exposées au grand jour les fausses voies suivies jusqu'ici.

Alors plus d'un être satisfait de lui-même reconnaîtra peut-être avec épouvante qu'il se trouve au bord d'un abîme et que, mal guidé, il glisse rapidement vers le bas tandis que, dans son orgueil, il s'imaginait s'élever et s'approcher déjà de la Lumière! Il reconnaîtra avoir enlevé des barrières protectrices sans disposer derrière elles de toute la force nécessaire pour se défendre et avoir ainsi attiré sur lui-même des dangers qu'une évolution naturelle lui aurait permis d'éviter. Heureux celui qui trouve alors le bon chemin du retour!

IL ÉTAIT UNE FOIS...

CE NE sont là que quelques mots, mais ils ressemblent à une formule magique car ils portent en eux la propriété de déclencher instantanément en tout être humain une intuition particulière. Il est rare que cette intuition soit la même pour chacun. Elle est comparable à l'effet de la musique: tout comme elle, ces mots trouvent la voie qui mène directement à l'esprit de l'homme, à son «moi» véritable; bien entendu, seulement chez ceux qui n'ont pas totalement emmuré l'esprit en eux, ceux qui, en conséquence, n'ont pas déjà perdu leur véritable qualité humaine ici-bas.

Pour chaque *être humain* cependant, ces mots réveilleront spontanément le souvenir de quelque expérience vécue antérieurement. Celle-ci se dresse vivante devant lui et, avec cette image, jaillit simultanément l'intuition correspondante.

L'un éprouvera une douceur empreinte de nostalgie, un bonheur teinté de mélancolie ou encore une aspiration secrète et irréalisable; pour d'autres, cependant, ce sera l'orgueil, la colère, l'épouvante ou la haine. L'être humain pense invariablement à quelque chose qu'il a vécu autrefois, qui a produit sur lui une impression extraordinaire, et qu'il croyait pourtant éteint en lui depuis longtemps.

Cependant, rien ne s'est éteint en lui, rien ne s'est perdu de ce qu'il *vécut réellement* autrefois en son for intérieur. Il peut encore considérer tout cela comme son bien propre, comme quelque chose de vraiment acquis et par conséquent d'impérissable. Mais ceci ne vaut que pour ce qu'il a vécu réellement. Rien d'autre ne peut naître à ces mots.

Pour peu que l'homme y prenne garde et y prête une attention vigilante, il reconnaîtra bien vite ce qui est réellement vivant en lui et ce qui peut être considéré comme mort, comme une coquille sans âme remplie de souvenirs inutiles.

Seul a une raison d'être et est utile à l'homme – il ne s'agit pas ici de son corps physique – ce qui, au cours de son existence terrestre, fit sur lui une impression assez profonde pour marquer son *âme* d'une empreinte impérissable et indélébile. Seules des empreintes de ce genre ont une influence sur la formation de l'âme humaine et, partant de là, sur le développement de l'esprit en vue de son évolution constante.

En réalité, *seul* est vécu et vous appartient en propre ce qui laisse une impression d'une telle profondeur. Tout le reste n'est que vain souffle qui passe, pouvant tout au plus contribuer à faire surgir des événements capables de provoquer des impressions aussi fortes.

Heureux celui qui peut considérer comme siennes bon nombre de ces expériences marquantes, peu importe que ce soit la joie ou la douleur qui les aient provoquées, car les impressions qu'elles laissent seront un jour le bien le plus précieux qu'une âme humaine emporte sur son chemin dans l'au-delà.

Le travail intellectuel purement terrestre, tel qu'il s'exerce aujourd'hui – *à condition d'être bien employé* – ne sert qu'à faciliter l'existence *matérielle* sur Terre. Voilà, tout bien réfléchi, le but proprement dit de *chaque* activité intellectuelle qui n'a, en dernier ressort, jamais d'autre résultat, qu'il s'agisse de *toutes* les connaissances livresques – à quelque domaine qu'elles appartiennent – ou encore de toutes les activités publiques ou privées, de chaque individu ou de chaque nation, et finalement de l'humanité entière.

Tout s'est malheureusement soumis sans réserve au seul intellect et se trouve ainsi lourdement enchaîné à l'étroite faculté de compréhension terrestre, ce qui devait naturellement entraîner des conséquences néfastes dans toutes les activités et tous les événements, et en entraînera encore bien d'autres.

Il n'y a sur la Terre entière qu'une *seule* exception à cet état de choses. Toutefois, cette exception ne nous est pas offerte par l'Église – comme certains pourraient le penser et comme cela devrait être – mais par *l'art!* En effet, pour ce dernier, l'intellect joue incontestablement le *second* rôle. Mais là où, en ce domaine, l'intellect conquiert la suprématie, l'art se trouve tout de suite rabaissé au niveau d'un *métier* exclusivement manuel; il dégénère immédiatement et tombe indubitablement très bas. C'est là une conséquence qui, dans sa simplicité naturelle, ne laisse place à aucune autre possibilité. On ne saurait y trouver la moindre exception.

Il faut naturellement tirer la même conclusion dans tous les autres domaines. Cela n'incite-t-il pas l'homme à réfléchir? Ses yeux devraient pourtant se dessiller! Celui qui réfléchit et confronte ces données comprend sans équivoque possible que, partout où l'intellect domine, on ne peut obtenir qu'un produit de substitution, c'est-à-dire quelque chose de moindre valeur. Grâce à cela, l'être humain devrait reconnaître la place assignée à l'intellect par la nature lorsqu'il s'agit de créer une chose juste et valable.

Jusqu'à présent, seul l'art naît encore de l'activité de l'esprit vivant, de l'intuition. Lui seul a eu une origine et une évolution naturelles, donc normales et saines. L'esprit, cependant, ne *s'exprime* pas par l'intellect mais bien par les *intuitions* et ne se manifeste que dans ce que l'on désigne généralement par les *«qualités de cœur»*. Or, c'est précisément ce que l'être humain intellectualisé de notre époque, si démesurément fier de lui, ridiculise et bafoue si volontiers! Il raille ainsi ce qui est le plus précieux en l'homme, donc ce qui fait précisément de l'homme un homme.

L'esprit n'a rien à voir avec l'intellect. Si l'être humain veut enfin que toutes choses s'améliorent vraiment, il doit tenir compte de la Parole du Christ: *«C'est à leurs œuvres que vous les reconnaîtrez.»* L'heure est venue où cette Parole va se réaliser.

Seules les œuvres de *l'esprit* portent, de par leur origine, la *vie* en elles, et donc la durée et la stabilité. Tout le reste doit s'effondrer sur soi-même lorsque son temps de floraison est passé. Dès que la récolte des fruits s'annonce, l'inanité s'y manifeste.

Considérez simplement l'histoire: seule l'œuvre de l'esprit, c'est-à-dire l'art, a survécu aux peuples qui se sont déjà effondrés sous l'action de leur intellect froid et dénué de vie. Leur éminent savoir, si souvent prôné, n'a pu leur offrir aucune planche de salut. Égyptiens, Grecs, Romains suivirent cette voie ainsi que plus tard aussi les Espagnols et les Français, et à présent les Allemands. *Cependant, les œuvres d'art authentiques leur ont survécu à tous!* Elles ne pourront d'ailleurs jamais périr. Mais personne n'a remarqué avec quelle immuable régularité ces événements se sont répétés. Nul n'a songé à pénétrer jusqu'à la véritable racine de ce terrible fléau.

Au lieu de chercher cette cause et de mettre une fois pour toutes un terme à la décadence constamment renouvelée, on s'y soumit aveuglément et, avec plaintes et lamentations, on se résigna à «l'inévitable».

A présent, l'humanité entière va finalement être touchée. Nous avons déjà vécu bien des misères; de plus grandes encore nous attendent. Une profonde douleur traverse les rangs serrés de ceux qui, dès maintenant, en sont en partie frappés.

Songez à tous les peuples qui ont déjà dû s'effondrer dès qu'ils avaient atteint leur plein épanouissement et l'apogée de leur intellect. Les fruits qui mûrirent de cette floraison étaient *partout les mêmes:* immoralité, impudeur, débauche sous diverses formes, inévitablement suivies de la décadence et de la ruine.

Pour chacun, la ressemblance est on ne peut plus frappante. Et tout être réfléchi doit voir dans cet événement la nature et la logique bien définies des lois les plus strictes.

L'un après l'autre, ces peuples durent finalement reconnaître que leur grandeur, leur puissance et leur splendeur n'étaient qu'apparentes, maintenues seulement par la force et la contrainte; elles n'étaient pas consolidées par une saine structure.

Ouvrez donc les yeux au lieu de vous décourager! Regardez autour de vous, tirez la leçon des événements du passé, comparez-les aux messages qui, des plans divins, sont venus jusqu'à vous depuis des milliers d'années déjà, et vous trouverez *nécessairement* la racine de ce fléau dévorant qui, à lui seul, freine l'ascension de l'ensemble de l'humanité.

Ce n'est que lorsque ce fléau aura été totalement extirpé que la voie sera ouverte pour une ascension générale, pas avant! Alors celle-ci sera durable parce qu'elle pourra porter en elle la vie de l'esprit, ce qui était exclu jusqu'alors.

Avant d'approfondir ce sujet, je veux expliquer ce qu'est l'esprit, seul élément réellement vivant en l'homme. L'esprit n'est ni l'intelligence ni l'intellect, ce n'est pas davantage l'érudition acquise. C'est donc une erreur de dire que quelqu'un a de «l'esprit» parce qu'il a beaucoup étudié, lu, observé et sait en parler avec aisance, ou qu'il brille par des saillies et des réparties intellectuelles.

L'esprit est tout autre chose. Il est d'une *essence* indépendante. Il est issu du monde avec lequel il est en affinité, un monde différent du plan auquel appartient la Terre, et par conséquent le corps. Le monde spirituel se trouve plus haut, il forme la partie la plus élevée et la plus légère de la création. Cette partie spirituelle en l'homme a pour mission, de par son essence, de retourner dans le royaume spirituel dès l'instant où toutes les enveloppes matérielles se sont détachées d'elle. L'aspiration qui pousse l'esprit à ce retour se manifeste à partir d'un degré bien défini de maturité; elle conduit l'esprit vers le haut, vers ce qui est en affinité avec lui et qui, par sa force d'attraction, l'élève.*

L'esprit n'a rien à voir avec l'intellect terrestre mais seulement avec ce que l'on désigne sous le nom de «qualités de cœur». Être plein d'esprit équivaut donc à être «plein de cœur» et non hautement intellectualisé.

Pour mieux faire ressortir la différence, l'homme devrait à présent utiliser l'expression: «Il était une fois». Bien des chercheurs y trouveront déjà un éclaircissement. S'ils s'observent attentivement, ils pourront faire la différence entre ce qui fut utile à leur *âme* durant la présente existence et ce qui servit seulement à faciliter leurs conditions de vie et leur travail dans l'entourage terrestre; en d'autres termes, ils distingueront ce qui a une valeur non seulement pour l'en-deçà mais aussi pour l'au-delà, et ce qui sert uniquement aux besoins terrestres mais demeure sans valeur pour l'au-delà. L'un peut être emporté par l'homme dans l'au-delà; quant à l'autre, il le laisse derrière lui à son trépas étant donné qu'il n'appartient qu'au domaine de la Terre et ne peut donc plus lui être utile. Mais ce qu'il laisse ainsi derrière lui n'est qu'un instrument utile pour les nécessités terrestres, un auxiliaire pour *le temps passé sur Terre,* et rien d'autre.

Or, si un instrument n'est pas seulement utilisé comme tel, mais évalué bien au-dessus de sa valeur, il ne peut évidemment répondre à ces exigences plus élevées, il est à une place qui ne lui appartient pas et il entraîne par là toutes sortes d'insuffisances qui, avec le temps, ont des conséquences tout à fait désastreuses.

Le plus important de ces instruments est *l'intellect terrestre.* En tant que produit du cerveau humain, il porte nécessairement en lui la limitation à laquelle est toujours soumis, de par sa constitution propre, tout ce qui est du domaine de la matière dense terrestre. Le produit, à son tour, ne peut être différent de l'origine. Il reste toujours lié à la nature de cette origine. Il en est de même des œuvres nées de ce produit.

Il en résulte naturellement pour l'intellect une faculté de compréhension des plus limitées, uniquement matérielle, étroitement liée à l'espace et au temps. Comme il est issu de la matière dense inerte en soi et dépourvue de toute vie *propre,* il est, lui aussi, privé de force vivante. Évidemment, cette

---

* Conférence: «Je suis la résurrection et la vie...».

particularité s'étend de la même façon à toutes les activités de l'intellect; en conséquence, il est à jamais impossible à ce dernier d'insuffler à ses œuvres quelque chose de vivant.

C'est dans ce fait inéluctable et naturel que repose la clé des sombres événements qui se produisent au cours de l'existence humaine sur cette petite Terre.

Il nous faut enfin apprendre à différencier l'esprit de l'intellect, le noyau vivant de l'homme de son instrument. En plaçant cet instrument *au-dessus* du noyau vivant, comme cela s'est produit jusqu'ici, il en résulte quelque chose de malsain qui, dès l'origine, renferme nécessairement un germe mortel. De ce fait, la partie vivante – qui est la plus élevée et la plus précieuse – se trouve comprimée, liée, coupée de son indispensable activité jusqu'à ce que, dans l'inévitable effondrement de cette construction sans vie, elle se dégage des décombres, libre mais incomplète.

Or, au lieu de «Il était une fois», représentons-nous ce que signifie la question: «Comment était-ce avant?» L'impression produite est tout autre. On remarque immédiatement la grande différence. La première expression parle à l'intuition qui se trouve liée à l'esprit. La deuxième, par contre, s'adresse à l'intellect. Des images toute différentes surgissent alors. Elles sont dès l'abord limitées, froides et dénuées de chaleur vitale parce que l'intellect n'a rien d'autre à offrir.

Toutefois, la plus grande faute de l'humanité est d'avoir dès le début mis sur un piédestal cet intellect qui pourtant ne peut créer que des œuvres fragmentaires et dénuées de vie, en dansant littéralement autour de lui pour l'adorer. On lui attribua une place qui aurait dû être *exclusivement* réservée à *l'esprit*.

Étant donné que les ordonnances du Créateur se trouvent ancrées dans les activités de la nature, cette façon d'agir va totalement à leur encontre et s'oppose donc à la nature. C'est pourquoi rien ne peut non plus conduire à un but valable. Au contraire, tout échoue nécessairement au moment où doit commencer la récolte. Il ne peut en être autrement puisqu'il s'agit là d'un événement naturel et prévisible.

Ce n'est que dans la *technique pure*, dans l'industrie, qu'il en va autrement. Grâce à l'intellect, cette dernière est parvenue à un niveau très élevé et, à l'avenir, elle progressera encore bien davantage. Cependant, ce fait sert à prouver la véracité de mes exposés. Dans *tous* les domaines, la technique est et reste quelque chose de purement terrestre, de mort. Or, comme l'intellect fait également partie de ce qui est terrestre, il lui est possible de se développer brillamment dans la technique et d'y accomplir réellement de grandes choses. Il y est à sa vraie place et remplit sa véritable mission.

Mais là où il faut aussi prendre en considération quelque chose de «vivant», donc de purement *humain*, l'intellect, de par son genre, n'y suffit pas; il se révèle donc *nécessairement* défaillant dès qu'il n'est pas guidé par l'esprit, car seul l'esprit est vie. Le succès dans un genre tout à fait déterminé ne peut jamais être obtenu que par l'activité d'un genre identique. Par conséquent, jamais l'intellect terrestre ne pourra œuvrer spirituellement. Voilà pourquoi cette humanité a commis une lourde faute en plaçant l'intellect au-dessus de la vie.

Contrairement à l'ordonnance créatrice, donc à l'ordre naturel, l'être humain a littéralement *inversé* sa mission. Il la renversa pour ainsi dire en accordant à son intellect – qui vient en second et est de nature uniquement matérielle – la place la plus haute, celle qui revient à l'esprit vivant. La domination de l'intellect empêchant toute perspective plus vaste par sa faculté de compréhension restreinte, il est donc là encore tout naturel que l'être humain se trouve maintenant contraint de chercher péniblement du bas vers le haut au lieu de pouvoir, grâce à l'esprit, regarder du haut vers le bas.

S'il souhaite s'éveiller, il est tout d'abord forcé «d'inverser les rôles», c'est-à-dire de mettre l'intellect – qui se trouve actuellement en haut – à la place que la nature lui a assignée et de redonner à l'esprit le rang le plus élevé. Cette inversion indispensable n'est plus si facile pour l'homme d'aujourd'hui.

Opérée jadis par les hommes, cette interversion si radicalement opposée à la Volonté du Créateur, donc aux lois naturelles, fut la *«chute dans le péché»* proprement dite dont les conséquences dépassent en horreur tout ce que l'on peut imaginer. En effet, cette chute devint avec le temps le «péché héréditaire» parce que l'élévation de l'intellect au rang de «monarque absolu» eut aussi pour conséquence naturelle un développement et une activité à sens unique qui finirent par renforcer le cerveau de façon unilatérale. Il en résulta que seule se développa la partie qui doit effectuer le travail de l'intellect, alors que l'autre dut s'atrophier. C'est pourquoi cette partie, atrophiée par négligence, ne peut plus aujourd'hui agir qu'en tant que fraction du cerveau produisant des rêves imprécis, soumise encore, elle aussi, à la forte influence du cerveau dit «diurne» qui entraîne l'activité de l'intellect.

La partie du cerveau qui est appelée à former le pont vers l'esprit, ou plus exactement le pont menant de l'esprit à tout ce qui est de nature terrestre, est donc de ce fait paralysée; une liaison se trouve rompue, ou du moins très fortement distendue. L'être humain s'est donc, en ce qui le concerne, coupé de toute activité propre à l'esprit et ainsi de la possibilité «d'animer», de spiritualiser et de vivifier son intellect.

Les deux parties de l'encéphale auraient dû être développées de façon exactement *identique* en vue d'une harmonieuse activité en commun – comme c'est le cas pour toutes les parties du corps – l'esprit guidant, l'intellect exécutant ici sur Terre. En conséquence, que le corps lui-même avec toutes ses activités ne puisse jamais être tel qu'il le devrait, voilà qui est évident. En effet, selon la nature des choses, cet état de fait pénètre tout parce qu'ainsi le facteur indispensable à tout ce qui est terrestre fait défaut.

Que cette coupure soit en même temps liée au fait que l'être humain s'est éloigné de tout ce qui est divin et s'y est rendu étranger, voilà qui se comprend aisément. A vrai dire, le chemin menant au Divin n'existait plus.

Finalement, cet état de choses eut encore un autre inconvénient: depuis des millénaires déjà, en raison d'une hérédité prenant de plus en plus d'ampleur, chaque corps d'enfant qui vient au monde apporte sur Terre un cerveau antérieur si fortement développé intellectuellement qu'à son tour tout enfant se trouve dès l'abord facilement assujetti à l'intellect, et ceci dès l'instant où le cerveau se met à déployer toute son activité. L'abîme entre les deux parties de l'encéphale est devenu si profond à présent et leurs fonctions respectives tellement inégales que, pour la plupart des hommes, une amélioration n'est plus possible sans catastrophe.

L'être humain intellectualisé d'aujourd'hui n'est plus un homme *normal* parce que la partie principale de son cerveau – partie inhérente à l'être humain accompli – ne s'est absolument pas développée, étant donné qu'il l'a laissée s'atrophier depuis des millénaires. Tout intellectuel sans exception ne possède qu'un cerveau normal *atrophié*! Ce sont donc des *infirmes du cerveau* qui, depuis des millénaires, dominent la Terre; ils considèrent l'homme normal comme un ennemi et cherchent à l'opprimer. Avec leur instrument atrophié, ils s'imaginent accomplir beaucoup de choses et ne savent pas que l'homme normal est capable d'en accomplir *dix fois plus* et qu'il crée des œuvres *durables* et plus parfaites que celles qui sont issues des efforts actuels. Or, la voie qui permet d'acquérir cette faculté est ouverte à tout chercheur vraiment sincère.

Cependant, un être intellectualisé ne sera plus si facilement en mesure de saisir ce qui relève de l'activité de cette partie atrophiée de son cerveau. Le souhaiterait-il qu'il ne le *pourrait* tout simplement pas. Seule son étroitesse volontaire le pousse à ridiculiser tout ce qui lui est inaccessible et tout ce que – en raison de son cerveau à vrai dire *en retard dans son développement* et anormal – il ne pourra jamais plus saisir.

C'est justement là que réside l'aspect le plus terrible de la malédiction de cet égarement contre nature. La collaboration harmonieuse entre les deux parties de l'encéphale humain – collaboration absolument indispensable à l'homme normal – est à jamais exclue pour les êtres intellectualisés d'aujourd'hui que l'on nomme matérialistes.

Être matérialiste n'est certes pas un titre de gloire, mais bien la preuve d'un encéphale atrophié.

C'est donc un cerveau *anormal* qui, jusqu'à nos jours, a dominé sur cette Terre; dans tous les domaines, son activité doit de toute évidence finir par apporter l'inéluctable effondrement; en effet, tout ce qu'il veut entreprendre porte naturellement en soi dès le départ, en raison même de cette atrophie, quelque chose de disharmonieux et de malsain.

On ne peut plus rien y changer à présent, et il faut laisser tranquillement s'accomplir l'effondrement qui se poursuit tout naturellement. *Alors viendra pour l'esprit le jour de la résurrection en même temps qu'une vie nouvelle!* L'esclave de l'intellect qui, pendant des millénaires, eut le verbe haut se trouvera ainsi éliminé pour toujours. Jamais plus il ne pourra se relever parce que les faits et sa propre expérience vécue le contraindront finalement – malade et appauvri en esprit – à se soumettre volontairement à *cela même* qu'il n'avait pu comprendre. Plus jamais l'occasion ne lui sera donnée de se dresser contre l'esprit, ni par la raillerie ni – sous le couvert de la loi – par la violence dont on usa aussi, comme chacun sait, envers le Fils de Dieu, et qu'Il dut combattre.

A cette époque, il eût été encore temps d'éviter bien des malheurs. Aujourd'hui, ce n'est plus possible car la liaison qui s'est entre-temps relâchée entre les deux parties de l'encéphale ne peut plus être rétablie.

Il se trouvera bon nombre d'intellectuels pour tenter à nouveau de tourner en dérision les explications contenues dans cette conférence sans toutefois pouvoir, comme toujours, fournir *une seule preuve vraiment objective du contraire,* si ce n'est par des platitudes. Cependant, quiconque cherche et réfléchit sérieusement sera contraint de considérer leur emportement aveugle uniquement comme une preuve supplémentaire de ce que j'ai expliqué ici mais, même s'ils se donnent du mal, les gens en sont tout simplement *incapables.* Considérons-les donc à partir d'aujourd'hui comme des malades qui auront bientôt besoin de secours et... attendons tranquillement!

Point n'est besoin de combat ni d'actes de violence pour imposer à tout prix l'indispensable progrès, car la fin viendra d'elle-même. Là encore, selon les inflexibles lois de la réciprocité des effets, le cours des événements naturels s'accomplit de façon absolument inexorable et à l'heure dite.

Alors, selon diverses prophéties, une «génération nouvelle» doit naître. Toutefois, celle-ci ne se composera pas seulement de naissances nouvelles comme on en voit déjà de nos jours en Californie et en Australie où naissent des enfants doués d'un «sens nouveau», mais elle sera faite en majeure partie *d'êtres humains déjà vivants* que bien des événements à venir ne tarderont pas à rendre «lucides». Ils auront alors le même «sens» que ces nouveaux-nés actuels. En effet, ce sens n'est rien d'autre que la faculté de vivre dans le monde avec un esprit ouvert et non limité, un esprit qui ne se laisse plus opprimer par l'étroitesse de l'intellect. *Le péché héréditaire sera ainsi effacé.*

Tout cela n'a cependant rien à voir avec les capacités désignées jusqu'à présent sous le terme de «facultés occultes». *Il s'agit alors uniquement de l'homme normal, tel qu'il doit être.* Le fait de devenir «lucide» n'a aucun rapport avec la «clairvoyance», mais il signifie: *«saisir en profondeur»,* reconnaître.

L'homme est alors en mesure de tout considérer sans être influencé, ce qui veut dire tout simplement qu'il est en état de juger. Il voit l'intellectuel tel qu'il est réellement avec son étroitesse de vue si dangereuse pour lui et pour son entourage, une étroitesse d'où proviennent à la fois le despotisme arrogant et cette manie d'avoir toujours raison qui, à vrai dire, en fait partie.

Il verra aussi comment, depuis des millénaires – en une rigoureuse logique – l'humanité entière a, d'une façon ou d'une autre, souffert sous ce

131

joug et comment, en tant qu'ennemi héréditaire, ce «cancer» s'est toujours opposé à l'évolution de *l'esprit* humain libre, évolution qui est le but essentiel de l'existence humaine. Rien ne lui échappera, pas même l'amère certitude que les tribulations, *toutes* les souffrances, tous les effondrements, devaient naître de ce mal et qu'une amélioration n'a jamais pu se produire parce que la limitation de la faculté d'entendement excluait dès l'abord tout discernement.

Mais avec *ce* réveil, toute l'influence, toute la puissance de ces intellectuels aura cessé, et ceci *à tout jamais*, car c'est alors que s'instaure pour l'humanité une ère nouvelle où rien de ce qui est ancien ne peut subsister.

Ainsi se lève l'indispensable victoire de l'esprit sur l'intellect défaillant; des centaines de milliers d'êtres humains l'espèrent dès aujourd'hui. Parmi les masses induites en erreur, nombreux seront alors ceux qui reconnaîtront encore combien était fausse l'interprétation qu'ils avaient jusqu'alors donnée au mot «intellect». La plupart d'entre eux l'ont simplement accepté comme une idole sans le soumettre à aucun examen, rien que parce que les autres le proposaient comme tel et que tous ses partisans ont su constamment, par la force et par les lois, s'imposer comme maîtres infaillibles et absolus. Voilà pourquoi beaucoup ne se donnent même pas la peine de démasquer le vide de ces gens et les lacunes qui se dissimulaient derrière leurs agissements.

Il en est certainement d'autres aussi qui, depuis des dizaines d'années, luttent en secret, et parfois même ouvertement, contre cet ennemi avec une énergie et une conviction tenaces, allant jusqu'à s'exposer parfois aux pires souffrances. *Toutefois, ils combattent sans connaître l'ennemi lui-même!* Cela rendit naturellement le succès difficile, voire impossible dès l'abord. L'épée des combattants n'était pas suffisamment affilée parce qu'ils l'avaient constamment employée à des actions secondaires qui l'avaient ébréchée, mais dans ces actions secondaires ils frappaient toujours à côté et dans le vide, gaspillant leurs propres forces et ne réussissant qu'à semer la discorde dans leurs rangs.

En réalité, il n'y a *qu'un seul* ennemi de l'humanité sur toute la ligne: *la domination absolue de l'intellect jusqu'à ce jour!* Ce fut là *la grande chute dans le péché*, la faute la plus grave de l'être humain, celle qui entraîna tout le mal. C'est *cela* qui devint le *péché héréditaire*, et *cela aussi est l'antéchrist* dont il est annoncé qu'il relèvera la tête. En termes plus explicites, son instrument est la domination de l'intellect grâce auquel les hommes sont tombés sous sa coupe – lui, l'ennemi de Dieu, l'antéchrist en personne... Lucifer!*

Nous nous trouvons au cœur de cette époque. L'antéchrist réside aujourd'hui en *chaque* être humain, prêt à le perdre car, conséquence toute naturelle, son activité entraîne immédiatement l'éloignement de Dieu. Il élimine l'esprit dès qu'il a la possibilité d'exercer sa domination.

Que l'être humain soit donc sur ses gardes!

Certes, il ne doit pas pour autant minimiser son intellect, mais il doit en faire ce qu'il est: *un instrument*, et non pas la volonté qui fait loi. Il ne doit pas en faire son maître.

L'homme de la génération à venir ne pourra considérer l'époque actuelle qu'avec dégoût, horreur et honte, un peu comme ce que l'on ressent en pénétrant dans une ancienne chambre de torture. Là encore, nous voyons les mauvais fruits de la froide domination de l'intellect, car il est incontestable qu'un homme *ayant tant soit peu de cœur*, et par conséquent une activité spirituelle, n'aurait jamais imaginé des horreurs pareilles. Évidemment, d'une façon générale, il n'en va pas autrement de nos jours, la chose est seulement un peu plus déguisée et les malheurs des masses humaines en sont les mêmes fruits pourris que les tortures individuelles d'autrefois.

Alors, lorsque l'être humain jettera un regard en arrière, il n'en finira pas de hocher la tête. Il se demandera comment il fut possible de supporter en silence de tels errements durant des millénaires. La réponse est toute simple: par la force! Où que l'on regarde, cela est très nettement reconnaissable. Sans remonter jusqu'à la nuit des temps, il nous suffit d'entrer dans une de ces chambres de torture mentionnées plus haut, telles qu'on en voit encore partout de nos jours et dont l'utilisation n'est pas si lointaine.

Nous frémissons d'horreur à la vue de ces vieux instruments. De quelle froide brutalité, de quelle bestialité ne témoignent-ils pas! Presque personne aujourd'hui ne doutera que ces anciennes façons d'agir n'aient été des crimes de la plus vile espèce. C'est ainsi que l'on commit à l'égard des criminels eux-mêmes un crime plus grand encore! Mais, arraché à sa famille et à la liberté, plus d'un innocent fut lui aussi brutalement jeté au fond de ces souterrains. Que de lamentations, que de cris de douleur expirèrent sur les

---

* Conférence: «L'Antéchrist».

lèvres de ceux qui étaient abandonnés là sans défense, entièrement à la merci des tortionnaires! Des êtres humains ont dû supporter des traitements dont la seule pensée vous remplit d'horreur et de répulsion.

Chacun ne peut s'empêcher de se demander comment il fut humainement possible d'agir ainsi à l'égard de ces êtres sans défense et, de surcroît, avec l'apparence d'être pleinement dans son droit. On ne s'était pourtant jadis arrogé ce droit que par la force. Et on alla à nouveau jusqu'à arracher par la souffrance physique des aveux aux suspects de façon à pouvoir ensuite les assassiner tout à son aise. Que ces aveux n'aient été obtenus que sous la contrainte pour échapper à ces folles tortures physiques n'en contentait pas moins les juges parce qu'ils en avaient besoin pour satisfaire à la «lettre» de la loi. Ces êtres si bornés s'imaginaient-ils vraiment pouvoir par là se disculper aussi devant la Volonté divine et se soustraire aux effets de la loi fondamentale du choc en retour qui exerce inexorablement son activité?

Ou bien tous ces êtres étaient le rebut des criminels les plus endurcis qui avaient le front de juger autrui, ou bien leurs actes témoignaient très clairement de l'étroitesse maladive de l'intellect terrestre. Il ne saurait y avoir de moyen terme.

Selon les Lois divines de la création, tout dignitaire, tout juge – quelle que soit la fonction dont il est investi ici sur Terre – ne devrait jamais, dans sa *façon d'agir,* être placé sous la protection de cette fonction. Au contraire, à titre purement *personnel* et *sans être protégé,* comme tout autre être humain, il lui faut porter *seul* l'entière responsabilité de ce qu'il accomplit dans l'exercice de ses fonctions, et cela non seulement dans le domaine spirituel mais aussi dans le domaine temporel. C'est alors que chacun prendra sa fonction beaucoup plus au sérieux et l'exercera plus consciencieusement. Et les prétendues «erreurs» – avec leurs suites à jamais irréparables – ne se produiront certainement plus aussi facilement, sans parler des souffrances physiques et morales des victimes et de leurs proches.

Dans le même ordre d'idées, examinons aussi le chapitre des procès des prétendues «sorcières».

Quiconque eut un jour accès aux dossiers de pareils procès souhaiterait, pris d'une honte cuisante, ne jamais compter parmi les membres d'une telle humanité. En ce temps-là, il suffisait à un être humain de posséder soit par expérience pratique, soit par tradition, des connaissances sur les plantes médicinales et d'avoir, grâce à elles, aidé les êtres souffrants qui l'en priaient, pour être de ce fait impitoyablement soumis à la torture dont seule la mort sur le bûcher finissait par le délivrer, à moins que son corps n'ait déjà succombé auparavant à ces cruautés.

Même la beauté physique – notamment une pudeur qui refusait de céder – pouvait en ce temps-là donner lieu à de telles atrocités.

Plus tard, ce furent les abominations de l'Inquisition. Or, relativement peu d'années nous séparent de cet «autrefois»!

Tout comme nous reconnaissons aujourd'hui cette injustice, le peuple la ressentit déjà de la même façon en ce temps-là, car il n'était pas encore aussi limité par «l'intellect»: en lui perçait parfois encore l'intuition, l'esprit.

Ne reconnaît-on pas aujourd'hui en tout cela une parfaite étroitesse de vue, une stupidité dénuée de toute responsabilité?

On en parle avec un air de supériorité et en haussant les épaules; pourtant, au fond, rien n'a changé en ce domaine! L'attitude de suffisance bornée à l'égard de tout ce qu'on ne comprend pas est encore exactement la même, à cette différence près que, au lieu des supplices d'antan, on se moque aujourd'hui publiquement de tout ce que sa propre étroitesse de vue ne permet pas de comprendre.

Que certains battent donc leur coulpe et réfléchissent sérieusement à la chose, sans se ménager! Les champions de l'intellect, c'est-à-dire des êtres humains pas tout à fait normaux, considèrent dès l'abord comme un imposteur – et ce, jusque devant les tribunaux – tout être humain possédant la faculté de savoir ce qui est inaccessible à d'autres ou même de voir aussi, avec ses yeux de matière subtile, le monde de matière subtile comme une chose toute naturelle dont on ne doutera plus d'ici très peu de temps et qu'à plus forte raison on ne combattra plus brutalement.

Et malheur à celui qui, ne sachant lui-même que faire de ses dons, parle en toute ingénuité de ce qu'il a vu et entendu! Il devra en redouter les conséquences, tout comme les premiers chrétiens sous Néron et ses complices toujours prêts au meurtre.

Si, de plus, il possède encore d'autres facultés qui ne sauraient *jamais* être comprises par ces intellectuels invétérés, il est immanquablement poursuivi sans pitié, calomnié, rejeté s'il ne fait pas la volonté de tout un chacun. Dans toute la mesure du possible, il se trouve mis «hors d'état de nuire», comme on a coutume de le dire si élégamment. Nul n'en éprouve le moindre remords. Aujourd'hui encore, un tel être est considéré comme un hors-laloi par tous ceux qui, en leur for intérieur, sont souvent d'une moralité douteuse. Plus l'étroitesse de vue est accentuée, plus grande est l'illusion de sagacité et plus marqué le penchant à l'outrecuidance.

On n'a rien appris de ces événements d'autrefois, avec leurs tortures, leurs bûchers et leurs procès aux dossiers si ridicules! En effet, chacun peut aujourd'hui encore impunément souiller et insulter ce qui sort de l'ordinaire et demeure incompris. Il n'en va pas ici autrement que jadis.

Les procès de l'Inquisition – qui avaient pour point de départ l'Église – étaient pires encore que ceux de la justice. Ici, les cris des torturés étaient couverts par de pieuses prières. Ce fut là un outrage à la Volonté divine dans la création! Les représentants ecclésiastiques d'alors prouvèrent ainsi qu'ils n'avaient pas la moindre notion du véritable enseignement du Christ, pas plus que de la Divinité et de Sa Volonté créatrice dont les Lois reposent immuablement dans la création où elles opèrent, toujours identiques à elles-mêmes, depuis le commencement et jusqu'à la fin de tous les temps.

Dieu dota l'esprit humain du libre arbitre de la résolution comme faisant partie de son essence. C'est uniquement grâce à ce *libre arbitre* qu'il peut mûrir *comme il le doit,* se polir et se développer pleinement. Seule cette liberté de résolution lui en offre la possibilité. Mais entraver ce libre arbitre constitue un obstacle, si ne n'est une régression forcée.

Toutefois, les Églises chrétiennes, de même que bien des religions, combattirent jadis cette ordonnance divine en s'y opposant avec la plus grande cruauté. Par la torture et finalement par la mort, elles voulurent contraindre des êtres humains à faire des aveux, à s'engager et à se maintenir sur des voies contraires à leur conviction et donc *contraires à leur volonté.* Elles violaient ainsi le Commandement divin. Non contentes de cela, elles entravèrent aussi les fidèles dans leur progression spirituelle, les faisant encore rétrograder de plusieurs siècles.

Si seulement s'était montrée une étincelle de véritable intuition, donc d'esprit, de tels événements n'auraient jamais dû, ni pu, se produire! En conséquence, seule la froideur de l'intellect fut à l'origine de ces actes inhumains.

Plus d'un pape eut lui-même recours au poison et au poignard – fait historiquement prouvé – pour réaliser ses désirs purement terrestres et parvenir à ses fins. *De tels faits* ne purent se produire que sous la domination de l'intellect qui, dans sa marche victorieuse, asservit *tout* et ne recula devant rien.

Or, au-dessus de tout régnait – et règne encore – selon un ordre inéluctable, la Volonté d'airain de notre Créateur. Au moment de passer dans l'au-delà, chaque être humain se trouve dépouillé de la puissance terrestre et de la protection qu'elle lui offre. Son nom, sa situation, tout reste derrière lui. Seule une pauvre âme humaine passe de l'autre côté pour y recueillir et y goûter ce qu'elle a semé. *Aucune* exception n'est possible! Son chemin la conduit à travers tous les rouages de la loi absolue de la réciprocité des effets inhérente à la Justice divine. Il n'existe là ni Église, ni État, mais seulement des âmes humaines individuelles qui ont personnellement des comptes à rendre pour toute erreur commise!

Celui qui transgresse la Volonté de Dieu – c'est-à-dire celui qui commet un péché dans la création – est soumis aux conséquences de cette transgression, peu importe qui il est et sous quel prétexte il a agi. Qu'un crime ait été commis par un individu sous couvert de l'Église ou de la justice, contre le corps ou contre l'âme... il est et demeure un crime! On ne peut rien y changer, pas même par un *simulacre* de droit qui, d'ailleurs, est souvent bien loin d'être le droit car, naturellement, les lois elles aussi n'ont été établies que par des intellectuels; de ce fait, elles portent nécessairement en elles la limitation terrestre.

Considérons simplement la législation de nombreux États, notamment en Amérique Centrale et en Amérique du Sud. L'homme qui est aujourd'hui à la tête du gouvernement – et qui, en tant que tel, jouit de tous les honneurs – peut du jour au lendemain être jeté en prison ou exécuté comme un criminel si son adversaire réussit par un coup d'État à s'emparer du pouvoir. S'il n'y réussit pas, c'est *lui* qui, au lieu d'être reconnu comme dirigeant, sera considéré comme un criminel et poursuivi. Et tous les services administratifs servent avec empressement aussi bien l'un que l'autre! Même un voyageur parcourant le monde se voit souvent contraint, lorsqu'il passe d'un pays à l'autre, de changer de conscience comme on change de vêtement s'il veut être considéré partout comme un homme honorable. Ce qui, dans tel pays, est considéré comme un crime est, dans tel autre, très souvent autorisé, voire même souhaité.

Tout cela n'est évidemment possible que grâce aux conquêtes de l'intellect terrestre, mais jamais là où l'intellect doit occuper son rang naturel en tant qu'instrument de l'esprit vivant. En effet, quiconque écoute l'esprit ne négligera jamais les Lois de Dieu. Et là où celles-ci sont prises pour base, il ne saurait y avoir ni imperfection ni lacune, mais seulement l'unité qui entraîne le bonheur et la paix. Dans leurs traits fondamentaux, les manifestations de l'esprit ne peuvent toujours qu'être partout exactement identiques. Jamais elles ne s'opposeront l'une à l'autre.

L'art juridique, l'art médical, l'art de gouverner un État ne sont obligatoirement qu'artisanats défectueux là où seul l'intellect en constitue la base et où l'esprit fait défaut. Il est tout simplement impossible qu'il en aille autrement, et ceci, naturellement, en partant toujours de la véritable notion «d'esprit».

Le savoir intellectuel est un produit, mais l'esprit est la vie: sa valeur et sa force ne peuvent être mesurées que d'après sa relation avec l'origine du spirituel. Plus cette relation est intime, plus la fraction issue de l'origine est valable et puissante. Mais plus cette relation se relâche, plus la fraction qui en est issue – en l'occurrence l'être humain en question – est obligatoirement éloignée, étrangère, isolée et faible.

Tout cela est tellement simple et évident que l'on ne peut comprendre comment les intellectuels égarés ne cessent de passer outre, en aveugles, car le tronc, la fleur et le fruit reçoivent ce que donne la racine. Mais, là encore, se manifeste cette désespérante limitation personnelle que les intellectuels ont imposée à leur entendement. Péniblement, ils ont eux-mêmes érigé devant eux une muraille; à présent, ils ne peuvent plus voir au-delà et encore moins au travers.

Cependant, à tous ceux qui sont spirituellement vivants, ils apparaissent obligatoirement comme de pauvres sots qui sont malades et arborent un sourire suffisant et moqueur, affichant leur arrogance et leur condescendance à l'égard de ceux qui ne sont pas aussi profondément assujettis qu'eux. En dépit de toute la pitié qu'ils inspirent, il faut les abandonner à leurs illusions, car leur entendement limité permet même à des faits prouvant le contraire de glisser sur eux sans qu'ils en soient impressionnés. Tout effort pour remédier à cette situation ne peut que ressembler à la vaine tentative de rendre la santé à un corps malade dès l'instant où on le recouvre d'un mantelet neuf et resplendissant.

D'ores et déjà, le matérialisme a dépassé son apogée et, à présent, défaillant sur toute la ligne, il lui faut bientôt s'écrouler, non sans entraîner beaucoup de bon dans sa chute. Ses adeptes sont déjà au bout de leurs possibilités; ils seront bien vite déconcertés par leurs œuvres, puis par eux-mêmes, sans toutefois reconnaître le gouffre qui s'est ouvert devant eux. Il seront bientôt comme un troupeau sans berger, l'un se défiant de l'autre, chacun suivant sa propre voie, tout en s'élevant encore orgueilleusement au-dessus des autres, et cela sans y avoir réfléchi sérieusement, mais en suivant simplement de vieilles habitudes.

Marqués par tous les signes extérieurs de leur apparente inanité, ils finiront par sombrer aveuglément dans l'abîme. Ils considèrent encore comme d'esprit ce qui n'est que le produit de leur propre cerveau. Mais comment la matière inerte pourrait-elle engendrer l'esprit vivant? Sur bien des points, ils sont fiers de l'exactitude de leur raisonnement mais, pour ce qui touche à l'essentiel, ils laissent sans aucun scrupule les lacunes les plus injustifiables.

Chaque nouveau pas, chaque tentative d'amélioration devra automatiquement porter en soi toute la sécheresse du travail de l'intellect et, de ce fait, le germe de l'inéluctable décadence.

Tout ce que je dis à ce sujet n'est ni une prophétie ni une vague prédiction, mais la conséquence immuable de la Volonté créatrice qui anime tout et dont j'explique les Lois dans mes conférences. Celui qui suit avec moi en esprit les voies qui s'y trouvent clairement indiquées doit aussi entrevoir la fin inéluctable et la reconnaître. Tous les signes en sont déjà présents.

On se plaint, on jette les hauts cris et on constate avec écœurement à quel point les aberrations du matérialisme prennent aujourd'hui des formes à peine concevables. On implore, on prie pour obtenir la délivrance de ce supplice, pour remédier à cette décadence sans bornes et la guérir. Les rares êtres qui réussirent à sauver de cette marée d'événements incroyables une quelconque manifestation de la vie de leur âme, ceux qui n'ont pas été spirituellement étouffés dans la débâcle générale qui, trompeusement, affiche fièrement le nom de «progrès», ceux-là se sentent comme bannis, délaissés! Ils sont d'ailleurs considérés comme tels et ridiculisés par les foules moutonnières et sans âme des temps modernes.

Une couronne de lauriers à tous ceux qui ont eu le courage de ne pas se joindre aux masses! A ceux qui, fièrement, sont restés sur le chemin abrupt et escarpé!

Celui qui, aujourd'hui encore, s'estime malheureux à cause de cela n'est qu'un *somnambule! Ouvrez les yeux!* Ne voyez-vous donc pas que tout ce

qui vous oppresse est déjà le commencement de la fin brutale du matérialisme qui, actuellement, ne domine plus qu'en apparence? L'édifice entier
est déjà sur le point de s'effondrer, sans que ceux qui en ont souffert et
doivent encore en souffrir y aient pris la moindre part. L'humanité intellec-
tualisée doit dorénavant récolter ce que, durant des milliers d'années, elle a
produit, nourri, cultivé et adulé.

Pour les calculs humains, c'est une longue période; pour les meules auto-
actives de Dieu dans la création, c'est un court laps de temps. Où que vous
regardiez, l'échec est partout présent. Tout reflue et s'amoncelle de façon
menaçante comme un énorme rempart qui s'écroulera et s'effondrera bientôt, ensevelissant profondément ses adorateurs sous ses ruines. C'est
l'inexorable loi de la réciprocité des effets qui, lors de ce déclenchement,
doit se manifester de façon effroyable parce que, durant des millénaires – et
malgré de multiples expériences – un changement en faveur de ce qui est
plus élevé ne s'est jamais produit; au contraire, le même chemin erroné fut
sans cesse emprunté et encore élargi.

Vous qui désespérez, le temps est venu! Relevez le front que vous avez
bien souvent dû courber sous la honte lorsque l'injustice et la bêtise ont pu
vous causer de si profondes souffrances! Considérez calmement aujour-
d'hui l'adversaire qui a voulu vous opprimer de la sorte!

Le costume d'apparat porté jusqu'alors est déjà en lambeaux. Par toutes
les déchirures, on aperçoit enfin la forme sous son véritable aspect. Mal
assuré, quoique toujours aussi prétentieux, le pauvre produit du cerveau
humain – l'intellect – qui se fit élever au rang de l'esprit, émerge de tout cela
et regarde sans rien comprendre.

Otez donc le bandeau avec confiance et regardez plus attentivement autour de vous! A elle seule, la lecture de journaux – d'ordinaire tout à fait
valables – révèle bien des choses à un regard lucide. On constate des efforts
désespérés pour se cramponner encore à toutes les vieilles illusions et, avec
arrogance, souvent même par des plaisanteries fort grossières, on tente de
dissimuler une incompréhension toujours plus apparente. En recourant à
des formules insipides, une personne prétend souvent juger d'une chose
dont, en réalité, elle n'a manifestement pas la moindre notion.

Aujourd'hui, même les êtres dotés d'assez bonnes facultés se réfugient,
impuissants, sur des voies impures, uniquement pour ne pas avouer que
tant de choses dépassent la capacité d'entendement de leur propre intellect

auquel ils ont voulu exclusivement se fier jusqu'ici. Ils ne ressentent pas le ridicule de cette attitude, ils ne voient pas les faiblesses qu'ils ne font ainsi qu'aggraver. Déroutés, aveuglés, ils se trouveront bientôt face à la Vérité, faisant le triste bilan de leur vie manquée, pour reconnaître finalement avec honte qu'il n'y avait que stupidité là où l'on se croyait sage.

Jusqu'où n'en est-on pas arrivé aujourd'hui! *L'homme musclé prime tout.* Un savant sérieux qui, après des années de recherches laborieuses, a trouvé un sérum capable de préserver contre des maladies mortelles et d'aider chaque année des centaines de milliers d'individus petits et grands, un tel savant a-t-il jamais pu célébrer un triomphe pareil à celui d'un boxeur qui, avec une brutalité grossière et purement physique, terrasse son semblable? Pourtant, y a-t-il là l'ombre d'un profit quelconque pour une *âme* humaine? Le bénéfice n'est que terrestre, purement terrestre, c'est-à-dire d'un niveau *inférieur* dans l'ensemble de l'activité de la création; il correspond en tous points au veau d'or qu'est l'activité de l'intellect. C'est, sur l'humanité bornée, le triomphe de ce pseudo-prince d'argile si fortement lié à la Terre.

Et personne ne se rend compte de cette chute vertigineuse vers l'épouvantable abîme!

Celui qui ressent cela intuitivement se réfugie pour le moment encore dans le silence en ayant avec honte conscience d'être ridiculisé s'il en parle. Déjà se manifeste une folle agitation où l'on reconnaît toutefois le germe de l'impuissance. Et, avec le pressentiment de *cette* prise de conscience, tout se cabre encore davantage, rien que par obstination, par orgueil et, en fin de compte, surtout par crainte et horreur de ce qui vient. On ne *veut* à aucun prix penser déjà à la fin de cette immense erreur! On se cramponne convulsivement à l'orgueilleuse construction des millénaires écoulés, construction qui ressemble tout à fait à la tour de Babel et finira aussi comme elle.

Le matérialisme, maître absolu jusqu'alors, porte en lui un pressentiment de mort qui, mois après mois, apparaît plus clairement.

Cependant, en tout lieu et sur la Terre entière, une certaine agitation s'empare de nombreuses âmes humaines. L'éclat de la Vérité n'est plus recouvert que d'une mince pellicule faite de vieilles conceptions erronées que balaie le premier coup de vent de l'épuration, libérant ainsi le noyau dont l'éclat s'unit à celui de tant d'autres pour se déployer en un rayonnant faisceau qui, tel un feu de gratitude, s'élève vers le Royaume de la joie lumineuse, aux pieds du Créateur!

Ce sera l'ère du Royaume de mille ans, royaume si ardemment désiré qui, en une rayonnante promesse, se déploie devant nous en tant que grande étoile d'espérance.

C'est ainsi que se trouve enfin racheté le grand *péché* de toute l'humanité *contre l'esprit*, péché qui l'a retenu enchaîné à la Terre par l'intellect. Cela *seul* constitue alors le véritable chemin du retour à l'ordre naturel, à la Volonté du Créateur qui veut que les œuvres humaines soient grandes et pénétrées de vivantes intuitions. Or, la victoire de l'esprit sera en même temps la victoire du plus pur amour!

ERREMENTS

Dans sa recherche, plus d'un être humain élève le regard vers la Lumière et la Vérité. Son désir est grand mais, très souvent, le vouloir sincère lui fait défaut. Plus de la moitié de tous les chercheurs ne sont pas de vrais chercheurs. Ils apportent leur propre opinion bien arrêtée. S'ils doivent la modifier tant soit peu, ils préfèrent rejeter tout ce qui est nouveau pour eux, même si la Vérité s'y trouve incluse.

De ce fait, des milliers d'entre eux doivent sombrer parce que, enchevêtrés dans leurs convictions erronées, ils ont entravé la liberté de mouvement dont ils ont besoin pour s'élancer vers le haut en vue de leur salut.

Il y en a toujours un certain nombre pour s'imaginer avoir déjà saisi tout ce qui est juste. Ils n'ont pas l'intention de procéder *envers eux-mêmes* à un examen rigoureux à la suite de ce qu'ils ont lu et entendu.

Ce n'est évidemment *pas* pour ceux-là que je parle!

Je ne m'adresse pas non plus aux Églises et aux partis, ni aux ordres, aux sectes et aux sociétés, mais uniquement et en toute simplicité à *l'homme* lui-même. Loin de moi l'idée de renverser quelque chose d'existant, car je construis, je complète les réponses à des questions non résolues jusqu'alors et que chacun porte nécessairement en lui dès qu'il réfléchit tant soit peu.

Une seule condition fondamentale est indispensable à tout lecteur: la recherche sincère de la Vérité. Ce sont *les paroles* qu'il doit examiner et laisser devenir vivantes en son for intérieur, sans se soucier du conférencier. Sinon, il n'en tire aucun profit. Pour tous ceux qui n'aspirent *pas* à cela, tout sacrifice de temps est perdu d'avance.

Il est incroyable de constater avec quelle naïveté la grande majorité des gens s'obstine à ignorer d'où ils viennent, ce qu'ils sont, où ils vont.

Naissance et mort, ces deux pôles inséparables de toute existence terrestre, ne devraient pas représenter un mystère pour l'être humain.

La division règne dans les conceptions visant à expliquer l'essence de la nature humaine. Telle est la conséquence de la maladive folie des grandeurs de ceux qui séjournent sur cette Terre; dans leur présomption, ils se vantent de posséder une essence *divine!*

Considérez les humains! Pouvez-vous vraiment trouver en eux quelque chose de divin? Cette prétention insensée mériterait d'être qualifiée de blasphème étant donné qu'elle représente un rabaissement du Divin.

L'être humain ne porte pas une trace de divin en lui!

Cette conception n'est qu'une présomption maladive qui a uniquement pour cause la conscience d'être dans l'incapacité de comprendre. Où est l'homme qui peut dire honnêtement que pareille croyance est aussi devenue pour lui conviction? Celui qui s'examine sincèrement est obligé de le nier. Il ressent nettement que ce n'est qu'un désir ardent, un souhait de porter en lui quelque chose de divin, mais non une certitude! On parle à juste titre d'une étincelle divine que l'être humain porte en lui. Mais cette *étincelle* de Dieu est *esprit!* Ce n'est pas une fraction de la Divinité.

Le terme étincelle est une désignation tout à fait juste. Une étincelle se développe et jaillit sans emporter ni porter en elle quoi que ce soit de ce qui lui a donné naissance. Il en est de même ici. Une *étincelle* de Dieu n'est pas elle-même divine.

Là où l'on découvre déjà de telles erreurs concernant *l'origine* d'une existence, le devenir tout entier conduit *nécessairement* à l'échec. Si ma construction repose sur un mauvais terrain, l'ensemble de l'édifice sera un jour ébranlé et devra s'écrouler.

C'est en effet l'origine qui assure le *soutien* pour l'existence entière et le devenir de chacun. Or, celui qui – comme c'est la coutume – cherche à saisir ce qui dépasse de loin son origine, tend la main vers ce qui lui est insaisissable et perd ainsi tout appui, selon un processus tout à fait naturel.

Lorsque, par exemple, je saisis la branche d'un arbre qui, de par sa nature terrestre, est de même genre que mon corps physique, cette branche m'offre un appui me permettant par conséquent de me hisser vers le haut.

Mais si j'essaie de saisir quelque chose au-delà de cette branche, je ne peux trouver aucun point d'appui étant donné que l'air est d'une nature différente et ... je ne peux donc m'élever. C'est bien évident!

Il en est exactement de même pour la nature *intérieure* de l'homme, que l'on appelle âme, et son noyau, l'esprit.

Lorsque cet esprit veut bénéficier de l'appui nécessaire que lui offre son origine – appui dont il a besoin – il ne doit pas, bien entendu, chercher à saisir ce qui est divin. Ce serait contraire à la nature car le Divin se trouve bien trop loin au-dessus de lui et est d'une tout autre essence.

Pourtant, dans sa présomption, l'esprit humain cherche à se lier avec cette sphère qu'il ne peut jamais atteindre, et il interrompt ainsi un processus naturel. Tel un *barrage*, son désir erroné fait obstruction à l'apport de force qui vient de son origine et qui lui est indispensable. C'est lui-même qui s'en sépare.

C'est pourquoi, débarrassez-vous de telles erreurs! Ce n'est qu'alors que l'esprit humain peut déployer toute sa force que, du fait de sa négligence, il méconnaît encore aujourd'hui, et il devient ce qu'il peut et doit être: *le maître dans la création*. Mais, bien entendu, uniquement dans la création et non pas *au-dessus* d'elle.

Seul ce qui est *divin* est au-dessus de toute création.

Dieu Lui-même, Origine de tout ce qui existe et de toute vie est, comme l'exprime déjà le mot, divin. L'être humain fut créé par *Son Esprit!*

L'Esprit est la *Volonté* de Dieu. Et c'est de cette *Volonté* qu'est issue la *première* création. Tenons-nous en à ce simple fait qui donne la possibilité d'une meilleure compréhension.

Que l'homme se représente simplement, à titre de comparaison, sa propre volonté. Elle constitue un acte mais n'est pas une partie de l'être humain, sinon il devrait avec le temps se dissoudre dans ses nombreux actes de volonté. Il ne resterait absolument rien de lui.

Il n'en va pas différemment de Dieu. Sa Volonté créa le Paradis. Or, Sa Volonté, c'est l'Esprit que l'on nomme le «Saint-Esprit». Le Paradis, à son tour, ne fut que *l'œuvre* de l'Esprit et non pas une partie de l'Esprit Lui-même. Il y a là une gradation vers le *bas*. Le Saint-Esprit créateur, donc la Volonté vivante de Dieu, ne fut pas absorbé dans Sa création. Il n'y abandonna pas non plus une fraction de Lui-même mais demeura totalement *en dehors* de la création. La Bible exprime déjà cela de façon tout à fait claire et précise par les mots: «L'Esprit de Dieu planait *au-dessus* des eaux», et non pas Dieu en Personne! En définitive, il y a là une différence. L'être humain ne porte donc pas non plus en lui quoi que ce soit du Saint-Esprit Lui-même; au contraire, il n'est porteur que de *l'esprit* qui est une œuvre, un acte du Saint-Esprit.

Au lieu de s'en tenir à ces faits, on veut à tout prix déjà créer ici une lacune. Considérez seulement l'opinion courante concernant la *première* création, le Paradis: il devait absolument se trouver sur cette Terre! Ainsi, le petit intellect humain fit entrer dans son propre horizon étroitement limité à l'espace et au temps l'événement qui a nécessité des millions d'années et il s'imagina être le centre et l'axe de tout événement cosmique. Le résultat fut qu'il perdit ainsi tout simplement le chemin menant vers le véritable point de départ de la Vie.

A la place de cette voie claire qu'il ne pouvait plus embrasser du regard, il a fallu que l'être humain trouve un substitut dans ses conceptions religieuses s'il ne voulait pas se désigner lui-même comme l'auteur de tout ce qui existe et de toute vie, c'est-à-dire *comme Dieu*. C'est le terme «foi» qui, jusqu'à présent, lui a fourni ce substitut. Et c'est de ce mot «foi» dont souffre depuis lors l'humanité entière! Bien plus, ce mot incompris, qui était censé remplacer tout ce qui avait été perdu, devint pour elle l'écueil qui provoqua le naufrage total.

Il n'y a que le *paresseux* pour se contenter de la foi. C'est aussi la foi qui peut donner prise aux *railleurs*. Et le mot «foi», *faussement* interprété, est la barrière qui se met aujourd'hui en travers du chemin de l'humanité, empêchant sa progression.

La foi ne doit pas être le manteau qui recouvre généreusement toute paresse de penser et, telle la maladie du sommeil, s'appesantit sur l'esprit de l'homme et l'engourdit agréablement. La foi doit en réalité devenir *conviction*. Or, la conviction exige la vie et un examen des plus rigoureux!

Là où subsiste une *seule* lacune, une *seule* énigme non résolue, la conviction devient impossible. Par conséquent, aucun être humain ne peut avoir de foi véritable tant qu'une question reste pour lui sans réponse.

L'expression «foi aveugle» permet déjà de reconnaître ce qui est malsain.

C'est *vivante* que doit être la foi, comme le Christ l'a déjà exigé jadis, sinon elle n'a aucune raison d'être. Or, être vivant signifie être actif personnellement, tout peser et aussi tout examiner. Ce n'est pas accepter de façon obtuse des pensées étrangères. Croire aveuglément signifie pourtant clairement ne pas comprendre. Ce que l'être humain ne comprend pas ne peut cependant pas non plus lui apporter un profit spirituel car, en raison de ce manque de compréhension, cela ne peut devenir vivant en lui.

Toutefois, ce qu'il ne vit pas pleinement en son for intérieur ne lui appartient jamais en propre, et seul ce qui lui appartient l'aide à s'élever.

Finalement aussi, personne ne peut suivre un chemin et aller de l'avant si ce chemin est coupé de crevasses béantes. Sur le plan spirituel, l'homme doit s'arrêter là où il ne peut avancer parce qu'il ne sait pas. Ce fait est irréfutable et bien facile à comprendre, assurément. Que celui qui veut progresser spirituellement s'éveille donc!

En dormant, il ne pourra jamais suivre la voie qui le mène à la Lumière de la Vérité. Il ne le peut davantage avec un bandeau ou un voile devant les yeux.

Le Créateur veut que, dans la création, les hommes qu'Il a créés «voient»! Mais voir veut dire savoir. Et le savoir ne s'accommode pas de la foi aveugle. Cette dernière ne renferme qu'indolence et paresse de penser, mais nulle grandeur.

Le privilège de disposer de la faculté de penser entraîne aussi pour l'homme le devoir *d'examiner*.

Pour échapper à tout cela, on a par commodité tout simplement rabaissé le grand Créateur au point de Lui attribuer des actes arbitraires comme autant de preuves de Sa Toute-puissance.

Celui qui veut tant soit peu réfléchir ne peut, là encore, que découvrir une grave erreur. Un acte arbitraire entraîne la possibilité de dévier des lois naturelles existantes. Or, là où cela est possible, il n'y a pas de perfection, car là où il y a perfection, il ne peut y avoir de changement. C'est ainsi qu'une grande partie de l'humanité présente à tort la Toute-puissance de Dieu sous un jour tel que celui qui pense plus profondément ne pourrait que la considérer comme une preuve d'imperfection. Et c'est en cela que se trouve la racine de bien des maux.

Faites à Dieu l'honneur de la Perfection! Vous y trouverez alors la clé des énigmes non résolues de tout ce qui existe.

Amener là les chercheurs sincères, voilà ce à quoi j'aspire! Un soupir de soulagement doit parcourir les rangs de tous les chercheurs de Vérité. Ils reconnaîtront finalement avec joie qu'il n'y a aucun mystère, aucune lacune dans l'ordre cosmique tout entier. Et alors ... ils verront clairement devant eux la voie de l'ascension. Il leur suffit de la suivre.

La mystique n'a aucune raison d'être dans la création entière. Là, il n'y a pas de place pour elle car tout doit se présenter clairement et sans lacunes devant l'esprit humain, et cela en remontant jusqu'à son origine. Seul ce qui est situé *au-dessus* de celle-ci devra, pour chaque esprit humain, rester un mystère des plus sacrés. Voilà pourquoi il ne pourra jamais saisir non plus ce qui est divin, même avec le meilleur vouloir et le plus grand savoir. Cependant, dans cette incapacité de l'homme à comprendre tout ce qui est divin réside le fait *le plus naturel* que l'on puisse imaginer car, comme on le sait, rien ne peut s'élever au-dessus de sa composition d'origine, y compris l'esprit humain. Une composition d'un autre genre constitue toujours une frontière. Et ce qui est divin est d'une tout autre essence que le spirituel d'où est issu l'être humain.*

L'animal, par exemple, même si son âme a atteint son plus haut degré d'évolution, ne peut jamais devenir un être humain. A partir de sa nature d'origine essentielle** ne peut en aucun cas s'épanouir le genre spirituel qui engendre l'esprit humain. Dans la composition de tout ce qui est essentiel, le genre fondamental de l'esprit fait défaut. Or, issu de la partie nommée «création spirituelle», l'être humain ne peut à son tour jamais devenir divin étant donné que le spirituel ne possède pas le genre du divin. Certes, l'esprit humain peut se développer jusqu'à parvenir à son plus haut degré de perfection; malgré tout, il devra toujours conserver sa nature *spirituelle*. Il ne peut aller au-delà de son propre genre pour accéder au Divin. Ici encore, la différence de constitution forme naturellement la limite à jamais infranchissable vers le haut. La matière ne joue à cet égard aucun rôle puisqu'elle ne porte pas en elle de vie propre; elle sert d'enveloppe animée et formée par le spirituel et l'essentiel.

L'immense domaine de l'esprit pénètre toute la création. C'est pourquoi l'homme a la possibilité, le devoir et l'obligation de la comprendre entièrement et de la connaître. Et, grâce à son savoir, il y règnera. Mais, saisi correctement, régner – même avec la plus grande rigueur – ne signifie rien d'autre que servir!

Nulle part dans toute la création – et ceci jusque sur le plan spirituel le plus élevé – il n'existe de dérogation à l'ordre naturel. Ce fait à lui seul rend les choses bien plus familières à chacun. L'appréhension malsaine et secrète, le désir de se dérober devant tant de choses encore inconnues pour l'instant s'écroulent ici d'eux-mêmes. Avec le *naturel*, un courant d'air frais traverse

---

* Des explications encore plus détaillées seront données sur ce sujet dans des conférences ultérieures.

** «Essentiel» (du latin esse = être) c'est-à-dire: possédant une «essence», un «être».

le milieu étouffant des sombres spéculations intellectuelles de ceux qui aiment à faire parler d'eux. Leurs créations fantasques et maladives, terreur des faibles, risée des forts, produisent un effet ridicule et d'une stupidité puérile sur ceux dont le regard s'éclaire pour finalement embrasser avec joie le merveilleux naturel de tous les événements dont le cours suit toujours des lignes simples et droites, qui sont faciles à reconnaître.

Tout cela se déroule de façon uniforme dans la régularité et l'ordre les plus stricts. C'est là ce qui permet à tout chercheur d'obtenir plus facilement la vaste et libre vue d'ensemble jusqu'à son véritable point de départ.

Point n'est besoin pour cela de recherches pénibles ni d'imagination. Le principal est de se tenir éloigné de tous ceux qui, s'entourant d'un fatras de prétendus mystères, veulent faire paraître plus grand un bien médiocre savoir fragmentaire.

Tout se présente devant les hommes avec une *telle* simplicité que c'est précisément cette simplicité même qui les empêche souvent de parvenir à la connaissance, parce qu'ils supposent dès l'abord que la grande œuvre de la création devrait être tellement plus difficile, plus embrouillée.

C'est là une pierre d'achoppement pour des milliers d'êtres animés du meilleur vouloir: en cherchant, ils lèvent bien haut les yeux et ne se doutent pas qu'il leur suffit de regarder simplement et sans effort *devant* eux et autour d'eux. Ce faisant, ils verront qu'ils sont sur le bon chemin, déjà par leur existence terrestre, et qu'il leur suffit d'aller tranquillement de l'avant, sans hâte et sans effort, mais les yeux *ouverts*, libres de toute étroitesse de vue. Il faut que l'être humain apprenne enfin que la vraie grandeur réside uniquement dans l'événement le plus simple et le plus naturel, que la grandeur implique cette simplicité.

Ainsi en est-il dans la création comme en l'homme lui-même qui appartient à la création dont il est une partie.

Seule peut lui procurer la clarté une façon de penser et de ressentir les choses avec *simplicité*, avec cette simplicité que possèdent encore les enfants! Une calme réflexion lui fera reconnaître que, dans la faculté de concevoir, simplicité est synonyme de clarté et aussi de naturel. On ne saurait nullement envisager l'un sans l'autre. C'est un triple accord exprimant une notion *unique*. Celui qui en fait la pierre de base de ses recherches ne tardera pas à percer le brouillard de la confusion. Tout ce qui est échafaudé artificiellement s'effondre alors dans le néant.

149

L'être humain reconnaît que l'ordre naturel ne saurait être écarté nulle part, qu'il n'est interrompu en aucun lieu. C'est là aussi que se manifeste la Grandeur de *Dieu*, l'invariable mobilité de la Volonté créatrice auto-active! Car les lois naturelles sont les Lois d'airain de Dieu; continuellement visibles aux yeux de tous, leur parlant avec insistance, témoignant de la Grandeur du Créateur, elles sont d'une régularité inébranlable, et ceci sans aucune exception. Absolument aucune! Car du grain d'avoine ne peut naître que de l'avoine, de même que du grain de froment seulement du froment, et ainsi de suite.

Il en va de même dans la création première qui, étant l'œuvre propre du Créateur, est la plus proche de Sa Perfection. Les Lois fondamentales y sont ancrées de façon telle que, sous l'impulsion de la Volonté vivante, et par un processus des plus naturels, elles ont dû entraîner la naissance de la création ultérieure pour aboutir finalement plus bas aux corps cosmiques, le tout devenant plus dense à mesure que la création, au cours de son processus de développement, s'éloigne de la perfection de l'origine.

Considérons tout d'abord la création.

Représentez-vous que toute vie n'y apparaît que sous deux espèces, quel que soit le plan où elle se trouve. L'une est constituée par ce qui est conscient de soi, l'autre par ce qui est inconscient de soi. Tenir compte de ces deux caractéristiques différentes est de la plus haute importance. Cela est en relation avec «l'origine de l'homme». En outre, ces différences sont un stimulant pour l'évolution progressive, pour ce qui apparaît comme un combat. L'inconscient est le support de tout ce qui est conscient; dans sa composition cependant, il est d'une nature tout à fait identique. Devenir conscient est un progrès et une évolution pour l'inconscient qui, associé au conscient, reçoit sans cesse l'impulsion nécessaire pour devenir conscient lui aussi.

En se développant vers le bas, la première création a elle-même apporté successivement trois grandes divisions fondamentales: la première et la plus élevée est le *spirituel* – ou création originelle – suivi de l'essentialité qui devient plus dense et donc plus pesante. Puis vient en dernier le grand domaine de la matière: c'est le plus bas, le plus lourd; en raison de son extrême densité, il est descendu peu à peu en se détachant de la création primordiale. C'est ainsi qu'il ne resta finalement que le spirituel primordial qui, étant le plus élevé, représente dans son genre pur ce qu'il y a de plus léger et de plus lumineux. C'est le Paradis si souvent mentionné, la couronne de toute création.

Avec la descente de ce qui se fait plus dense, nous abordons déjà la loi de la pesanteur qui est ancrée non seulement dans la matière, mais agit aussi dans la création entière à partir de ce qu'il est convenu d'appeler le Paradis, pour descendre jusqu'à nous.

La loi de la pesanteur est d'une importance tellement décisive que chacun devrait la graver dans sa mémoire; elle constitue en effet le levier principal dans l'ensemble du devenir et dans le processus d'évolution de l'esprit humain.

J'ai déjà dit que cette pesanteur ne vaut pas seulement pour ce qui est de nature terrestre mais qu'elle agit aussi uniformément dans ces parties de la création que les hommes de la Terre ne peuvent plus voir et que, pour cette raison, ils appellent simplement l'au-delà.

Pour mieux me faire comprendre, il me faut encore diviser le *monde de la matière* en deux parties: la *matière subtile* et la *matière dense*. La matière subtile est la matière qui ne peut devenir visible à l'œil terrestre par suite de sa nature différente. Et pourtant, c'est encore de la matière.

Il ne faut pas confondre ce que l'on nomme «l'au-delà» avec le Paradis si ardemment désiré, qui est de nature purement spirituelle. Le spirituel ne doit nullement être confondu avec le «mental», car le spirituel est un *genre*, tout comme l'essentiel et le matériel sont des genres. On appelle donc simplement cette matière subtile «l'au-delà» parce qu'elle est au-delà de la capacité de vision terrestre. La matière dense, par contre, est l'en-deçà, c'est-à-dire tout ce qui est terrestre et qui, par sa similitude de genre, devient visible à nos yeux de matière dense.

L'être humain devrait perdre l'habitude de considérer ce qui lui est invisible comme étant également incompréhensible et opposé à la nature. *Tout* est naturel, même ce qu'on appelle l'au-delà ainsi que le Paradis qui en est encore fort éloigné.

Or, de même qu'ici notre corps physique est sensible à son entourage de nature *identique* – entourage qu'il peut par conséquent voir, entendre et sentir – de même en est-il dans les parties de la création dont le genre ne ressemble pas au nôtre. Dans ce que l'on nomme l'au-delà, l'être humain de matière subtile ressent, entend et voit exclusivement son entourage de *matière subtile* qui est de même nature que lui. L'homme spirituellement plus élevé ne peut à son tour ressentir que son entourage de nature *spirituelle*.

C'est ainsi qu'il arrive que plus d'un habitant de la Terre puisse déjà, par l'entremise de son corps de matière subtile qu'il porte bien sûr en lui, voir et entendre de temps à autre les plans de la matière subtile, et ce, avant que son décès n'ait amené la séparation de son corps de matière dense. Il n'y a là absolument rien qui soit contre nature.

A côté de la loi de la pesanteur – et non moins importante qu'elle – entre aussi en jeu la loi des affinités.

J'y ai déjà fait allusion en indiquant qu'un genre ne peut toujours reconnaître que le genre qui lui est identique. Les proverbes: «Qui se ressemble s'assemble» et «Dis-moi qui tu hantes et je te dirai qui tu es» paraissent être inspirés par la loi primordiale. Parallèlement à la loi de la pesanteur, les vibrations de la loi des affinités sont à l'œuvre dans la création entière.

Une troisième loi primordiale repose dans la création à côté de celles qui ont déjà été citées: la loi de la réciprocité des effets. Cette loi veut que l'homme doive récolter ce qu'un jour il sema, et cela inéluctablement. Il ne peut récolter du froment s'il sème du seigle, ni du trèfle là où il sème des chardons. Il en va exactement de même dans le monde de matière subtile. Finalement, il ne pourra récolter la bonté s'il a éprouvé la haine, ni la joie là où il a nourri en lui l'envie.

Ces trois lois de base constituent les pierres fondamentales de la Volonté divine. Ce sont elles, et elles seules qui, selon une inflexible justice, entraînent auto-activement la récompense ou le châtiment pour l'esprit humain, et cela de façon tellement incorruptible dans ses nuances les plus merveilleusement subtiles que, dans les gigantesques événements cosmiques, penser à une injustice, si minime soit-elle, devient impossible.

L'effet de ces simples lois conduit chaque esprit humain exactement à l'endroit auquel il appartient de par son attitude intérieure. Une erreur est impossible ici parce que les répercussions de ces lois ne peuvent être déclenchées que par l'état dans lequel se trouve l'être humain *au plus profond* de lui-même, mais elles se déclenchent obligatoirement dans tous les cas. Les répercussions ont donc besoin, en tant que leviers de commande pour leur activité, de la force spirituelle des *intuitions*, force qui se trouve *en* l'homme. Tout le reste demeure sans effet en ce domaine. De ce fait, seul le véritable *vouloir – l'intuition* de l'homme – est déterminant pour ce qui se prépare pour lui dans le monde qui lui est invisible et dans lequel il doit pénétrer après sa mort physique.

Aucun subterfuge, aucune illusion sur soi-même ne saurait ici lui venir en aide. Il lui faut alors absolument récolter ce que, par son *vouloir*, il a semé! En proportion exacte de sa puissance ou de sa faiblesse, son vouloir va même jusqu'à déclencher plus ou moins le mouvement des courants similaires des autres mondes, peu importe qu'il s'agisse de haine, d'envie ou d'amour. C'est là un processus tout à fait naturel, il est de la plus grande simplicité et produit pourtant les effets inexorables d'une Justice d'airain.

Quiconque tente sérieusement de se représenter ce qui se déroule dans l'au-delà reconnaîtra quelle incorruptible justice repose dans cet effet auto-actif où il voit déjà l'inconcevable Grandeur de Dieu. Après avoir déposé dans la création Sa Volonté sous forme de Lois, donc de façon parfaite, Dieu n'a pas besoin d'intervenir.

Celui qui, dans son ascension, retourne dans le royaume de l'esprit, se trouve purifié, car auparavant il lui a fallu passer par les meules auto-actives de la Volonté divine. Il n'est pas d'autre chemin qui conduise dans la proximité de Dieu. Et la *façon* dont ces meules agissent sur l'esprit humain dépend de sa vie intérieure passée, de son propre *vouloir*. Bienfaisantes, elles peuvent le porter vers les hauteurs lumineuses ou, au contraire, elles peuvent aussi le tirer douloureusement vers le bas, au plus profond de l'horreur, et même l'entraîner jusqu'à l'anéantissement total.

Que l'on songe qu'au moment de la naissance terrestre l'esprit humain devenu mûr pour une incarnation porte déjà une enveloppe – un corps – de matière subtile dont il a eu besoin pour progresser à travers cette dernière; il conserve aussi cette enveloppe pendant son séjour sur Terre comme élément de liaison avec le corps physique. Or, la loi de la pesanteur produit toujours son effet principal sur la partie la plus dense et la plus lourde, donc, au cours de l'existence terrestre, sur le corps physique. Mais lorsque ce dernier reste en arrière en mourant, le corps de matière subtile redevient libre. Devenu désormais la partie la plus lourde, il est à ce moment-là soumis sans protection à cette loi de la pesanteur.

Lorsqu'il est dit que l'esprit forme son corps, cela est vrai en ce qui concerne le corps de matière subtile. L'état intérieur de l'homme, ses désirs et son vouloir proprement dit en forment la base.

Le vouloir possède la force de former la matière subtile. En raison d'un penchant pour ce qui est de nature inférieure ou pour des satisfactions purement terrestres, le corps de matière subtile se densifie et devient donc lourd et sombre parce que la réalisation de semblables désirs se situe sur le plan de la matière dense. L'homme se lie ainsi lui-même à ce qui est dense et terrestre. Ses désirs entraînent avec eux le corps de matière subtile, ce qui revient à dire que celui-ci acquiert une densité telle que sa nature se rapproche le plus possible de celle du corps physique. Ce n'est qu'ainsi qu'il entrevoit la possibilité de participer à des plaisirs et à des passions terrestres dès que son corps physique de matière dense s'est détaché. Quiconque aspire à ces choses doit sombrer, conformément à la loi de la pesanteur.

Mais il en va tout autrement des humains qui dirigent principalement leurs pensées vers ce qui est plus élevé et plus noble. Dans ce cas, le vouloir rend auto-activement le corps de matière subtile plus léger – et donc aussi plus lumineux – afin qu'il puisse se rapprocher de ce qui constitue pour ces êtres le but de leurs sincères aspirations, c'est-à-dire la pureté des cimes lumineuses.

En d'autres termes: suivant le but que se propose l'esprit humain, le corps de matière subtile dans l'homme terrestre est en même temps conditionné de sorte qu'il puisse, après la mort du corps terrestre, tendre vers ce but, qu'elle qu'en soit la nature. Dans ce cas, c'est véritablement l'esprit qui forme le corps car, étant de nature spirituelle, son vouloir possède aussi en lui la force d'utiliser à son profit ce qui est de matière subtile. Il ne peut en aucun cas se soustraire à ce processus naturel qui se déclenche avec chaque acte de volonté, peu importe qu'il s'en trouve bien ou mal. Et ces formes lui restent attachées aussi longtemps qu'il les nourrit de son vouloir et de ses intuitions. Elles le font progresser ou le retiennent, selon leur nature qui est soumise à la loi de la pesanteur.

Toutefois, lorsque l'esprit modifie son vouloir et ses sentiments, il en résulte immédiatement de nouvelles formes, tandis que les anciennes – n'étant plus alimentées par suite du changement imprimé au vouloir – doivent dépérir et disparaître. C'est ainsi que l'être humain modifie aussi son destin.

Or, dès l'instant où le décès du corps physique rompt les amarres terrestres, le corps de matière subtile ainsi libéré sombre, ou bien, tel un bouchon, s'élève dans les plans de la matière subtile que l'on nomme l'au-delà. Selon la loi de la pesanteur, il se stabilise exactement à l'endroit qui possède la même densité que lui car il ne peut alors poursuivre son chemin ni vers le haut ni vers le bas. C'est là que, selon l'ordre naturel, il rencontre aussi tout ce qui appartient à son genre ou tous ceux qui sont en affinité avec lui, car un genre identique implique une densité identique et, évidemment, une même densité implique le même genre. Selon ce qu'il fut lui-même, c'est parmi ceux qui sont en affinité avec lui qu'il devra souffrir ou qu'il pourra se réjouir jusqu'à ce qu'il se transforme de nouveau intérieurement et, avec lui, son corps de matière subtile qui, en raison de la modification de son poids, doit le conduire plus loin, vers le haut ou vers le bas.

De ce fait, l'homme n'a pas à se plaindre, il n'a pas non plus besoin de remercier car, s'il est élevé vers la Lumière, c'est sa propre constitution qui entraîne nécessairement cette élévation, et s'il est précipité dans les ténèbres, c'est à nouveau son état qui le lui impose.

Toutefois, chaque être humain a tout lieu de rendre gloire au Créateur pour la Perfection qui repose dans l'activité de ces trois lois. L'esprit humain devient par là, et sans réserve, le maître absolu de son propre destin puisque son vouloir réel, c'est-à-dire son véritable état intérieur, doit l'élever ou le faire sombrer.

Si vous essayez de vous représenter exactement les effets de ces lois, effets considérés isolément ou s'interpénétrant, vous découvrez alors qu'y reposent, mesurés pour chacun avec une extrême précision, récompense et châtiment, grâce ou damnation, selon ce qu'il est lui-même. Rien de plus simple que cet événement qui montre que tout vouloir sincère de la part de l'être humain constitue la corde de sauvetage qui jamais ne peut se rompre ni jamais faire défaut. La grandeur d'une telle simplicité contraint celui qui la reconnaît à se prosterner devant la Puissance et la Magnificence du Créateur!

En chaque événement et dans toutes mes explications, nous retrouvons sans cesse clairement et distinctement les effets de ces lois simples, et il me faut encore décrire tout spécialement le merveilleux enchaînement de leurs activités.

Lorsque l'être humain connaît ces activités qui s'interpénètrent, il possède ainsi l'échelle conduisant au lumineux royaume de l'esprit, au Paradis. Mais alors il entrevoit également le chemin qui descend vers les ténèbres!

Il n'a même pas besoin de faire lui-même un pas: c'est l'auto-activité du mécanisme qui le porte vers les hauteurs ou le rejette dans les profondeurs. Tout dépend de la façon dont il règle pour lui-même ce mécanisme par sa vie *intérieure*.

C'est à sa *propre* décision qu'est toujours laissé le choix du chemin sur lequel il veut avancer.

Ce faisant, l'homme ne doit pas se laisser troubler par les railleurs.

A tout bien considérer, le doute et la moquerie ne sont rien d'autre que des désirs avoués. Chaque sceptique énonce tout à fait inconsciemment ce qu'il souhaite pour lui-même, exposant ainsi son for intérieur aux regards scrutateurs car, dans la négation et dans la défensive également, on retrouve – aisément reconnaissables – des désirs profondément cachés. Il est triste, voire révoltant, de constater quelle négligence, quelle pauvreté se manifeste bien souvent ainsi parce que, en agissant de la sorte, il n'est pas rare que l'homme se ravale intérieurement au-dessous du niveau de tout animal ignorant. Il faudrait avoir pitié de ces gens sans toutefois faire preuve d'indulgence, car être indulgent signifierait cultiver la paresse qui empêche tout examen sérieux. Celui qui cherche sincèrement doit devenir avare de son indulgence, sinon il se porte finalement préjudice à lui-même sans pour autant secourir autrui.

Mais à mesure qu'il avancera vers la connaissance, il se trouvera transporté d'allégresse devant le miracle d'une telle création pour se laisser porter consciemment vers les hauteurs lumineuses qu'il est en droit de nommer sa Patrie!

LA PAROLE HUMAINE

A vous, les humains, le Créateur accorda comme grâce insigne la faculté de former des mots en vue de votre maturation sur les plans de la matière dense. Vous n'avez jamais reconnu la vraie valeur de ce don éminent parce que vous ne vous en êtes pas donné la peine et que vous en avez usé à la légère. Il vous faut à présent souffrir amèrement de toutes les conséquences de votre façon d'agir erronée.

Vous vivez dans cette souffrance, mais vous ne connaissez pas encore les *causes* qui entraînent à leur suite pareils maux.

Nul n'a le droit de jouer avec les dons du Tout-Puissant sans se porter préjudice; ainsi le veut la loi qui repose dans la création, loi qui y est à l'œuvre et dont on ne peut jamais abuser.

Et lorsque vous considérez que votre faculté de parler – c'est-à-dire de former des mots qui, par la parole, ancrent votre vouloir dans la matière dense – est un don tout particulièrement éminent de votre Créateur, vous savez également qu'il en découle pour vous des obligations et qu'il en résulte une énorme responsabilité, car c'est avec et par le langage que vous devez œuvrer dans la création.

Les mots que vous formez, les phrases, façonnent les circonstances extérieures de votre vie sur cette Terre. Ils sont comme des semailles dans un jardin que vous cultivez autour de vous, car chaque parole humaine fait partie de ce qu'il y a de plus vivant parmi ce que vous pouvez tisser *pour vous-mêmes* dans cette création.

Voici ce que je soumets aujourd'hui à votre réflexion à titre d'avertissement: chaque mot possède un pouvoir de déclenchement parce que tous les mots sont fermement ancrés dans les lois primordiales de la création.

Chaque mot que l'homme a formé est né sous la pression de lois plus hautes; en prenant forme, il doit se manifester d'une façon bien déterminée selon l'emploi qu'on en fait.

L'emploi repose entre les mains de l'être humain selon son libre vouloir;

il ne peut cependant en maîtriser l'effet qui, conformément à la Sainte Loi, est conduit de façon rigoureuse et juste par une puissance jusqu'alors inconnue de lui.

C'est pourquoi à présent, lors du règlement final des comptes, le malheur s'abat sur tout être humain qui a mésusé des mystérieux effets de la parole.

Mais où est donc *celui* qui *n'a pas* encore péché en ce domaine? Tout le genre humain de la Terre s'est profondément enlisé dans cette faute depuis des millénaires. Que de malheurs ne furent-ils pas déjà répandus sur cette Terre par l'utilisation erronée de cette grâce qu'est la faculté de parler!

C'est du poison que tous les humains ont semé par leurs funestes et frivoles bavardages. La semence a levé comme elle le devait, elle a fleuri abondamment et porte à présent les fruits qu'il vous faut récolter, que vous le vouliez ou non; car tout cela est la conséquence de *vos* actes qui retombent à présent sur vous.

Que ce poison doive *obligatoirement* porter les fruits les plus répugnants ne surprendra quiconque connaît les lois en vigueur dans la création, lois qui ne se règlent pas sur les opinions humaines, mais suivent au contraire imperturbablement leurs voies larges, sans interruption, sans déviation, depuis le commencement même, immuablement et de toute éternité.

Hommes, regardez autour de vous avec lucidité et sans préjugés: il vous *faut* reconnaître sans peine les Lois divines auto-actives issues de la très Sainte Volonté, étant donné que vous avez sous les yeux les fruits de vos semailles. Où que vous regardiez, c'est aujourd'hui la grandiloquence qui est en tête et qui mène tout. Cette semence devait *nécessairement* amener très vite semblable floraison afin que, en mûrissant, elle révèle sa véritable substance, ce qui la conduit à s'effondrer comme étant inutilisable.

Il *fallait* que cette semence mûrisse sous la pression accrue de la Lumière et, comme dans une serre, elle doit monter en graine afin que, perdant tout support en raison de son inanité, elle s'effondre, ensevelissant tout ce qui lui a fait étourdiment confiance ou en a espéré des avantages égoïstes, s'imaginant en sécurité sous sa protection.

Le temps de la moisson est déjà là! Ainsi toutes les conséquences des paroles erronées vont-elles désormais retomber sur l'individu comme sur les masses qui ont encouragé de tels propos.

La maturité nécessaire à la moisson implique donc *tout naturellement* – et ceci montre la rigoureuse logique inhérente aux achèvements des Lois divines – que ce sont à présent les plus grands bavards qui doivent obtenir en fin de compte la plus forte influence et les plus grands pouvoirs. C'est là l'apogée et le fruit de ce mauvais usage constant de la parole dont l'humanité insensée n'était plus capable de déceler la mystérieuse activité parce que, depuis longtemps déjà, elle s'était fermée à cette connaissance.

Elle n'a pas écouté la voix du Fils de Dieu Jésus qui, jadis déjà, l'avait avertie en disant:

«Que votre langage soit oui ou non, car tout ce que vous ajoutez vient du malin!»

Ces paroles recèlent davantage que vous ne le pensiez: elles renferment pour l'humanité édification ou décadence.

Par votre penchant à une vaine prolixité, vous avez choisi la *décadence* qui vous a déjà atteints. Finalement, avant l'effondrement général dans le Jugement, et afin de vous faciliter la connaissance salvatrice, cette décadence vous montre aussi très clairement tous les fruits que vous avez vous-mêmes produits par votre utilisation erronée de la parole.

La violence des répercussions porte à présent au pinacle ceux qui sont passés maîtres dans vos propres péchés de façon telle que vous courez le risque d'être écrasés par eux afin que, en en prenant conscience, vous puissiez enfin vous en libérer ou en périr.

Voilà où résident à la fois la Justice et le secours tels que seule la Volonté de Dieu dans Sa Perfection peut vous les offrir.

Regardez donc autour de vous! Il vous *faut* les reconnaître pour peu que vous le vouliez. Quant à ceux qui hésitent encore, le voile qu'ils tiennent eux-mêmes devant leurs yeux leur sera de surcroît violemment arraché par les fruits de leur vouloir, et ceci dans de plus grandes souffrances que jusqu'alors, afin que cette Terre soit débarrassée du poids de votre lourde faute.

L'humanité entière y a participé, et pas seulement des individus isolés. Telle est la floraison de tous les actes erronés des siècles écoulés; aujourd'hui, en vue du Jugement, elle devait mûrir afin de produire ces derniers fruits avant de disparaître avec cette maturité.

Le bavardage frivole dénué de sens et de réflexion, toujours faux en tout cas et vibrant à l'encontre des lois primordiales de la création, devait s'accentuer jusqu'à devenir la maladie *généralisée* par laquelle il se manifeste aujourd'hui, et il lui faut à présent, tout frissonnant de fièvre, jeter aussi ses fruits comme lors d'une tempête… ils retombent sur l'humanité!

Il ne faut donc plaindre aucun des peuples qui maintenant ne peuvent que se lamenter et doivent en souffrir: ce sont en effet les fruits de leur *propre* vouloir qu'il leur faut consommer, même s'ils ont un goût de pourriture et d'amertume et causent la perte de beaucoup, et ceci parce que d'une semence empoisonnée, on ne peut récolter que du poison. J'ai déjà dit que si vous semez du chardon, il ne peut en lever du froment.

C'est ainsi que jamais rien de constuctif ne saurait non plus résulter de discours incendiaires, de railleries et de préjudices causés à votre prochain; en effet, chaque genre, chaque espèce ne peut engendrer que son *semblable* et ne peut aussi attirer qu'un genre en affinité avec le sien. *Jamais* vous ne devez oublier cette loi de la création! Elle se manifeste *auto-activement* et aucun vouloir humain ne pourra jamais s'y opposer. Jamais, l'entendez-vous! Pénétrez-vous en bien afin de toujours en tenir compte dans vos pensées, vos paroles et vos actes, car c'est de cela que tout découle et que résulte votre destin. N'espérez donc jamais autre chose qu'un fruit dont la nature correspond invariablement à la semence!

Ce n'est pas si difficile après tout. Cependant, c'est précisément en ce domaine que vous péchez sans cesse. L'insulte ne peut engendrer à son tour que l'insulte, la haine que la haine, et le meurtre que le meurtre. Inversement, la noblesse, la paix, la lumière et la joie ne peuvent naître que d'une *noble* façon de penser, jamais autrement.

La délivrance et la rédemption ne résultent pas des vociférations des individus et des masses. Un peuple qui se laisse guider par des bavards acquerra obligatoirement, et à juste titre, une mauvaise réputation, il sombrera dans la détresse et la mort, dans la désolation et la misère et sera précipité de force dans la boue.

Et si bien souvent jusqu'à présent, le fruit et la récolte ne sont pas apparus au cours d'une *seule* existence terrestre, mais seulement dans des vies ultérieures, il en va désormais autrement, car l'accomplissement de la Sainte Volonté de Dieu provoque le déclenchement *immédiat* de tout événement sur Terre et, par là aussi, le dénouement de toutes les destinées des individus et des peuples. Règlement final des comptes!

C'est pourquoi, surveillez vos paroles! Veillez soigneusement à votre langage, car la parole humaine elle aussi est action, une action qui, il est vrai, ne peut créer des formes que sur le plan de la matière dense de faible densité; en produisant leurs effets, ces formes interpénètrent tout ce qui est terrestre.

Ne vous imaginez pas, cependant, que des promesses se réalisent ici à la lettre et deviennent ainsi effectives si celui qui les exprime ne nourrit pas en même temps en son âme les intentions *les plus pures;* au contraire, les paroles forment toujours exactement ce qui vibre simultanément avec elles *au plus profond de celui qui parle.* C'est ainsi que le même mot peut produire deux effets différents, et malheur là où il n'était pas vrai et ne vibrait pas en toute pureté!

J'écarte le voile qui recouvrait jusqu'alors votre ignorance en ce domaine afin qu'à présent vous puissiez en vivre les suites fâcheuses de façon consciente et en tiriez profit pour l'avenir.

Voici ce que je vous donne encore pour vous venir en aide:

Prenez garde à vos paroles! Que votre langage soit simple et vrai! Selon la Sainte Volonté de Dieu, il détient une faculté formatrice, constructive ou destructive, selon la nature des mots employés et celle de celui qui parle.

Ne gaspillez pas ces dons éminents que Dieu vous accorda dans Sa Grâce insigne, cherchez au contraire à les reconnaître comme il se doit dans toute leur valeur! Jusqu'à ce jour, la puissance de la parole est devenue pour vous une malédiction par la faute de ceux qui, parmi les humains, en tant que trabans de Lucifer, en ont mésusé sous l'influence néfaste de l'intellect déformé et développé de façon unilatérale.

C'est pourquoi, gardez-vous des gens qui parlent beaucoup car la décomposition les accompagne. Des *constructeurs*, voilà ce que vous *devez* devenir dans cette création, et non des bavards!

Surveillez vos paroles! Ne parlez pas uniquement pour le plaisir de parler, et ne parlez que quand, où et comme il convient de le faire! Dans la parole humaine devrait se retrouver un reflet du Verbe divin qui est la Vie et qui restera la Vie pour l'éternité.

Vous savez que la création entière vibre dans la Parole du Seigneur. Cela ne vous donne-t-il pas à réfléchir? La création vibre en Elle, tout comme vous qui appartenez à cette même création, car elle est née de la Parole et c'est par Elle qu'elle subsiste.

Il a été clairement annoncé aux hommes:

«Au commencement était la Parole, et la Parole était avec Dieu, et la Parole était *Dieu!*»

C'est là que réside pour vous tout le savoir. Si seulement vous l'y puisiez! Mais vous lisez superficiellement et n'y prêtez pas attention. Il vous est dit clairement:

La Parole est *issue* de Dieu. Elle était et est une partie issue de Lui.

Un faible reflet de la puissance de la Parole *vivante* de Dieu, Parole qui porte tout en Elle et qui englobe tout ce qui est en dehors de Dieu, un faible reflet de cette Parole repose aussi dans la *parole humaine!*

La parole humaine ne peut, il est vrai, émettre ses effets que jusqu'aux plans de la matière dense de faible densité, mais cela suffit pour façonner rétroactivement le destin des hommes ainsi que celui des peuples *ici sur Terre*.

Pensez-y! Celui qui parle beaucoup ne se situe que sur le terrain de l'intellect déformé et unilatéralement hypertrophié. Les deux vont toujours de pair et sont donc facilement reconnaissables. Ce sont là des paroles qui appartiennent aux bas-fonds terrestres et ne sont jamais capables de construire. Or, selon la Loi divine, la parole *doit* être constructive. Lorsqu'elle n'obéit pas à ce commandement, elle ne peut qu'engendrer le contraire.

Par conséquent, prenez constamment garde à vos paroles! Et *répondez* de vos paroles! La voie juste pour y parvenir devra encore vous être enseignée lors de l'édification du Règne de Dieu ici sur Terre.

Il vous faut d'abord apprendre à reconnaître la puissance des mots que vous avez jusqu'alors dépréciés avec tant d'insouciance et de légèreté.

Songez seulement au mot le plus sacré qui vous ait été donné, au mot DIEU!

Vous parlez très souvent de Dieu, *trop* souvent même, pour que puisse encore résonner dans ce Mot *cette* vénération qui permet de reconnaître si, à cet égard, vous ressentez vraiment *en intuition* ce qui est juste: la vénération qui ne vous fait que *murmurer* le Nom suprême en une dévotion empreinte de recueillement, afin de Le protéger soigneusement de toute profanation.

Mais vous, les humains, qu'avez-vous fait de la plus sacrée de toutes les notions que renferme ce Mot! Au lieu de préparer votre esprit, dans l'humilité et dans la joie, à la plus auguste des expressions afin qu'il s'ouvre avec gratitude à une indicible Force irradiante de l'inessentielle et sublime Lumière de l'Être véritable dont la Force seule vous accorde de respirer, ainsi qu'à toutes les créatures, au lieu de cela, vous avez eu l'audace de rabaisser cette expression dans les bas-fonds de vos pensées les plus mesquines, vous l'avez employée à la légère, tel un terme d'usage quotidien qui, de ce fait, n'a pu que devenir un vain bruit à vos oreilles et par conséquent ne peut avoir accès à votre *esprit*.

Il est dès lors évident que ce Mot sublime entre tous ait un tout autre effet que chez ceux qui le murmurent en une véritable vénération et une vraie connaissance.

C'est pourquoi, veillez à *toutes* vos paroles, car elles recèlent pour vous joie ou douleur, elles construisent ou elles détruisent, elles apportent la clarté mais peuvent aussi semer le trouble selon la *manière* dont elles sont énoncées et utilisées.

Je veux aussi vous donner plus tard la connaissance *en ce domaine* afin que vous puissiez *rendre grâce* par *chaque* parole que le Créateur vous accorde encore de prononcer à présent. Alors il vous sera donné d'être heureux ici-bas également; la paix règnera sur cette Terre jusqu'alors si troublée.

LA FEMME DE LA POSTCRÉATION

CES MOTS touchent le point le plus sensible de la postcréation. C'est *ce* point qui nécessite le changement le plus important, l'épuration la plus durable.

Si l'homme de la postcréation s'est fait l'esclave de son propre intellect, la femme, elle, s'est rendue bien plus coupable.

Dotée d'une finesse extrême dans ses intuitions, elle devait, en se jouant, s'élever vers la Pureté des sommets lumineux et former le pont vers le Paradis pour l'humanité entière. *La femme!* Des flots de Lumière devraient la traverser. La constitution de son corps de matière dense est tout entière orientée dans ce sens. Il suffit à la femme de faire preuve d'un bon vouloir sincère, et tous les descendants issus de son sein ne *pourront* qu'être puissamment protégés par la Force de la Lumière dès avant leur naissance! Il ne saurait en être autrement étant donné que chaque femme, grâce à la richesse de son intuition, peut déterminer presque à elle seule la nature spirituelle du fruit qu'elle porte. C'est donc elle qui, en *premier* lieu, demeure responsable de toute la descendance.

De plus, elle est aussi richement dotée de possibilités illimitées lui permettant d'exercer son influence sur le peuple entier, voire sur la postcréation entière. La maison et le foyer sont pour elle le point de départ de sa plus grande force. C'est là, et là seulement, que réside sa puissance, son pouvoir illimité, et non dans la vie publique! Au foyer et au sein de la famille, ses facultés font d'elle une reine. Partant du foyer paisible et intime, son rayonnement s'étend de façon incisive sur l'ensemble du peuple présent et à venir; il pénètre tout.

Il n'est rien où son influence ne puisse s'imposer sans réserve si elle se tient *là* où les facultés *féminines* qui lui sont inhérentes s'épanouissent pleinement. Cependant, c'est seulement lorsque la femme est réellement *féminine* qu'elle suit la vocation qui lui fut assignée par le Créateur. Elle est alors entièrement ce qu'elle peut et doit être. Et, sans qu'il soit besoin de paroles, seule la vraie féminité élève l'homme qui, soutenu par cette silencieuse activité d'une puissance insoupçonnée, souhaiterait prendre les cieux d'assaut. Il sera alors tout naturellement, du plus profond de lui-même, porté à protéger la vraie féminité: il le fera volontiers et avec joie pour peu qu'elle se révèle *authentique*.

Cependant, les femmes d'aujourd'hui foulent aux pieds leur véritable pouvoir et leur haute mission, elles passent devant eux en aveugles et détruisent criminellement tout ce qu'elles portent en elles de sacré. Au lieu d'avoir une activité constructive, elles agissent de façon destructive comme le pire des poisons dans la postcréation. Elles poussent avec elles dans l'abîme l'homme ainsi que les enfants.

Observez la femme d'aujourd'hui! Projetez simplement sur elle un rayon de lumière avec toute la rigueur et toute la lucidité qui vont toujours de pair avec la pureté.

Vous aurez grand peine à reconnaître encore les hautes valeurs de la véritable féminité, valeurs permettant de déployer cette pure puissance qui est seule conférée à la sensibilité plus affinée de la femme afin qu'elle l'emploie uniquement comme une source de *bénédiction*.

Jamais un homme ne peut déployer cette pénétrante faculté. L'action discrète de cette Force invisible que le Créateur fait passer à travers le cosmos est *d'abord* saisie intégralement par *la femme* grâce à sa faculté intuitive plus délicate. L'homme ne la reçoit que partiellement et la traduit en actes.

De même que la Force vivante du Créateur reste invisible à tous les humains – alors que pourtant elle soutient, nourrit, actionne et propulse l'univers entier – *ainsi* doit être l'activité de toute authentique féminité; c'est *pour cela* qu'elle est créée, *tel* est son but, un but élevé, pur et merveilleux!

Il est ridicule de parler de la «faible femme», car la femme est intérieurement plus forte que l'homme, non par elle-même, mais grâce à sa liaison plus étroite avec la Force créatrice, liaison que lui confère sa faculté intuitive plus délicate.

Or, c'est justement cette faculté que la femme tente aujourd'hui de dissimuler; elle s'efforce de l'avilir, voire de la réprimer complètement. Avec une vanité et une stupidité sans bornes, elle abandonne ce qui lui fut donné de plus beau et de plus précieux. C'est ainsi que, par sa faute, elle devient une réprouvée de la Lumière, et le chemin du retour restera fermé pour elle.

De ce fait, que sont donc devenus ces êtres créés à l'image d'une royale féminité? On ne peut que s'en détourner avec horreur! Où trouve-t-on encore chez la femme d'aujourd'hui la vraie pudeur, expression de la sensibilité intuitive la plus délicate de la *noble* féminité? Elle est si grossièrement défigurée qu'on ne peut faire autrement que l'abandonner au ridicule.

La femme d'aujourd'hui a honte, assurément, de porter une robe longue lorsque la mode l'exige courte, mais elle n'a pas honte, au cours de festivités, de dénuder son corps aux trois-quarts ou presque, pour l'offrir à tous les regards. Et, en l'occurrence, non seulement aux regards évidemment, mais pendant la danse, inévitablement aussi aux mains! Sans hésiter, elle en découvrirait encore davantage si la mode l'exigeait, et même tout probablement, à en juger d'après ce que l'on constate actuellement.

Cela n'est nullement exagéré. Des comportements honteux de ce genre, nous n'en avons que trop vus jusqu'à présent! Il n'est pas faux, mais malheureusement que trop vrai de dire: «La femme commence à se *vêtir* pour aller dormir!»

De plus, des intuitions délicates impliquent aussi le sens du beau. Cela est indubitable. Mais si on doit encore évaluer à présent la délicatesse d'intuition de la femme d'après ce critère, on est bien mal parti! En effet, la façon de s'habiller proclame bien souvent et assez clairement le contraire, et ces jambes de femme, ou même de mère, gainées de bas trop fins et transparents, s'accordent fort mal avec la dignité féminine. Les cheveux coupés «à la garçonne», les sports auxquels s'adonnent les femmes de nos jours, n'en déparent pas moins la vraie féminité. La coquetterie est alors la suite inévitable des excentricités frivoles de la mode qui sont on ne peut plus dangereuses pour le corps aussi bien que pour l'âme, sans parler du simple bonheur familial. Plus d'une femme préfèrera bien souvent les flatteries vulgaires, et à vrai dire outrageantes, d'un quelconque fainéant au fidèle labeur de son époux.

C'est ainsi que l'on pourrait encore citer de nombreux, de très nombreux exemples, qui sont autant de preuves patentes que la femme d'aujourd'hui est perdue pour sa *véritable* mission dans cette postcréation et, avec elle, toutes les hautes valeurs qui lui furent confiées et dont il lui faut désormais rendre compte. Maudits soient ces humains futiles! Ils ne sont aucunement victimes des circonstances; au contraire, ils ont forcé les circonstances.

Les grands discours sur le progrès ne changent rien au fait que ces fanatiques du progrès ainsi que leurs fidèles adeptes ne font que sombrer de plus en plus profondément. Tous ont déjà enfoui leurs véritables valeurs. La plus grande partie du monde féminin ne mérite plus de porter le titre honorifique de femme! Ainsi, ne pouvant jamais faire figure d'hommes ni devenir des hommes, elles ne sont finalement plus dans la postcréation que des parasites qui, d'après les lois inflexibles de la nature, devront être exterminés.

Parmi toutes les créatures, la femme est celle qui se trouve la plus éloignée de la place qu'elle devrait occuper dans la postcréation. Dans son genre, elle est devenue la figure la plus lamentable de toutes les créatures. Elle ne *pouvait* qu'avoir l'âme pourrie étant donné qu'elle sacrifie étourdiment sa plus noble faculté intuitive, sa force la plus pure, à une vanité extérieure ridicule et qu'elle bafoue par là en se riant la mission qui lui était dévolue par son Créateur. Avec une telle superficialité, tout salut se trouve exclu, car ce qu'on pourrait dire en guise d'avertissement, les femmes le rejetteraient ou ne pourraient même plus le comprendre ni le concevoir.

Ainsi, ce n'est qu'après les événements terrifiants que naîtra la nouvelle, la vraie femme, celle qui deviendra la médiatrice et qui, de ce fait, sera également tenue de fournir la base d'une vie et d'une activité humaines nouvelles, telles qu'elles sont voulues de Dieu dans la postcréation alors délivrée du poison et de la pourriture.

SOUMISSION

«QUE TA Volonté soit faite!» Ceux qui croient en Dieu prononcent ces paroles avec soumission. Toutefois, une certaine mélancolie vibre toujours dans leur voix ou imprègne leurs pensées et leurs intuitions. Ces paroles sont prononcées presque exclusivement là où est survenue une *peine* qui *n'a pu* être *évitée*, là où l'être humain reconnaît qu'il n'y pouvait plus rien.

Alors, s'il est croyant, il dit en une soumission passive: *«Que Ta Volonté soit faite!»*

Mais ce n'est pas l'humilité qui le fait parler ainsi; au contraire, ces paroles sont censées lui procurer un apaisement personnel face à une situation devant laquelle il s'est trouvé impuissant.

Voilà l'origine de la soumission que l'être humain manifeste en pareil cas! Cependant, si la moindre possibilité lui était offerte d'y changer quelque chose, il ne s'inquiéterait pas de la Volonté de Dieu; son attitude soumise prendrait au contraire bien vite cette forme nouvelle: «Que *ma* volonté soit faite!»

Ainsi est l'être humain!

«Seigneur, fais de moi ce que Tu voudras!»: voilà ce qu'on entend souvent aux enterrements, ainsi que d'autres cantiques du même genre. Mais tout homme qui porte le deuil nourrit en son for intérieur ce vœu inébranlable: «Si je pouvais y changer quelque chose, je le ferais immédiatement!»

La soumission humaine n'est *jamais* authentique. Au tréfonds d'une âme humaine, c'est le contraire qui est ancré: la révolte contre le sort qui la frappe, et c'est précisément cette protestation qui fait que son sort devient pour elle une souffrance qui «l'accable» et l'abat.

Ce qui est malsain dans cette attitude vient de l'utilisation erronée du sens de ces paroles: «Que Ta Volonté soit faite!» Elles ne sont pas à leur place là où l'homme et les Églises les emploient.

La Volonté de Dieu repose dans les lois de cette création. Or, lorsque l'homme dit: «Que Ta Volonté soit faite!», cela revient à affirmer: «Je veux respecter Tes lois dans la création et leur obéir.» Les respecter signifie les *observer*, et les observer exige que l'on vive selon elles. C'est seulement de cette façon que l'être humain peut respecter la Volonté de Dieu.

Cependant, s'il veut l'observer, s'il veut vivre selon elle, il doit tout d'abord la *connaître*.

Or, c'est justement sur ce point que l'humanité terrestre a le plus gravement transgressé la loi! L'être humain ne s'est jusqu'à présent jamais soucié des Lois de Dieu dans la création, donc de la Sainte Volonté de Dieu. Et pourtant, il répète sans cesse: «Que Ta Volonté soit faite!»

Vous constatez avec quel manque de réflexion l'être humain de la Terre se présente devant Dieu, avec quelle inconscience il cherche à appliquer les éminentes Paroles du Christ. Il le fait en gémissant, souvent en se tordant de douleur, avec le sentiment d'être traité injustement, mais jamais en une joyeuse promesse.

«Que Ta Volonté soit faite!» signifie en réalité: «Je veux agir en conséquence», ou encore: «Je veux ce que Tu veux.» On peut tout aussi bien dire: «Je veux obéir à Ta Volonté.»

Cependant, celui qui obéit *fait* aussi quelque chose. Une personne qui obéit n'est pas inactive; le mot lui-même l'implique. Quelqu'un qui obéit *accomplit quelque chose.*

Mais lorsque l'homme *d'aujourd'hui* déclare: «Que Ta Volonté soit faite!», il ne veut *rien faire lui-même;* ce qu'il ressent équivaut à dire au contraire: «Je me tiens tranquille, *c'est à Toi d'agir!»*

En cela, il se sent grand, il croit s'être dominé lui-même et «se fondre» dans la Volonté de Dieu. L'être humain s'imagine même s'être ainsi élevé au-dessus de tous les autres, il croit avoir pris un immense essor.

Tous ces gens ne sont malgré tout que des êtres faibles, inutilisables, des fainéants, des rêveurs, des exaltés et des fanatiques, mais non des membres utilisables dans la création! Ils comptent parmi ceux qui, lors du Jugement, devront être rejetés, car ils ne veulent pas être des *ouvriers* dans la vigne du Seigneur. L'humilité dont ils se targuent n'est qu'indolence. Ce sont des serviteurs paresseux.

C'est la *vie* qu'exige le Seigneur, la vie qui repose dans le *mouvement.*

Soumission! Ce terme ne devrait absolument pas exister pour les croyants! Remplacez-le simplement par: «vouloir joyeux». Dieu ne veut pas d'une morne soumission de la part des hommes, mais d'une joyeuse activité.

Observez donc de près ceux qui prétendent «se soumettre à Dieu»! Ce sont des hypocrites qui portent en eux un énorme mensonge.

A quoi sert de lever vers le haut un regard empli de soumission si ce regard se pose en même temps avec ruse, convoitise, orgueil, présomption et méchanceté sur son entourage? Semblable attitude ne fait que rendre *doublement* coupable.

Ceux qui sont soumis portent le mensonge en eux, car la soumission n'est jamais compatible avec «l'esprit»; elle ne l'est donc pas non plus avec l'esprit humain. Tout ce qui est «esprit» ne peut en aucun cas faire naître en lui la possibilité d'une soumission véritable. Toute tentative dans ce sens reste obligatoirement artificielle; ce n'est donc qu'illusion sur soi-même, voire hypocrisie consciente. Jamais la soumission ne peut être ressentie intuitivement comme authentique; en effet, l'esprit humain étant spirituel, c'est là chose impossible pour lui. La pression que subit l'esprit humain ne permet pas que la possibilité d'une soumission vienne à la conscience; cette pression est trop forte pour cela. C'est pourquoi l'être humain ne peut pas non plus faire preuve de soumission.

La soumission est une faculté qui n'appartient qu'à l'essentialité. Elle ne s'exprime de façon authentique que chez l'animal. *L'animal* est soumis à son maître, mais l'esprit ignore cette dénomination. Voilà pourquoi elle reste *toujours* contre nature pour l'être humain.

La soumission a été inculquée aux esclaves avec beaucoup de peine et de rigueur parce qu'ils avaient la même valeur marchande que les animaux qu'on vendait et achetait en tant que biens personnels. Pourtant, la soumission n'a jamais pu devenir authentique chez ces esclaves. C'était soit de l'hébétude, soit de la fidélité, ou encore de l'amour qui se dissimulait sous cette soumission et qui se manifestait ainsi, mais ce n'était jamais la soumission authentique. L'esclavage est contre nature entre les êtres humains.

La soumission propre à l'essentialité se trouve sublimée sur le plan spirituel en fidélité consciente et voulue. Donc, ce qui est soumission sur le plan de l'essentialité est, sur le plan du spirituel, fidélité.

La soumission ne convient pas à l'être humain parce qu'il est d'esprit. Accordez simplement plus d'attention au langage lui-même dont les mots expriment à eux seuls ce qui est juste; le véritable sens est porté par le langage qui vous donne l'image juste.

«Rends-toi!» dit par exemple le vainqueur au vaincu. Ces mots reviennent à dire: «Livre-toi à moi, à ma merci, et ceci sans conditions, pour que je puisse disposer de toi à mon gré, y compris de ta vie ou de ta mort!»

En l'occurrence, cependant, le vainqueur agit mal car, même dans la victoire, l'être humain est tenu de se conformer rigoureusement aux Lois divines. Sinon, par toute omission à cet égard, il se rend coupable devant le Seigneur. L'effet de réciprocité l'atteint alors infailliblement. Il en est ainsi pour l'individu comme pour les peuples entiers.

Or, voici venu le temps où tout, absolument tout ce qui s'est produit jusqu'à ce jour dans le monde doit se dénouer. De ce qui a été erroné, de ce qui se passe *aujourd'hui* sur Terre, *pas un mot ne reste inexpié!*

Cette expiation n'est pas réservée à un avenir éloigné, mais elle s'accomplit déjà *à l'époque actuelle.*

Le dénouement *accéléré* de *tous* les effets de réciprocité n'est d'ailleurs pas en opposition avec la loi de la création; il repose au contraire très exactement dans la loi elle-même.

Le mouvement des rouages se trouve à présent accéléré par l'intensification de l'Irradiation de la Lumière qui provoque les ultimes achèvements en portant auparavant toute chose jusqu'au stade de la fructification et de l'hypermaturité afin que tout ce qui est faux se désintègre de soi-même et se juge en s'anéantissant, alors que ce qui est bon se trouve libéré de la pression jusqu'alors exercée par ce qui est faux, et peut s'affermir.

Sous peu, cette Irradiation s'accentuera à un point tel que, dans de très nombreux cas, un effet de réciprocité se produira *sur le champ, directement!*

Telle est la puissance qui bientôt effraiera les hommes de la Terre et qu'il leur faudra alors craindre à l'avenir. Mais seuls *ceux* qui ont agi *injustement* ont toutes les raisons d'avoir peur. Qu'ils se soient sentis ici dans leur bon droit, ou qu'ils aient voulu le faire croire aux autres, ne les met nullement à l'abri du coup porté par la réciprocité des effets qui s'accomplit selon les *Lois de Dieu.*

Même si les hommes ont élaboré d'autres lois sur Terre, lois sous le couvert desquelles beaucoup agissent de façon erronée et injuste, dans l'illusion d'être ainsi dans leur droit, cela ne les décharge pas de la plus infime partie de leur faute.

Les Lois de Dieu, et par conséquent la Volonté de Dieu, ne se soucient pas des conceptions que ces hommes de la Terre ont consignées dans les lois terrestres, même si le monde entier les a tenues et les tient encore à présent pour justes. Apportant le Jugement dans le déclenchement, le glaive frappera désormais là où quelque chose n'est pas conforme aux Lois de Dieu.

Tous ceux qui, *innocents* au regard des Lois de Dieu, ont souffert par les hommes, peuvent à présent se réjouir, car il leur sera désormais rendu justice alors que leurs adversaires ou leurs juges seront livrés à la Justice de Dieu.

Réjouissez-vous car cette Justice de Dieu est proche! Elle est déjà à l'œuvre dans tous les pays de la Terre. Observez les troubles: ce sont les effets de la Volonté de Dieu qui *approche*. C'est l'épuration qui s'instaure!

Voilà pourquoi tout ce qui est faux parmi les hommes, que ce soit dans l'économie, l'État, la politique, les Églises, les sectes, les peuples, les familles, et chez l'individu lui-même, tout cela se trouve *maintenant* réveillé. Tout, absolument tout, est maintenant traîné devant la Lumière *afin de se manifester* et, *en même temps, de s'y juger!* Même ce qui jusqu'à présent a pu demeurer caché est *contraint* de se montrer sous son vrai jour, contraint de devenir actif, et donc, désespérant finalement de soi-même et des autres, de se désintégrer et d'être réduit en poussière.

Ainsi, sous la pression de la Lumière, tout est dès maintenant mis en effervescence, et ceci en chaque pays et en tout lieu. Chaque détresse grandit jusqu'au désespoir, il ne reste finalement plus que la désolation avec la conscience que ceux qui voulaient apporter le salut n'avaient, en dehors de leurs désirs égoïstes, rien d'autre à offrir *que des paroles creuses* et qu'ils ne pouvaient donc être d'aucun secours. Des combattants spirituels déferlent par-dessus toutes les têtes et frappent durement celle qui refuse de s'incliner.

Alors seulement se présente le terrain favorable pour implorer à nouveau l'aide de *Dieu*, après le meurtre et l'incendie, la famine, les épidémies et la mort, après avoir reconnu sa propre incapacité.

La grande édification s'instaure.

Les désespérés se trouveront alors libres, libres de l'oppression des ténèbres! Cependant, ils doivent en même temps devenir libres *en eux-mêmes!* Toutefois, devenir libre en soi-même, chacun ne peut y parvenir que *seul*. Encore faut-il pour cela qu'il sache ce que signifie la liberté, ce qu'elle *est!*

Seul est libre celui qui vit dans les Lois de Dieu! C'est ainsi et pas autrement qu'il est libéré de toute oppression et de toute entrave dans cette création. Dès lors, tout lui vient en aide au lieu de lui barrer le chemin. Tout le «sert» parce qu'il l'utilise de la bonne manière.

En réalité, les Lois de Dieu dans la création sont tout simplement ce qui est nécessaire à chaque être humain pour mener une vie saine et joyeuse dans la création. Elles constituent en quelque sorte la nourriture indispensable à son bien-être. Seul est vraiment libre celui qui connaît la Volonté de Dieu et vit d'après elle. Tout autre se prend fatalement dans les nombreux fils des lois de cette création, étant donné qu'il s'y empêtre lui-même.

La création n'a pu prendre naissance que dans la Volonté de Dieu, dans Ses Lois. Oeuvrant ensemble, les fils de ces Lois descendent toujours plus profondément, imposant partout le mouvement nécessaire à l'évolution. Ils se ramifient toujours davantage au cours de l'évolution – et ceci obligatoirement – cependant qu'autour de ces fils, dans le mouvement continu, se forment sans cesse de nouvelles créations. C'est ainsi que les lois fournissent simultanément à la création le support, la possibilité de subsister et de s'étendre plus largement.

Rien n'existe sans cette Volonté de Dieu qui seule produit le mouvement. Tout dans la création se règle d'après elle.

Seul l'esprit humain ne s'est *pas* inséré dans ces fils! Il les a embrouillés et s'est embrouillé lui-même avec eux étant donné que, n'écoutant que *sa* volonté, il a voulu prendre de nouvelles voies et n'a pas prêté attention à celles qui étaient toutes tracées.

L'intensification de la Lumière apporte à présent un changement à la situation actuelle. Les fils de toutes les Lois de Dieu dans la création se trouvent chargés d'une force accrue afin de se tendre fortement. Sous l'effet de cette tension énorme, ils se rétractent brusquement et reprennent leur position initiale. De ce fait, ce qui est embrouillé et enchevêtré se démêle d'une façon si soudaine et irrésistible que le processus détruit tout simplement ce qui, dans la création, s'avère incapable de se conformer encore à la position correcte.

Qu'il s'agisse de plantes ou d'animaux, de montagnes, de fleuves, de pays, d'États, ou encore de l'être humain, peu importe, tout ce qui, au dernier moment, ne peut se montrer authentique et conforme à la Volonté de Dieu, s'écroule!

PARESSE DE L'ESPRIT

Nettement perceptibles sur Terre, les coups de l'horloge cosmique sonnent à présent la douzième heure d'un bout à l'autre de l'univers! Anxieuse, la création retient son souffle; angoissée, toute créature courbe l'échine car la voix de *Dieu* retentit d'en haut et exige. Elle exige que vous rendiez des comptes, vous qui avez été autorisés à vivre dans cette création!

Vous avez mal géré le fief que l'Amour de Dieu vous a confié. Désormais vont se trouver expulsés tous les valets qui n'ont pensé qu'à *eux* et jamais à leur Maître, de même que tous ceux qui ont cherché à s'ériger eux-mêmes en maîtres.

Vous, les hommes, vous êtes effarouchés par mes paroles car vous ne considérez pas la sévérité comme étant divine. Cependant, c'est uniquement *votre* faute parce que vous avez pensé jusqu'ici que tout ce qui est divin, tout ce qui émane de Dieu était amour doucereux et pardon total, étant donné que c'était là ce que les Églises vous avaient enseigné.

Toutefois, ces enseignements erronés n'étaient que calculs à la mesure de l'intellect dont le but était la capture massive des âmes humaines de la Terre. Pour toute capture, il faut un appât qui a pour effet d'attirer tout ce qu'on a l'intention de prendre. Or, bien choisir l'appât est capital pour toute prise.

Comme celui-ci concernait en l'occurrence les *âmes humaines*, on élabora adroitement un plan qui misait sur *leurs* faiblesses. Il fallait que l'amorce corresponde à la faiblesse la plus importante. Et cette faiblesse majeure des âmes était l'indolence, la paresse de leur esprit!

L'Église savait fort bien qu'elle était assurée du plein succès dès l'instant où elle encourageait largement cette *même* faiblesse en se gardant bien d'exiger que l'on s'en débarrassât!

Forte de cette connaissance, elle traça aux hommes de cette Terre une voie large et facile qui devait soi-disant conduire vers la Lumière; elle la fit miroiter devant ces mêmes humains qui préféraient donner un dixième du fruit de leur labeur, se mettre à genoux, marmonner des prières à la centaine plutôt que de faire, *ne serait-ce qu'un instant*, un effort *spirituel*.

Voilà pourquoi l'Église les déchargea de tout travail spirituel, pardonnant même tous les péchés, pourvu que les hommes lui obéissent sur le plan terrestre et en apparence, remplissant ainsi les exigences temporelles de *l'Église!*

Qu'il s'agisse de la fréquentation des offices, de la confession, du nombre des prières, du denier du culte, ou encore de dons ou de legs, peu importe, l'Église en était satisfaite. Elle laissait les fidèles dans l'illusion qu'avec tout ce qu'ils donnaient pour *l'Église*, ils se faisaient une place dans le Ciel.

Comme si l'Église avait à disposer de ces places!

Cependant, les engagements et l'obéissance de tous les fidèles ne relient ceux-ci *qu'à leur Église*, et non à leur Dieu! Ni l'Église ni ses serviteurs ne peuvent décharger une âme humaine de la plus infime partie de sa culpabilité et encore moins pardonner! Ils n'ont pas davantage le droit de canoniser une âme, intervenant ainsi dans les Lois primordiales de Dieu, Lois parfaites, éternelles et immuables.

Comment des *êtres humains* peuvent-ils oser mettre aux voix et décider de choses qui reposent dans la Toute-puissance, la Justice et l'Omnisagesse de Dieu! Comment les hommes de cette Terre peuvent-ils se permettre de faire croire pareille chose à leur prochain! Et il n'est pas moins sacrilège de la part des humains de la Terre d'ajouter foi à de telles prétentions qui ne font que porter on ne peut plus clairement en elles un rabaissement de la Grandeur de Dieu.

Une chose aussi incroyable n'est possible que pour ces êtres grégaires et irréfléchis qui, par un tel comportement, se marquent du signe distinctif qui montre la plus grande paresse d'esprit; en effet, la réflexion la plus élémentaire devrait aisément permettre à chacun de reconnaître sur-le-champ que de telles prétentions ne s'expliquent même pas par l'orgueil humain et la folie des grandeurs, mais renferment au contraire de graves blasphèmes.

Les répercussions ne pourront être que terrifiantes!

Or, voici que le temps de la longanimité de Dieu est révolu! Une Sainte colère frappe les rangs de ces scélérats qui cherchent ainsi à duper l'humanité terrestre pour accroître et préserver leur prestige, alors qu'ils ressentent très clairement qu'il s'agit là de choses au niveau desquelles ils ne pourront jamais être autorisés à s'élever.

Comment peuvent-ils se permettre de disposer du Royaume de Dieu dans l'éternité? Le rayon de la Colère divine les réveillera brutalement de ce sommeil spirituel inouï et... les *jugera!*

Que donne un être humain à son Dieu par son obéissance à l'Église? Il n'éprouve par là aucune impulsion intuitive *naturelle* qui serait seule capable de l'aider à s'élever.

Je vous le dis, les humains ne peuvent en réalité servir Dieu qu'avec précisément *ce qui*, par la faute des Églises, *n'a pu* prendre vie, à savoir: une réflexion *personnelle* et un examen *indépendant!* Chacun doit accomplir *seul* son périple à travers les meules, les rouages des Lois divines dans la création. Il est donc indispensable que *chacun* apprenne *lui-même* à connaître en temps utile la nature des meules et leur fonctionnement.

Or, c'est précisément cela que plus d'une Église a obstinément passé sous silence afin que les fidèles ne puissent parvenir à la réflexion et à l'intuition personnelles indispensables. Elles ont ainsi ravi à l'homme le seul soutien qui puisse le conduire sans danger et le guider vers la Lumière. Au lieu de cela, elles ont tenté d'imposer à chacun une interprétation dont l'observance ne devait être profitable qu'à *l'Église*. Profit, influence et pouvoir!

Ce n'est que par *l'éveil de leur propre esprit* que les âmes humaines peuvent servir leur Créateur. Mais de cette manière, c'est d'abord elles-mêmes qu'elles servent par la même occasion! Seul l'esprit humain qui est lucide et vigilant dans cette création, en étant conscient de ses lois auxquelles il se conforme dans ses pensées et dans ses actes, seul *celui-là* est agréable à Dieu parce que, de cette façon, il remplit alors dans l'existence le but qui est celui de tout esprit humain dans cette création.

Mais cela ne se trouve jamais dans les pratiques que les Églises exigent des fidèles, car il leur manque le naturel et la libre conviction ainsi que le savoir en tant que *condition essentielle* du véritable service de Dieu. Il manque la spontanéité et la joie d'aider toutes les créatures à progresser, à faire exulter leur âme dans le bonheur de savoir qu'elles peuvent consciemment collaborer à la beauté de cette création dont elles sont elles-mêmes une partie, remerciant et honorant *ainsi* le Créateur!

Au lieu d'adorateurs joyeux et libres, l'Église a formé des esclaves au service de l'Église! C'est *elle* qui s'est placée devant l'humanité qui levait librement son regard vers le haut, obscurcissant ainsi la vraie Lumière.

Elle n'a fait qu'enchaîner et bâillonner les esprits humains au lieu de les réveiller, de les libérer. Elle a criminellement maintenu les esprits dans leur sommeil, les a opprimés, a entravé toute aspiration au savoir – et jusqu'au savoir lui-même – par des prescriptions qui sont contraires à la Volonté de Dieu, qui s'y opposent. Et tout cela, pour conserver son *propre* pouvoir!

De même que, jadis déjà, les Églises ne reculèrent pas devant les tortures, les supplices, voire les meurtres perpétrés de multiples façons, de même n'hésitent-elles pas encore aujourd'hui à calomnier leur prochain, à en dire du mal, à saper sa réputation, à soulever l'opinion contre lui, à mettre toutes sortes d'obstacles sur son chemin s'il ne veut pas s'enrôler de plein gré dans la foule des esclaves des Églises. Elles opèrent avec les moyens les plus déloyaux, uniquement pour maintenir *leur* influence, *leur* pouvoir temporel.

Or, c'est précisément tout cela qui, par la réciprocité des effets, sera d'abord ébranlé et renversé, car ces agissements vont à l'encontre de ce que *Dieu* veut! Cela montre à quel point les Églises sont loin de servir *Dieu* avec humilité.

Des foules innombrables se laissèrent attirer dans le giron soporifique des Églises qui toléraient la paresse de l'esprit. L'illusion criminelle d'un rachat facile des péchés a trouvé créance et, avec la foule de ces esprits paresseux, s'accrut l'influence terrestre dont le but final était le pouvoir temporel. Les hommes ne virent pas que les conceptions et les doctrines erronées assombrissaient et souillaient la Sainte Justice du Dieu Tout-puissant, ils ne virent que la route large et facile conduisant vers la Lumière, route dont on leur donnait l'illusion mais qui, en réalité, n'existe absolument pas! Par l'erreur d'une rémission arbitraire, elle mène aux ténèbres et à l'anéantissement.

Hostile à Dieu, l'autoglorification de toutes les Églises sépare leurs fidèles de Dieu au lieu de les conduire vers Lui. Les enseignements étaient faux! Pourtant, étant donné qu'ils sont en contradiction flagrante avec le plus élémentaire sentiment de justice, les hommes auraient dû facilement s'en rendre compte *par eux-mêmes*. En conséquence, les fidèles des Églises sont *tout aussi coupables* que les Églises elles-mêmes!

Citant les Paroles du Christ selon l'Évangile de Jean, les Églises annoncent:

«Mais quand viendra Celui qui est l'Esprit de Vérité, Il vous conduira dans toute la Vérité. Et quand Il viendra, Il châtiera le monde à cause du péché et pour la Justice. Et Il apportera le Jugement. Mais moi je vais au

Père et désormais vous ne me verrez plus. Je suis sorti du Père et je suis venu dans le monde. A nouveau, je quitte le monde et vais au Père!»

Ces paroles sont lues dans les églises sans qu'on les comprenne, car il est on ne peut plus clairement dit à propos du Fils de Dieu qu'un *autre* que Lui viendrait afin d'annoncer la Vérité et d'apporter le Jugement: l'Esprit de Vérité qui est la Croix vivante! Et pourtant, là encore, l'enseignement de l'Église est erroné et en contradiction avec ces paroles si claires.

Cependant, Paul lui aussi avait jadis écrit aux Corinthiens: «*Notre* savoir est fragmentaire. Mais lorsque viendra la Perfection, ce qui est fragmentaire disparaîtra!»

L'apôtre indique par là que la venue de Celui qui annoncera la Vérité parfaite n'est attendue que pour plus tard et que la promesse du Fils de Dieu à ce sujet ne saurait se rapporter à la descente de la Force du Saint-Esprit, événement bien connu et déjà accompli à l'époque où Paul écrivit ces paroles.

Il prouve ainsi que les apôtres ne considéraient nullement cette descente de la Force comme l'accomplissement de la mission du Consolateur, de l'Esprit de Vérité, comme beaucoup d'Églises et de croyants cherchent actuellement et si singulièrement à interpréter cet événement lors de la fête de la Pentecôte parce que, vues différemment, ces choses ne cadreraient pas pour eux avec l'édification de leur foi, mais constitueraient une lacune qui ne pourrait qu'ébranler sérieusement cet édifice erroné.

Toutefois, cela ne leur sert à rien, car le temps de la connaissance de toutes ces choses est venu et tout ce qui est faux s'écroule.

Jusqu'à présent, l'humanité n'a pas encore pu vivre de véritable Pentecôte, elle n'a pas su la reconnaître par le réveil spirituel, étant donné qu'elle s'en est tenue à tant de fausses interprétations auxquelles les Églises notamment ont une grande part.

Rien ne leur sera remis de cette grande faute!

Vous, les hommes, vous voilà à présent dans l'étonnement devant la Parole nouvelle, et beaucoup d'entre vous ne sont absolument plus capables de reconnaître qu'Elle est issue des hauteurs lumineuses parce qu'Elle est tellement différente de ce que vous aviez imaginé! En effet, en vous aussi subsiste assurément en partie cette indolence tenace dans laquelle les Églises et les écoles vous ont plongés afin que vous restiez des adhérents dociles et ne ressentiez pas le désir ardent d'éveiller votre propre esprit.

Ce que *Dieu* exige a jusqu'à ce jour laissé indifférent l'homme de la Terre. Mais je vous le dis une fois encore: «Cette voie large et facile dont les Églises, soucieuses de leur propre intérêt, se sont efforcées de vous donner jusqu'ici l'illusion, *cette voie est fausse!* Par sa promesse illusoire d'un pardon arbitraire, elle ne conduit pas vers la Lumière.»

L'ÊTRE HUMAIN DE LA TERRE DEVANT SON DIEU

HOMMES, quelle ne fut pas jusqu'à présent votre attitude envers votre Dieu! Vous avez tenté de Le tromper de façon hypocrite, tout comme vous avez voulu vous tromper vous-mêmes par une fausse dévotion tout à fleur de lèvres mais à laquelle l'esprit ne participa jamais. C'est *vous* qui avez instauré règles et pratiques dans vos temples et vos églises sans chercher à savoir si cette façon d'agir était agréable à *Dieu*. Du moment qu'elles vous plaisaient à *vous*, le service divin était de ce fait réglé en ce qui vous concernait!

Ne voyez-vous donc pas combien tout cela était prétentieux? C'est *vous* qui prétendiez décider de tout. Ce faisant, vous ne vous êtes jamais demandé quelle était la Volonté de *Dieu*. Ce que vous avez qualifié, *vous*, de grand, Dieu devait l'accepter Lui aussi dans la même mesure. Dans tous les domaines, vous vouliez imposer à Dieu vos *propres* opinions comme étant tout à fait justifiées, peu importe ce dont il s'agissait.

Ce que *vous*, vous teniez pour juste, Dieu devait le récompenser comme tel, et ce qui, selon *vous*, était injuste, Dieu devait le sanctionner.

Jamais vous n'avez voulu sérieusement vous demander ce que *Dieu* considère comme juste et ce qui, à *Ses* yeux, est injuste. Vous ne vous êtes pas préoccupés des Lois divines ni souciés de la Sainte et inflexible Volonté de Dieu, Volonté qui a existé de toute éternité et qui n'a encore jamais changé ni jamais ne changera!

C'est contre cette Volonté que vous allez à présent vous briser, et avec vous toute œuvre humaine qui a élaboré des lois destinées à servir *vos désirs terrestres*. Mais vous, les humains, vous vous tenez devant Dieu tels des valets intrigants et indolents qui, dans leur égoïsme, leur suffisance et leur ridicule prétention à vouloir tout savoir, n'ont jamais tenu compte de *Sa* Volonté.

Des valets, voilà ce que vous avez été et ce que vous êtes encore, des valets qui se sont pris pour des maîtres et qui, dans leur orgueil et leur paresse d'esprit, ont cherché à combattre et à rabaisser tout ce qu'ils ne pouvaient comprendre lorsque cela ne concordait pas avec la réalisation de leurs buts terrestres de bas niveau, buts qu'ils voulaient voir considérés comme ce qu'il y a de plus élevé.

Misérables, qui avez pu agir de façon aussi sacrilège! Tout devait être à *votre* service, *même les Lois!* Seul ce qui vous servait, sous quelque forme que ce soit, seul ce qui vous aidait à assouvir vos convoitises terrestres, *cela seul* vous le reconnaissiez comme juste. C'est uniquement de choses de ce genre dont vous vouliez encore être instruits.

Mais si pour une fois on exige de vous que vous serviez vous-mêmes avec zèle et en toute fidélité votre Seigneur à qui vous devez l'existence, vous êtes stupéfaits, car vous pensez, assurément, que c'est à Lui seul de vous servir par Sa Puissance, Sa Magnificence et Son grand Amour.

Comment pourrait-il en être *autrement* étant donné la haute opinion que vous avez de vous-mêmes! N'estimiez-vous pas servir Dieu de façon suffisante en Le reconnaissant et en implorant Son aide en pensée afin de réaliser tous les désirs que vous portez en vous? Pour parler clairement, Il devait *vous servir* avec la Toute-puissance qui est la Sienne et vous rendre la vie belle! Autre chose ne vous vient pas à l'idée.

Quémander fut, dans le meilleur des cas, votre façon de servir Dieu!

Réfléchissez-y sincèrement, ne serait-ce qu'une fois; jamais encore il n'en alla autrement.

N'êtes-vous donc pas saisis à la fois de honte et de colère contre vous-mêmes lorsqu'il vous arrive de vous examiner dans ce sens?

La grande majorité des humains pense que cette existence terrestre n'a d'autre but que l'acquisition de biens matériels et, dans le cas le plus favorable, celui aussi de fonder une famille et d'avoir des enfants. Quiconque ne *pense* pas ainsi *n'agit* pas moins dans ce sens! En partant de tels principes, à quoi sert ce que vous appelez la reproduction et qui, en fait, ne signifie nullement une reproduction: elle ne fait que donner des possibilités d'incarnations à d'autres esprits humains afin que ceux-ci continuent à se perfectionner et à se défaire de fautes anciennes. Par votre comportement, vous augmentez le poids de vos fautes, car vous empêchez par là l'ascension de tous les esprits que vous élevez en tant que vos enfants pour les mêmes buts futiles.

A quoi bon ériger un royaume terrestre si ce n'est à la gloire de Dieu, si on n'y œuvre pas dans le sens voulu par Dieu, sens que vous ignorez encore totalement et que jusqu'à présent, vous n'avez même pas voulu chercher à connaître étant donné que vous avez placé *vos* aspirations au-dessus de toute autre chose. Vous ne recherchez que *votre* propre satisfaction, et vous attendez encore de Dieu qu'Il bénisse votre méchant ouvrage! Quant à servir Dieu et à remplir vos devoirs envers Lui, vous n'en avez pas la moindre envie.

A présent vont se trouver anéantis les agissements égocentriques de l'humanité de la Terre; dans son égarement, elle ose encore mêler le nom de Dieu à tout ce qui est faux, souillant ainsi ce qu'il y a de plus sacré!

Étant donné que vous ne parviendriez jamais de votre plein gré à cette maturité, vous serez précipités du haut du trône érigé par vos arguties intellectuelles afin que quelques-uns d'entre vous au moins soient encore en mesure d'acquérir la faculté de recevoir en pure humilité la vraie Sagesse issue des sommets divins; elle seule peut faire de vous des êtres humains.

Ce qui ne vous convient pas, vous le calomniez et vous saisissez bien vite des pierres pour vous débarrasser de tout ce qui vous importune, de tout ce qui essaie de vous troubler et vous empêche de vous glorifier vous-mêmes plus longtemps.

Vous préférez acclamer les trabans de Lucifer qui flattent votre vanité et attisent votre présomption afin de vous couper d'autant plus sûrement de la Lumière et de vous maintenir dans la paresse d'esprit qui conduit fatalement votre être véritable au sommeil mortel.

Mais moi je vous dis que vous allez à présent être réveillés de l'ivresse, de l'oppressant vertige qui vous tient déjà enserrés dans ses griffes d'airain. C'est *contre* votre volonté qu'il vous faudra vous éveiller, ne serait-ce que pour reconnaître encore au dernier moment, et dans le plus atroce désespoir, ce que vous avez abandonné de plein gré par votre tiédeur criminelle, avant d'être précipités dans le bourbier qui vous paraît si désirable!

La Terre va à présent être purifiée, ainsi que l'univers entier. Il ne doit désormais plus rien rester de la fange afin que, dans la paix et dans la joie, les créatures puissent servir leur Seigneur, le Dieu Tout-puissant qui, dans Son Amour, leur accorda jadis de jouir consciemment de toutes les bénédictions de la création.

Quiconque voudra à nouveau y semer la confusion en n'observant pas les Lois de Dieu dans la création – voire en s'y opposant – sera impitoyablement éliminé car, en agissant ainsi, il ne vous apporte qu'envie, haine, douleur, maladie et mort.

Toutes ces tribulations ne pourront encore vous être épargnées que si vous vous efforcez de connaître réellement la *Parole du Très-Haut* et si vous la respectez. Mais, pour ce faire, il faut auparavant qu'Elle soit comprise dans *son sens exact*. Or, jusqu'à présent, vous ne l'avez toujours interprétée que de la façon qui vous était agréable *à vous*, et non telle qu'Elle fut donnée par Dieu pour vous secourir et vous sauver de la plus grande détresse.

Cependant, vous n'avez pas hésité à asservir à votre orgueil jusqu'à la Sainte Parole elle-même afin qu'en dénaturant son sens véritable, Elle ne serve que *vous* alors que, pour votre propre salut, c'était *à vous* de La servir *dans le sens* où Elle vous fut donnée!

Qu'avez-vous fait de la Parole de Dieu dans vos interprétations et même déjà dans sa transcription! Que vous puissiez en débattre, que vous, en tant qu'êtres humains de la Terre, vous vous réunissiez pour en délibérer, vous perdant en conjectures, cela seul témoigne déjà d'une base incertaine et du manque de clarté dans ce que vous avez osé présenter comme étant la pure et sublime Parole de Dieu! La Parole du Seigneur est intangible, simple, claire et ciselée dans la création comme dans de l'airain.

Là où Elle n'est ni obscurcie ni déformée, il est impossible d'ergoter et de délibérer à son sujet. Elle est compréhensible pour *chaque* créature.

Pour vous cependant, dans votre présomption ridicule, la grandeur de cette simplicité était encore trop insignifiante! Dans l'obscure officine de votre cerveau, vous vous êtes livrés sur la Parole à un travail laborieux jusqu'à ce que vous soyez parvenus à la déformer et à la modeler *de façon telle* qu'Elle vous convienne *à vous*, qu'Elle corresponde à vos petits désirs terrestres, à vos faiblesses ainsi qu'à la haute opinion que vous avez de vous-mêmes et de votre importance.

Vous avez ainsi élaboré un produit qui devait vous servir et qui flattait votre vanité.

Car cette humilité que vous affichez en parlant de vos grands péchés pour lesquels un *Dieu* a fait le sacrifice de l'expiation n'est rien d'autre que la plus vile des vanités. *Un Dieu, pour vous!* Comme vous devez donc vous croire précieux! Et pour cela, vous n'avez rien d'autre à faire que daigner condescendre, après bien des sollicitations, à demander tout simplement l'absolution!

Pourtant, devant semblables réflexions, même le plus présomptueux,

183

dans son hypocrite humilité, devrait assurément se sentir quelque peu mal à l'aise.

Mais ce n'est là qu'un fait parmi tant d'autres. Vous avez tout déformé, absolument *tout* ce qui devait éclairer vos rapports de créatures autoconscientes à l'égard du grand Créateur!

Sous l'effet de la présomption de l'humanité de cette Terre, rien de tout cela n'est demeuré pur et noble. C'est pourquoi l'attitude qu'il convient d'avoir à l'égard de Dieu s'altéra d'elle-même et devint fausse.

Présomptueusement, dans l'attente d'une bonne récompense ou quémandant de méprisable manière, ce n'est qu'*ainsi* que vous vous êtes présentés devant votre Seigneur, si tant est que, pour une fois, vous ayez pris la peine et le temps de penser vraiment à Lui, sous la contrainte de mainte détresse devant vous atteindre de par la réciprocité des effets déclenchés par vos agissements.

Mais à présent il faut enfin vous réveiller et accepter la Vérité telle qu'Elle *est réellement*, et non telle que *vous* l'imaginez! Ainsi, ce qui est faux s'écroule, et les lacunes dues à une prétention hypocrite à vouloir mieux savoir se trouvent révélées. Rien ne peut plus se dissimuler dans les ténèbres car dorénavant, par la Volonté de Dieu, la Lumière se fait afin que les ténèbres s'effondrent et disparaissent.

La Lumière se fait désormais aussi sur la Terre et dans l'immense domaine de la matière! Embrasant tout, Elle irradie en tout lieu, désagrégeant et consumant tout le mal de même que tout mauvais vouloir. Ce qui est erroné doit se manifester – où qu'il tente de se dissimuler – il doit s'effondrer de soi-même sous le rayon de la Lumière divine qui illumine à présent la création entière. Tout ce qui n'est pas conforme aux sublimes Lois de Dieu et se refuse à vivre d'après elles, sombrera dans les profondeurs, sombrera dans les régions de l'anéantissement d'où il ne pourra jamais plus resurgir!

TOUT CE QUI EST MORT DANS LA CRÉATION
DOIT ÊTRE RÉVEILLÉ AFIN DE SE JUGER

JUGEMENT dernier! chaque prophétie qui s'y rapporte annonce la résurrection de tous les morts pour le Jugement final. Mais, là encore, dans l'idée que les humains se sont faite de cette expression, ils ont introduit une erreur, car cela ne signifie pas: résurrection de *tous* les morts, mais bien résurrection de *tout* ce qui est mort, c'est-à-dire: animation de tout ce qui est sans mouvement dans la création afin de devenir *vivant* pour le Jugement de Dieu et d'être élevé ou anéanti en se manifestant.

A présent, rien ne reste sans mouvement car la Force vivante qui flue actuellement avec une plus grande intensité à travers toute la création pousse, fait pression et force toute chose à se mettre en mouvement. De ce fait, tout devient plus fort, même ce qui jusqu'alors était à l'état de repos ou sommeillait. Tout se trouve réveillé, renforcé, et est donc *contraint* de s'activer. Dans le réveil de cette activité, tout est pour ainsi dire traîné devant la Lumière, même ce qui voulait rester dissimulé. On peut aussi dire que tout se manifeste spontanément en pleine lumière, tout doit se révéler et ne peut plus continuer à sommeiller, où qu'il se trouve. En langage courant: «Tout apparaît au grand jour!»

Tout devient vie, activité dans l'ensemble de cette création sous l'effet de l'irruption nouvelle de la Lumière! Lors de ce processus, la Lumière exerce une puissante attraction... avec ou sans le vouloir de ce qui repose dans cette création, ou même s'y cache. Tout entre finalement en contact avec cette Lumière et ne peut l'éviter: eût-il les ailes de l'aurore, il n'est aucun endroit dans la création entière qui puisse l'en protéger! Il n'est rien qui ne soit mis en lumière.

Or, par suite du mouvement de l'attraction, ce qui ne supporte pas cette radiation, donc ce qui n'aspire pas déjà spontanément à la Lumière, sera contraint d'être brisé et consumé par cette même Lumière. Par contre, ce qui est branché sur la Lumière s'épanouira et s'affermira dans la pureté de son vouloir.

Il en va de même de toutes les *caractéristiques* propres aux âmes humaines de cette Terre. Ce qui jusqu'à présent semblait mort en elles et sommeillait – souvent à l'insu des hommes eux-mêmes – sera, sous l'effet de la Force, réveillé et renforcé, se transformant en pensées et en actes afin de se juger soi-même devant la Lumière, selon son genre et dans son activité. Pensez que tout ce qui repose *en vous* prend vie! Voilà en quoi consiste la résurrection de tout ce qui est mort. Jugement vivant! Jugement dernier!

Vous devez alors venir à bout de tout ce qui est en vous, vous devez vous purifier, ou bien vous périrez avec le mal si ce dernier arrive à devenir trop puissant en vous. Alors il vous *tient:* bouillonnantes, ses vagues se referment sur vous pour vous entraîner dans le gouffre de l'anéantissement, car dorénavant il ne peut plus subsister dans la splendeur de la Force divine.

Or, je vous ai donné la Parole. Elle vous montre le chemin qui, lors du réveil de cette création, vous conduit infailliblement vers les cimes lumineuses, le chemin qui vous empêche de sombrer, quoi qu'il arrive et quel que soit ce qui tente de se rallumer en vous. Si vous avez levé le regard vers la Lumière avec fidélité et conviction, si vous avez saisi ma Parole comme il se doit, si vous l'avez accueillie en votre âme, vous vous élèverez sereinement hors de la confusion, purifiés et décantés, libres de tout ce qui aurait pu jadis vous empêcher d'entrer au Paradis.

En conséquence, veillez et priez afin que la présomption et la vanité – les plus redoutables embûches pour les humains de cette Terre – ne puissent troubler la clarté de vos vues. Soyez sur vos gardes! Selon la façon dont vous aurez à présent préparé le terrain en vous, il en adviendra de vous dans l'épuration de la création.

LE LIVRE DE LA VIE

DE MÊME que l'obscurité s'étendit sur le Golgotha lorsque Jésus, la Lumière vivante, quitta cette Terre, de même s'étend-elle désormais sur l'humanité, lui rendant la grande souffrance qu'elle infligea à l'Amour de Dieu, selon la manière cruelle de l'intellect retors totalement incapable de la moindre vibration intuitive. En effet, étant l'instrument le plus puissant de Lucifer, l'intellect était sacré pour vous!

Vous, les hommes, essayez donc à présent de vous protéger de la Sainte Colère de Dieu à l'aide de votre intellect, si vous le pouvez! Défendez-vous contre la Toute-puissance de Celui qui vous fit la grâce de mettre à votre disposition *cette* partie de la création que vous avez dévastée, souillée, la rendant semblable à une écurie où les bêtes sont laissées à l'abandon de sorte que seules la souffrance et la misère y ont encore droit de cité! En effet, devant votre façon d'agir erronée et votre vouloir ténébreux, toute paix ainsi que la joie s'enfuient; horrifiée, toute pureté se cache.

Essayez de vous dissimuler pour échapper à l'inflexible Justice de Dieu! Elle vous atteint *partout* dans l'inexorable accomplissement de la Volonté divine, sans rien vous remettre de l'immense faute dont vous vous êtes chargés par votre entêtement et votre obstination.

Vous êtes jugés avant même d'être en mesure de balbutier un seul mot d'excuse, et toutes les prières, toutes les supplications, tous les blasphèmes ou imprécations ne vous servent à rien. En effet – faute impardonnable – c'est uniquement pour entretenir vos vices que vous avez utilisé et gaspillé à présent le dernier délai dont vous disposiez pour un examen de conscience et un retour sur vous-mêmes.

Ce n'est pas un avertissement que je vous adresse là: il est trop tard pour cela. Loin de moi l'idée de vous exhorter plus longtemps, comme je l'ai fait depuis des années! Souvenez-vous en simplement dans ce qu'il vous sera donné de *vivre* à l'avenir. Voilà pourquoi je vous annonce une fois encore ce que cette époque vous réserve. En avoir connaissance vous *allégera* peut-être mainte souffrance, même si cela ne peut plus rien y changer.

Vous savez qu'il s'agit d'acquitter la dette dont vous vous êtes personnellement et volontairement chargés puisque personne ne vous y a contraints. Si, grâce à ma Parole, vous pouvez dans la souffrance accéder à la connaissance et si une ardente aspiration vers la Lumière et vers la Pureté monte alors en vous, prenant la forme d'une humble prière, vous pouvez encore être sauvés au moment du naufrage, car l'Amour de Dieu demeure vigilant.

Alors il vous sera donné de surcroît de voir la vie nouvelle que le Seigneur n'accordera qu'à *ceux* qui sont disposés à vibrer en accord avec les Saintes Lois de Sa création, à ceux qui préservent Sa demeure – où vous n'êtes que des hôtes – de tout agissement hostile à la Lumière et qui ne dévastent plus de façon criminelle les merveilleux jardins dont la splendeur et la pureté doivent être pour eux à jamais une source de joie afin d'y devenir forts.

Ô aveuglés que vous êtes, pourquoi n'avez-vous pas voulu vous réveiller? Tant d'épreuves auraient pu vous être épargnées! Mais les choses étant ce qu'elles sont, votre existence doit se draper dans les voiles gris d'une profonde mélancolie, voiles dont seuls les éclairs fulgurants de la Sainte Colère de Dieu peuvent, une fois encore, vous apporter la délivrance et la rédemption.

Et cette Colère fondra sur vous avec une puissance insoupçonnée lors du Saint Jugement!

Cependant, le Jugement est *autre* que ce que vous imaginez. Vous avez connaissance d'un Livre de la Vie que le Justicier de Dieu ouvrira à l'heure fixée pour *chacun*.

Le Livre de la Vie contient *les noms* de toutes les créatures qui sont venues à l'existence, et rien d'autre!

Quant aux pages écrites qui font partie du grand Livre de la Vie et qui montrent pour chaque individu le «pour» et le «contre» de toute pensée et de toute action, ce sont *les âmes elles-mêmes* sur lesquelles s'est imprimé tout ce qu'elles ont vécu ou accompli au cours des pérégrinations de leur existence.

C'est *là* que le Juge est en mesure de lire clairement le pour ou le contre. Or, là encore, vous vous faites une fausse image de cette façon de lire. Cela aussi est beaucoup plus simple que ce que vous essayez de vous représenter.

Le Juge ne fait pas comparaître chaque âme séparément devant Lui, au pied de Son trône; Il envoie au contraire, sur l'ordre de Dieu, les coups de Son glaive *dans l'univers!* Les coups du glaive sont des *radiations* qui partent et atteignent *tout* dans la création!

Reconnaissez la grande simplicité et l'étonnant naturel de l'ensemble! Le Justicier n'envoie pas ces rayons consciemment ou intentionnellement aux uns ou aux autres. Non! Il les *émet* tout simplement sur l'ordre sacré de Dieu, car c'est la Force de *Dieu* qui est à l'œuvre; rien d'autre ne pourrait agir de la sorte si ce n'est Sa très Sainte Volonté!

Les coups portés par les irradiations, ou radiations, traversent donc la création entière, mais avec une force encore *jamais atteinte jusqu'ici.*

Rien n'est capable de se soustraire à leur action! C'est ainsi que, selon la Loi de l'activité de la création, le rayon de la Force divine atteint aussi *chaque âme* à l'heure dite.

Tout ce que l'âme humaine porte encore en elle au moment où l'atteint le rayon divin – rayon qui lui est totalement invisible – tout cela doit prendre vie et aussi se manifester, se traduire en actes afin que se boucle *par là* son dernier cycle, accablant ou élevant cette âme.

Toute erreur et tout mal dont une telle âme, au cours des pérégrinations de son existence, a déjà pu se défaire grâce à des expériences vécues en des dénouements conformes aux lois de la création, se trouvent effacés, exactement comme s'ils n'avaient jamais existé; ils n'adhèrent donc plus à cette âme qui cesse dès lors d'en porter la marque. Elle en est délivrée et purifiée et n'a donc plus de préjudice à craindre.

Seul ce qui n'a *pas encore* clos son cycle et qui, par conséquent, adhère encore à l'âme et lui est relié, se voit tout simplement contraint de clore ce cycle sous la pression de la Lumière: s'animant, il se manifeste en essayant de devenir actif et, par là, il reçoit aussi le coup qui lui revient de droit.

La force des coups correspond à chaque fois exactement à celle du vouloir individuel qui, se déclenchant selon la loi de la *réciprocité des effets*, se retourne *contre* l'âme qui est le point de départ de ce vouloir. Tout se trouve intensifié actuellement par l'irrésistible pression de la Lumière et refoulé vers son point de départ, vers l'âme, qu'il s'agisse de bien ou de mal.

Et tout ce qui normalement, dans la marche pesante de l'environnement condensé et durci de toutes les âmes humaines de cette Terre, aurait peut-être encore nécessité de nombreux millénaires pour boucler son cycle, tout cela se trouve à présent comprimé en quelques lunes, sous l'impulsion donnée au mouvement – impulsion inattendue de tous les hommes en raison de l'intensité des coups portés par la Lumière.

C'est *ainsi* qu'opère le Jugement universel dans sa simplicité naturelle! Cette fois, c'est *vraiment* le *«Jugement dernier»* qui vous fut si souvent prédit! Mais ses dénouements sont bien différents de ce que vous vous imaginiez. Ce qui vous a déjà été annoncé jadis à ce sujet vous fut donné *en images* parce que vous ne l'auriez absolument pas compris sous une autre forme.

Cependant, grâce au Message du Graal, votre connaissance de l'activité qui s'exerce dans la création s'est élargie et, de ce fait, il peut vous en être dit toujours davantage, car aujourd'hui, par mon Message, vous pouvez déjà le comprendre.

Les coups de glaive du Jugement dernier pénètrent dans la création sous forme de puissantes irradiations de Lumière et fluent à travers l'ensemble des canaux déjà formés par les achèvements auto-actifs des Lois divines dans la création. Ces achèvements ont pour point de départ et pour base les intuitions, les pensées, le vouloir et aussi les actions humaines.

Par conséquent, par l'intermédiaire de ces canaux déjà existants, les rayons justiciers sont acheminés vers toutes les âmes avec une infaillible certitude, pour s'y manifester selon l'état respectif des âmes concernées, mais de façon *tellement* accélérée que l'existence entière de ces âmes est amenée en quelques mois à *l'ultime clôture du cycle* de l'ensemble des activités passées et présentes. Ces âmes s'élèveront ou s'effondreront, elles seront stimulées et fortifiées ou bien anéanties, en parfaite conformité avec leur véritable état intérieur.

Tel est le Jugement! *Aujourd'hui*, grâce au Message, vous pouvez comprendre le processus décrit ici.

Vous n'auriez pu le saisir plus tôt; c'est pourquoi tout devait vous être annoncé sous forme d'images simples correspondant approximativement au déroulement de ce processus.

Or, ces coups du Jugement dernier s'acheminent déjà vers vous, vers chacun dans la création, peu importe qu'il soit ou non porteur d'un corps terrestre.

Les premiers coups vous ont déjà atteints, et tout ce qui reste encore attaché à vos âmes s'anime.

Mais même les *derniers* – ceux qui apportent l'anéantissement ou l'élévation – sont envoyés avec la plus implacable rigueur afin de parfaire l'épuration sur cette Terre. D'ores et déjà, ils se précipitent vers l'humanité et rien n'est en mesure de s'opposer à eux, où que ce soit. A l'heure précise fixée par Dieu, ils atteindront l'humanité de façon inexorable, mais en toute justice!

LE RÈGNE DE MILLE ANS

TELLE une légende, il hante la pensée de nombreux êtres humains qui ont connaissance de la prophétie mais n'en ont toutefois qu'une notion vague, sans forme, car nul ne peut s'en faire une juste image.

Le Règne de mille ans! Ceux qui prétendent au savoir ont sans cesse fait de nouvelles tentatives pour expliquer la manière dont se réaliserait cette grande période de paix et de joie qui y serait incluse. Cependant, jamais encore on ne réussit à approcher la Vérité. Tous ont fait fausse route en attribuant un rôle beaucoup trop important aux humains de la Terre, comme cela se produit invariablement pour toutes les pensées des hommes. En outre, ils ont admis des notions déjà existantes sur lesquelles ils ont construit; c'est pourquoi chacune de ces constructions devait déjà d'emblée être considérée comme erronée, quelle qu'en soit la nature.

De plus, l'être humain en oublia l'essentiel. Il ne tint pas compte de la condition préalable, contenue elle aussi dans la promesse, à savoir *qu'avant* l'avènement du règne millénaire de paix, il fallait que *tout* devienne *nouveau* au cours du Jugement. Telle est la base indispensable du nouveau règne. Il ne peut s'édifier sur le terrain actuel. *Tout* ce qui est ancien doit auparavant devenir nouveau.

Cela ne signifie pas, cependant, que ce qui est ancien doive retrouver de nouvelles forces sous la même forme que celle qu'il a connue jusqu'alors. L'expression «nouveau» implique au contraire une modification, un remaniement de ce qui est ancien.

C'est faute d'y avoir pensé que l'être humain, lors de ses cogitations, n'a jamais progressé dans l'idée qu'il s'en était faite.

Ce qui, au cours du Jugement, doit d'abord changer le plus, c'est l'être humain lui-même; en effet, c'est lui seul qui a provoqué le désordre dans la postcréation. C'est par lui, par son vouloir erroné, que le mal s'est répandu sur le monde.

La beauté, la pureté et la santé originelles – qui résultent toujours d'une vibration harmonieuse avec les Lois primordiales de la création – ont été peu à peu déformées et altérées par le vouloir erroné de cette humanité. Au lieu d'une saine maturation menant vers la perfection, seules des caricatures purent encore se former au cours de l'évolution qui jamais ne s'arrête.

Imaginez le potier assis devant son tour, et devant lui l'argile dont la malléabilité permet de modeler n'importe quelle forme. Le tour, cependant, n'est pas mû par le potier lui-même, mais par une courroie de transmission, elle-même maintenue en mouvement par la force d'un moteur.

Or, sous la pression des doigts, l'argile prend forme grâce à la rotation incessante accomplie par le tour sur lequel elle a été placée. Et c'est *selon* la pression du doigt que naît peu à peu la forme; elle peut devenir belle, comme elle peut devenir disgracieuse ou laide.

C'est de la même façon qu'œuvre l'esprit humain en ce monde qu'est la postcréation. Il exerce la direction par son vouloir, c'est-à-dire que, en tant qu'esprit, il exerce une pression sur certains éléments de l'essentialité qui façonnent à la fois la matière subtile et la matière dense. Pour un esprit, l'essentialité est le doigt qui exerce la pression selon son vouloir. L'argile correspond à la matière subtile et à la matière dense, tandis que le mouvement se déroulant indépendamment de l'esprit humain correspond aux mouvements auto-actifs des Lois originelles de la création qui, pareils à des courants, poussent sans cesse à l'évolution tout ce que forme l'homme grâce à son vouloir.

C'est ainsi que le vouloir de l'esprit humain est responsable de bien des choses qui se déroulent dans la postcréation. En effet, en tant qu'esprit, c'est *lui* qui exerce la pression déterminant le genre que prendra la forme. Il ne peut rien vouloir sans former simultanément quelque chose, peu importe ce que c'est! En conséquence, il ne peut jamais non plus se soustraire à cette responsabilité pour toutes les formes qu'il a créées. Son vouloir, ses pensées et ses actes, tout prend forme dans les rouages de ce monde. Que l'homme l'ait ignoré ou n'ait pas cherché à le savoir, cela ne tient qu'à lui, c'est sa faute! Son ignorance ne change rien au résultat.

Ainsi, par son vouloir erroné, son entêtement et sa présomption, il a non seulement empêché tout véritable épanouissement mais encore corrompu la postcréation et, au lieu d'être bénéfique, son action ne fut que néfaste!

Les exhortations transmises par des prophètes, puis par le Fils de Dieu Lui-même, ne suffirent pas à le faire changer d'avis afin de l'amener à prendre le bon chemin. Il ne le *voulut* pas et cultiva toujours davantage sa prétention à devenir le maître du monde, prétention qui renfermait déjà le germe de son inévitable perdition. Ce germe grandit en même temps que cette présomption, préparant les catastrophes qui doivent à présent se déclencher selon la Loi qui œuvre de toute éternité dans la création, Loi que l'homme a négligé de reconnaître parce que sa prétention à vouloir être le maître l'en empêchait.

Les catastrophes à venir ont pour unique cause la déviation imprimée aux Lois divines primordiales par le vouloir erroné des esprits humains dans la postcréation, car ce vouloir erroné a perturbé tous les courants de force qui se manifestent auto-activement. Leur parcours ne saurait cependant être modifié impunément étant donné que, une fois noués et enchevêtrés, ils se dénoueront *violemment* au moment voulu. Dénouer, démêler tout cela se manifeste par ces répercussions que nous nommons catastrophes, qu'il s'agisse des affaires publiques, des familles, des individus ou de peuples entiers, ou encore des forces de la nature.

Ainsi, tout ce qui est faux s'effondre sur soi-même et se juge sous l'effet de la force inhérente à ces courants que l'orgueil humain a orientés de façon erronée et différente de ce qui était voulu de Dieu. En effet, ces courants ne peuvent être *que* source de bénédictions lorsqu'ils suivent *les voies* qui sont prévues pour eux par les Lois primordiales, c'est-à-dire qui ont été déterminées par le Créateur, mais pas autrement!

Voilà pourquoi l'issue a pu être prévue depuis des millénaires déjà; en effet, étant donné l'attitude résultant d'un vouloir erroné de la part des humains, il ne pouvait en être autrement, les ultimes achèvements de tout événement restant toujours strictement soumis aux Lois primordiales.

Or, comme les esprits humains ont prouvé leur incapacité totale à reconnaître leur mission dans cette création, comme ils ont prouvé qu'ils ne voulaient pas remplir le moindre devoir parce qu'ils avaient rejeté et interprété faussement tous les avertissements donnés par des appelés et par les prophètes, voire par le Fils de Dieu Lui-même – scellant leur hostilité par la crucifixion – Dieu intervient désormais *de vive force*.

D'où le Règne de mille ans!

C'est uniquement par la *force* que la postcréation peut encore être secourue, ainsi que les hommes ayant prouvé qu'ils ne sauraient se résoudre de leur plein gré à s'engager sur le droit chemin qu'ils doivent suivre dans la création pour y vivre selon la Volonté de Dieu et y œuvrer de façon bénéfique en tant que créatures spirituelles, ce qu'ils sont en vérité.

Voilà la raison pour laquelle, lors du Jugement, l'humanité se trouve à présent *privée de ses droits*, elle est *déshéritée* pour un temps du droit dont disposait jusqu'à ce jour la *volonté humaine* de dominer dans la postcréation en guidant et en formant! Elle est déshéritée pour mille ans afin que la paix puisse enfin naître ainsi que l'aspiration vers la Lumière, conformément aux Lois primordiales dans la création, Lois envers lesquelles l'homme s'est jusqu'à présent montré hostile.

Donc, le fait de déshériter l'humanité de tous les droits qu'elle détenait jusqu'à ce jour dans la postcréation rend possible et garantit l'avènement du Règne de paix dont on avait depuis si longtemps la nostalgie. C'est *ainsi* que l'homme se présente devant son Dieu. C'est de *cela* qu'il lui faut maintenant rendre compte. *Voilà* le sens et la nécessité du Règne millénaire de Dieu ici sur Terre. C'est là une triste vérité qui est on ne peut plus humiliante pour cette humanité! Mais… c'est la seule façon de l'aider.

Ainsi le Règne de mille ans sera-t-il *une école pour l'humanité*, une école destinée à lui apprendre *comment* elle doit se comporter dans cette postcréation, y penser et y agir pour s'acquitter correctement des devoirs qui lui incombent et accéder par là même au bonheur.

A cette fin, la suprématie de la volonté humaine dans la postcréation sera dorénavant suspendue pour mille ans après qu'aura été anéanti, au cours du Jugement, ce qu'elle a semé et conduit de façon erronée.

Durant les mille ans, seule règne la Volonté de Dieu, Volonté à laquelle tout esprit humain doit se soumettre dès qu'il a pu réussir à passer par l'épreuve du Jugement.

Mais si par la suite une faillite se répète comme par le passé, l'humanité doit s'attendre à l'anéantissement total.

Tel est le Règne de mille ans, tel est son but! Dans sa présomption et dans l'illusion de sa propre importance, l'humanité s'en est fait une tout autre image, mais elle apprendra ce qu'il est en réalité et devra en faire l'expérience vécue.

Là encore, il ne faut voir qu'une *Grâce* de Dieu, destinée à aider ceux dont le vouloir est réellement pur.

195

UNE PAROLE NÉCESSAIRE

Prends garde, esprit humain, car ton heure est venue! Tu consacres exclusivement à l'impiété le temps qui t'est accordé pour l'évolution à laquelle tu aspirais ardemment.

Fais attention, toi que la présomptueuse suffisance de ton intellect a précipité dans les bras des ténèbres qui, triomphantes, referment aujourd'hui leurs griffes sur toi!

Lève les yeux: te voici dans le Jugement de Dieu!

Réveillez-vous et tremblez, vous qui, par votre esprit borné et vos vues étroites, voltigez autour du veau d'or des valeurs périssables de la Terre, attirés, tels des phalènes, par leur éclat trompeur. C'est à cause de vous que Moïse, emporté par le courroux de la déception, brisa jadis ces tables des Lois de votre Dieu qui devaient vous aider à monter vers la Lumière.

Cette destruction fut le vivant symbole montrant que l'ensemble de l'humanité ne méritait pas d'avoir connaissance de la Volonté de Dieu, de cette Volonté qu'elle repoussait par sa conduite frivole et sa présomption terrestre pour danser autour d'une idole forgée par elle et s'adonner ainsi à ses propres désirs.

Or, voici que la fin approche avec l'ultime répercussion, les conséquences et le châtiment, car c'est *vous* qui allez désormais vous briser contre cette Volonté que vous avez jadis rejetée avec tant de légèreté.

Alors ni lamentations ni supplications ne vous serviront plus de rien, car des millénaires vous furent accordés pour réfléchir! Mais vous n'avez jamais pris le temps de le faire. Vous ne le vouliez pas et, aujourd'hui encore, dans votre incorrigible présomption, vous vous croyez beaucoup trop avisés pour cela. Que ce soit *précisément là* que se manifeste la plus grande stupidité, vous ne voulez pas le reconnaître. C'est ainsi que vous avez fini par devenir dans ce monde une odieuse vermine qui ne fait plus que dénigrer obstinément toute Lumière car, par votre opiniâtreté à ne fouiller que dans les ténèbres, vous avez perdu au cours de votre recherche toute possibilité de lever librement votre regard, de reconnaître la Lumière ou de La supporter.

C'est ainsi que désormais vous vous êtes vous-mêmes marqués!

Voilà pourquoi, dès que la Lumière rayonnera de nouveau, vous reculerez en titubant, éblouis, et sombrerez alors sans espoir de salut dans l'abîme qui s'est dès maintenant ouvert derrière vous pour engloutir ceux qui sont ainsi réprouvés.

Vous devez y être enchaînés dans une étreinte dont vous ne pouvez vous libérer, afin que tous ceux qui s'efforcent de tendre vers la Lumière trouvent le chemin qui mène vers Elle en une connaissance empreinte de félicité, un chemin débarrassé de votre arrogance et de votre désir de vous contenter de clinquant au lieu d'or pur. Sombrez donc dans cette horreur mortelle que vous vous êtes vous-mêmes créée par vos efforts les plus acharnés! A l'avenir, vous ne pourrez plus troubler la Vérité divine.

Comme ils s'empressent, ces petits êtres humains, de projeter bien loin en avant leur pseudo-science ridicule, comme ils jettent ainsi le trouble parmi tant d'âmes qui pourraient être sauvées si elles n'étaient la proie de charlatans du domaine spirituel! Or, semblables à des voleurs de grand chemin, ces derniers rôdent encore autour du bon sentier durant la première étape, poursuivant *en apparence* la même direction. Qu'offrent-ils donc en réalité? Avec de grands gestes et des expressions rabâchées, fiers et arrogants, ils se réclament de traditions dont ils n'ont jamais compris le sens exact.

Comme le dit si bien l'expression populaire: ils battent de la balle vide; vide, parce qu'ils n'ont pas ramassé en même temps le bon grain qu'ils ne savent pas reconnaître. Une telle étroitesse de vue se rencontre fatalement partout; avec un entêtement stupide, ils se prévalent des idées d'autrui parce qu'ils n'ont eux-mêmes rien à ajouter.

Ils sont des milliers à agir ainsi, et il en est des milliers d'autres qui s'imaginent être *les seuls* à posséder la foi véritable! Emplis d'humilité, ils mettent en garde contre l'orgueil avec une intime satisfaction là où quelque chose dépasse leur entendement. *Ceux-là comptent parmi les pires!* Ce sont précisément eux qui sont dès maintenant des réprouvés parce que leur foi obstinée empêche à jamais de leur porter secours. Lorsqu'ils se seront enfin rendus compte que c'était une erreur, ni l'effroi, ni les lamentations, ni les supplications ne serviront plus à rien. Ils n'ont pas voulu

197

qu'il en aille autrement, ils n'ont pas mis leur temps à profit. Que l'on ne s'afflige pas à leur sujet! Chaque instant est bien trop précieux pour qu'on puisse encore le gaspiller pour ces gens qui prétendent tout mieux savoir car, de toute façon, ils ne parviendront jamais plus à se défaire de leur obstination afin de se réveiller; ils y sombreront au contraire aveuglément, et cela avec des paroles onctueuses et écœurantes, tout en affirmant leur foi en Dieu, leur connaissance du Christ purement imaginaire!

Il n'en va pas autrement des foules qui s'acquittent de leurs obligations religieuses avec la régularité et l'application qu'elles mettent à accomplir leurs autres tâches parce qu'elles les considèrent comme nécessaires, utiles et opportunes, en partie aussi par habitude ou bien parce que c'est «l'usage», peut-être également par prudence naïve parce que, après tout, «on ne sait jamais quel bien cela peut faire.» *Elles seront balayées comme un souffle dans le vent!*

En l'occurrence, il faudrait plutôt plaindre les chercheurs qui, animés d'un réel et sincère désir de recherche, laissent passer l'occasion de se dégager des brousailles où ils fouillent sans trêve, croyant découvrir *là* une voie remontant jusqu'à l'origine de la création. Tout cela ne sert malgré tout à rien et n'admet aucune excuse. D'ailleurs, ils sont peu, très peu nombreux, car la majorité de ceux qui se disent «chercheurs» se perdent dans des futilités dépourvues d'intérêt.

Quant au reste des humains de la Terre, ils n'ont pour la plupart *pas le temps* «d'écouter en eux-mêmes». Ce sont apparemment des gens fort tourmentés, déjà assez surchargés de travail pour obtenir la satisfaction de leurs désirs terrestres, de leurs besoins quotidiens, mais finalement aussi de choses qui les dépassent largement. Ils ne remarquent pas que leurs désirs s'accroissent au fur et à mesure qu'ils sont satisfaits, si bien qu'ils n'en voient jamais la fin. De cette façon, l'être humain qui cherche ainsi ne trouve *jamais* de repos, ni le temps de se réveiller *intérieurement*. Privé de tout but élevé pour l'éternité, esclave des convoitises matérielles, il se laisse harceler tout au long de son existence terrestre.

Épuisé par cette activité, il est finalement aussi obligé de soigner son corps par le repos, le changement et les distractions. De ce fait, il ne lui reste évidemment plus de temps pour ce qui est de nature supraterrestre, pour le spirituel! Mais lorsque de temps à autre son intuition se fait très discrètement sentir au sujet de ce qui vient «après la mort», il devient dans le meilleur des cas quelque peu songeur l'espace d'un instant; cependant cela ne réussit jamais à l'émouvoir, ni à le réveiller. Il s'empresse au contraire de repousser énergiquement toute pensée de ce genre en se plaignant de ne pouvoir s'en occuper, même s'il le voulait vraiment. Il n'en a *tout simplement* pas le temps!

Nombreux sont ceux qui souhaiteraient même que *d'autres* leur en donnent la possibilité. Il n'est pas rare non plus que, dans ce cas, on en vienne à accuser le destin et à murmurer contre Dieu. Bien entendu, chaque parole adressée à ces gens est peine perdue parce qu'ils *ne veulent jamais* reconnaître qu'il n'a tenu qu'à eux-mêmes d'y changer quelque chose.

Seules comptent pour eux les exigences *terrestres* qui augmentent invariablement avec le succès. Jamais ils n'ont *sincèrement* désiré autre chose. Au contraire, ils n'ont cessé d'y opposer toutes sortes d'obstacles. Avec insouciance, ils ont relégué tout cela bien loin à l'arrière-plan et n'y ont recours qu'en cas d'extrême détresse ou au moment de la mort. Pour tous, cela est resté jusqu'à ce jour une chose secondaire pour laquelle on avait tout son temps.

Et si parfois *l'occasion* de s'en occuper sérieusement se présentait, *clairement reconnaissable*, de nouveaux désirs particuliers naissaient aussitôt, qui ne sont jamais rien d'autre que des prétextes tels que: «Je veux *tout d'abord* faire encore ceci ou cela, et ensuite je serai tout à fait prêt à m'en occuper.» C'est exactement ce que le Christ déplorait déjà autrefois.

Nulle part on ne trouve le sérieux qui est indispensable pour ce sujet important entre tous! Cela leur semblait encore beaucoup trop éloigné. C'est la raison pour laquelle *tous* sont à présent rejetés, tous! Pas un seul d'entre eux n'aura accès au Royaume de Dieu!

Ce sont des fruits pourris, inutilisables pour l'ascension, des fruits qui ne cessent de répandre la pourriture autour d'eux. Voyez maintenant vous-mêmes qui *alors* peut encore subsister: Quel lamentable tableau! Mais il n'est malheureusement que trop vrai.

Or, lorsque le Jugement matera l'humanité, elle se prosternera bien vite dans la poussière. Imaginez cependant *dès maintenant* la *façon* dont elle se prosternera alors: ô combien pitoyable, mais en même temps combien arrogante à nouveau car, là encore, elle ne saura que gémir et *supplier qu'on lui porte secours!*

Les humains *attendent que leur soit enlevé* le lourd fardeau dont ils se sont chargés et qui menace finalement de les écraser. *Telle* est alors leur requête! L'entendez-vous bien? Ils prient pour que les tourments soient éloignés d'eux, mais sans avoir à ce moment-là la moindre pensée d'amendement intérieur, sans un *seul* désir sincère de changer de leur plein gré leur fausse façon de voir jusqu'à ce jour, c'est-à-dire leurs aspirations purement terrestres. Il n'y a pas là la *moindre* volonté de reconnaître et d'avouer courageusement les erreurs et les fautes commises jusqu'alors.

Et lorsque, durant la grande détresse, le Fils de l'Homme paraîtra au milieu d'eux, toutes les mains ne manqueront pas de se tendre en gémissant, en suppliant, mais cette fois encore dans le seul espoir que *Son aide réponde à leurs désirs*, c'est-à-dire qu'Il mette fin à leurs tourments et les conduise vers une vie nouvelle.

Quant à Lui, Il repoussera la plupart de ces quémandeurs comme une vermine empoisonnée! Car tous ceux qui supplient ainsi, une fois secourus, retomberaient immédiatement dans leurs anciennes fautes, contaminant en même temps leur entourage. Il accueillera *uniquement ceux* qui Le prient de leur accorder la force de pouvoir enfin se ressaisir en vue d'un amendement durable, ceux qui s'efforcent avec humilité de se libérer de l'obstination dont ils ont fait preuve jusque-là, pour accueillir avec joie la Parole de Vérité issue de la Lumière et y reconnaître leur rédemption.

La compréhension du Message du Graal – de même que jadis celle du Message du Fils de Dieu – ne devient toutefois possible que pour l'esprit humain qui, ayant fait table rase de *tout* ce qu'il a construit pour lui-même sur des conceptions imaginaires, *recommence entièrement à zéro*. A cet égard, les êtres humains doivent auparavant devenir comme des enfants. Toute continuation fondée sur les erreurs actuelles est impossible. Il faut un *renouvellement* total à partir de la base, prenant racine et force dans la simplicité et l'humilité.

Si les humains devaient être secourus comme ils le demandent à l'heure du danger et de la détresse, tout serait à nouveau bien vite oublié dès l'instant où les tourments seraient simplement écartés d'eux. Au lieu de se mettre à réfléchir, ils recommenceraient, par manque de discernement, à critiquer sans scrupules.

Un tel gaspillage de temps sera tout à fait impossible à l'avenir, car l'existence de cette partie cosmique doit se hâter vers sa fin. Désormais, pour tout esprit humain, il s'agit de se décider: pour – ou contre! Soit le salut en se dégageant des enchevêtrements qu'il a lui-même créés, soit la chute qui en est la conséquence.

Le choix est libre. Mais les suites de la résolution sont précises et irrévocables!

Comme délivrés d'une grande pression, ceux qui auront été sauvés reprendront alors haleine en exultant après que, sous les coups de glaive de la Lumière, les abjectes et répugnantes ténèbres, avec les créatures qui veulent s'accrocher à elles, auront enfin dû sombrer à la place qui leur revient.

Alors la Terre renaîtra, virginale, purifiée de toute pensée pestilentielle, et la paix fleurira parmi tous les hommes.

LA GRANDE COMÈTE

Des initiés parlent depuis des années déjà de la venue de cette Étoile d'une importance particulière. Le nombre de ceux qui l'attendent s'accroît sans cesse; les signes deviennent de plus en plus précis, si bien qu'en réalité sa venue est attendue pour bientôt. Cependant, ce qu'elle signifie à proprement parler, ce qu'elle apporte et d'où elle vient, voilà qui n'a pas encore été très bien expliqué.

On croit savoir qu'elle apporte des bouleversements décisifs. Cependant, cette Étoile signifie davantage.

On *peut* la nommer Étoile de Bethléem parce qu'elle est d'une nature tout à fait semblable à celle de cette dernière. Sa force soulève les eaux, provoque des catastrophes météorologiques et bien d'autres choses encore. La Terre tremble lorsque ses rayons l'enveloppent.

Depuis l'événement de Bethléem, il ne s'est rien produit de semblable. Tout comme l'Étoile de Bethléem, elle aussi quitta à un moment donné le royaume éternel du spirituel primordial pour agir sur cette Terre précisément à l'époque où l'humanité entière doit connaître des années d'illumination spirituelle.

L'Étoile va son chemin en *droite* ligne depuis le Royaume éternel jusqu'à cette partie cosmique. Son noyau est chargé d'une éminente force spirituelle; il s'enveloppe de matière et deviendra de ce fait également visible aux hommes de la Terre. Sûrement et inéluctablement, la Comète poursuit sa route; elle sera à l'heure dite sur le plan voulu, ainsi qu'il en a été décidé depuis des millénaires.

Les premiers effets directs se sont déjà déclenchés au cours des dernières années. Celui qui ne veut ni voir ni entendre, celui qui ne trouve pas ridicule de faire encore passer pour banal tout ce qui s'est déjà produit *d'extraordinaire*, celui-là, évidemment, ne peut attendre aucun secours: ou bien il veut faire l'autruche par peur, ou bien il se trouve affligé de la plus fâcheuse étroitesse de vue. Il faut laisser ces deux catégories de gens poursuivre tranquillement leur chemin, on ne peut que sourire de leurs affirmations facilement réfutables.

Aux initiés, cependant, on pourrait déjà dire où frappent les premiers rayons *puissants*. Toutefois, étant donné que ces rayons cernent progressivement la Terre entière, il n'y a pas lieu de fournir à ce sujet des renseignements plus explicites. Des années s'écouleront avant que n'arrive ce moment, et d'autres encore avant que la Comète ne libère à nouveau la Terre de son influence.

Alors elle sera *purifiée* et *revivifiée* à *tous points de vue*, pour le salut et pour la joie de ses habitants. Jamais elle n'aura été aussi belle qu'elle le sera à ce moment-là! Que tout croyant envisage donc l'avenir avec une paisible confiance, qu'il ne s'effraie pas, quoi qu'il puisse advenir au cours des prochaines années! S'il peut, en toute confiance, lever le regard vers Dieu, il ne lui arrivera aucun mal.

L'INITIATEUR DES MONDES

Il se nomme Initiateur des mondes, non parce qu'Il doit instruire le monde ou fonder éventuellement une religion qui unit le monde (au sens plus étroit la Terre, ou encore l'humanité terrestre), c'est-à-dire une religion qui domine la Terre, mais on L'appelle Initiateur des mondes parce qu'Il *explique* le «monde», qu'Il apporte l'enseignement concernant le monde, c'est-à-dire ce que l'être humain doit réellement savoir. Il enseigne à *reconnaître* le «monde» dans son action auto-active afin que l'homme de la Terre puisse s'y conformer et que, par là, l'ascension consciente devienne possible pour lui en reconnaissant les authentiques lois de l'univers.

Il s'agit donc d'une initiation au monde, d'un enseignement concernant le monde, la création.

Derrière cet authentique Initiateur des mondes se dresse – comme ce fut jadis le cas pour le Christ – visible aux *clairvoyants purs*, rayonnante… la grande *Croix du Rédempteur!* On peut dire également: *«Il porte la Croix!»* Toutefois, cela n'a rien à voir avec la souffrance ou le martyre.

Ce sera là l'un des signes, «vivant et rayonnant», qu'aucun bateleur ou magicien, si habile soit-il, n'est capable de simuler, signe permettant de reconnaître l'authenticité absolue de Sa Mission!

Cet événement supra-terrestre n'est cependant pas sans relation avec l'ensemble; il n'a rien d'arbitraire et n'est donc pas contraire à la nature. On saisit immédiatement le rapport dès que l'on connaît le véritable sens de l'authentique «Croix du Rédempteur». La Croix du Rédempteur n'a pas la même signification que la croix de souffrance du Christ, croix qui, en vérité, ne pouvait racheter l'humanité, ainsi que je l'explique en détail dans la conférence «La mort du Fils de Dieu sur la croix et la Cène», et comme je le répète à plusieurs reprises. Il s'agit de quelque chose de bien différent, apparemment simple, là encore, et pourtant d'une prodigieuse grandeur.

La Croix était déjà connue avant la venue du Christ sur Terre. Elle est le signe de la Vérité divine! Elle n'en est pas seulement le signe mais Sa forme vivante. Étant donné que le Christ était le Dispensateur de la Vérité divine, de la Vérité inaltérée, et qu'Il venait de la Vérité, qu'Il se trouvait en liaison directe avec Elle, qu'Il en portait une partie en Lui, Elle Lui était inhérente et émanait donc de Lui de façon vivante. Elle est *visible* dans la Croix vivante, donc resplendissante et *rayonnante* par Elle-même. On peut dire qu'Elle est la Croix elle-même. Là où est cette Croix rayonnante, là est aussi la Vérité, puisque cette Croix ne saurait être séparée de la Vérité; toutes deux ne font qu'un *parce que cette Croix revêt la forme visible de la Vérité.*

Donc, la Croix rayonnée, ou Croix rayonnante, *est* la Vérité sous Sa forme originelle. Et comme c'est seulement par la Vérité, et pas autrement, que l'être humain peut progresser vers le haut, il en résulte que l'esprit humain ne trouve de véritable *rédemption* qu'en reconnaissant – ou en connaissant – la Vérité divine.

D'autre part, puisque c'est seulement dans la Vérité que réside la rédemption, il s'ensuit que la Croix, donc la Vérité, est la Croix rédemptrice ou *Croix du Rédempteur.*

C'est la Croix du Rédempteur! Mais, pour l'humanité, *le Rédempteur est la Vérité.* Connaître la Vérité et emprunter le chemin lié à cette connaissance, chemin qui repose dans la Vérité ou est indiqué dans la Vérité, peut seul conduire l'esprit humain hors de son aliénation et de son égarement actuels, le libérer et le racheter de sa condition présente, pour le faire monter vers la Lumière. Et comme le Fils de Dieu qui fut envoyé et le Fils de l'Homme qui vient sont les *uniques* Dispensateurs de la Vérité *inaltérée,* comme ils La portent en eux, tous deux doivent, selon la nature des choses, porter aussi indissolublement la Croix en eux, donc être les porteurs de la Croix rayonnée, porteurs de la Vérité, porteurs de la Rédemption qui, pour les hommes, repose dans la Vérité. Ils apportent la rédemption dans la Vérité à ceux qui L'accueillent, à ceux donc qui suivent le chemin qui leur est indiqué. En regard de cela, que valent tous les discours raisonneurs des humains? Ils se dissiperont à l'heure de la détresse.

Voilà pourquoi le Fils de Dieu a dit aux hommes qu'ils devaient prendre la *Croix* et Le suivre, ce qui signifie par conséquent *accueillir la Vérité et vivre selon Elle!* Se conformer aux lois de la création, apprendre à les comprendre exactement et utiliser leurs effets auto-actifs uniquement pour le bien.

Là encore, qu'a donc fait de cette réalité simple et naturelle l'entendement borné des humains? Une doctrine de la souffrance qui n'est voulue ni de Dieu ni du Fils de Dieu! On s'est ainsi engagé sur un chemin *erroné* qui, au lieu de concorder avec le chemin indiqué, conduit loin de la Volonté de Dieu, et cette Volonté ne veut conduire que vers la joie et non vers la souffrance.

C'est évidemment un effroyable symbole pour l'humanité que d'avoir jadis cloué le Fils de Dieu précisément sur la représentation terrestre de la forme de la Vérité et de L'avoir torturé à mort, donc de L'avoir fait périr ici-bas sur le symbole de la Vérité qu'Il avait apportée! Mais la croix de souffrance, croix des Églises, n'est *nullement* la Croix du Rédempteur!

«Celui qui est dans la Force et dans la Vérité» est-il dit du Fils de Dieu. La Force est la Volonté de Dieu, le Saint-Esprit. Sa forme visible est la Colombe. La forme visible de la Vérité est la Croix rayonnante par Elle-même. On vit ces deux signes de façon vivante sur la Personne du Fils de Dieu parce qu'Il se tenait en eux. C'était donc pour Lui une manifestation naturelle et qui allait de soi.

On verra également ces signes chez le Fils de l'Homme: la Colombe au-dessus de Lui, la Croix du Rédempteur derrière Lui, car Lui aussi leur est indissolublement lié en tant que Dispensateur de la Vérité, qui «est dans la Force et dans la Vérité». *Ce sont les signes infaillibles de Son authentique Mission afin que s'accomplissent les prophéties*, signes à jamais inimitables, indestructibles, signes avertisseurs qui, malgré leur terrible gravité, contiennent aussi une promesse! Devant eux seuls, tout ce qui est ténèbres est contraint de reculer.

Regardez vers le haut! Dès que les inexorables signes avant-coureurs de Sa venue se seront manifestés, balayant de Sa route les obstacles qu'y accumule la présomption humaine, *le bandeau tombera des yeux d'un grand nombre de ceux qui ont la grâce* de Le reconnaître *en tant que tel!* Contraints par la Force de la Lumière, ils *devront* alors en témoigner à haute voix.

Pas un seul des faux prophètes encore si nombreux de nos jours, pas plus qu'aucun guide, ne peut subsister en face de *tout cela* car, dans ces deux signes éminents – que nul ne peut porter hormis le Fils de Dieu et le Fils de l'Homme – Dieu Lui-même témoigne pour Son Serviteur, et toute sagacité humaine est contrainte de se taire.

Guettez l'heure, elle est plus proche que *tous* ne le croient!

L'ÉTRANGER

LES TÉNÈBRES pesaient à nouveau sur la Terre. Triomphante, leur ombre descendait sur les êtres humains, leur barrant la voie qui mène vers le royaume spirituel primordial. La Lumière de Dieu s'était retirée d'eux; sanglant et brisé, le corps qui Lui avait servi de réceptacle terrestre était suspendu à la croix, victime de l'opposition de ceux auxquels la Lumière voulait apporter le bonheur et la paix sacrée.

Au sommet de toute la création, dans la proximité rayonnante de Dieu, se dresse le Manoir du Graal en tant que Temple de la Lumière. Une immense tristesse y régnait au sujet des esprits humains égarés dans les profondeurs: dans leur aveugle prétention à vouloir mieux savoir, ils s'étaient fermés à la Vérité de façon hostile et laissés entraîner par les ténèbres remplies de haine jusqu'à commettre le crime contre le Fils de Dieu. La malédiction ainsi engendrée par l'humanité s'abattit lourdement sur le monde entier, l'acculant à une étroitesse de compréhension encore plus grande.

Depuis le Manoir du Graal, un adolescent considérait ce monstrueux événement avec un étonnement empreint de gravité … C'était le futur Fils de l'Homme. A cette époque, Il était déjà en voie de formation, une formation qui devait s'étendre sur des milliers d'années, car c'est bien armé qu'Il devait descendre dans ces bas-fonds où les ténèbres régnaient par le vouloir des hommes.

C'est alors qu'une main de femme se posa avec douceur sur l'épaule de l'adolescent rêveur. La Reine de la féminité se tenait à Ses côtés et dit avec une tristesse pleine d'affection:

«Laisse cet événement agir sur toi, cher fils! *Voilà* le champ de bataille qu'il te faudra parcourir à l'heure de l'accomplissement car, à la demande du Sauveur assassiné, Dieu le Père accorde qu'avant le Jugement tu annonces une nouvelle fois Sa Parole aux renégats afin de sauver ceux qui veulent encore l'entendre.»

Silencieux, l'adolescent baissa la tête et, en une fervente prière, Il demanda que la Force Lui soit donnée, car l'écho d'un Amour divin aussi grand résonnait puissamment en Lui.

L'annonce de cette ultime et nouvelle possibilité de grâce se répandit bien vite à travers toutes les sphères et de nombreuses âmes implorèrent Dieu de leur accorder le privilège de collaborer à la grande œuvre de rédemption pour tous ceux qui veulent encore trouver le chemin qui conduit vers Dieu. L'Amour de Dieu le Père l'accorda à bien des âmes qui y trouvèrent un avantage pour leur ascension. En une joie pleine de gratitude, la légion de ces privilégiés prêta dans l'allégresse un serment de fidélité en vue de l'accomplissement de cette possibilité de servir qui leur était accordée.

Ainsi furent préparés *ces* appelés qui devaient plus tard se tenir à la disposition de l'Envoyé de Dieu lorsque viendrait pour Lui l'heure de l'accomplissement sur cette Terre. Ils furent formés avec sollicitude en vue de leurs tâches et incarnés sur Terre en temps voulu afin d'être prêts dès que les atteindrait l'appel que *leur premier devoir était de guetter.*

Entre-temps, le legs du Fils de Dieu assassiné, Sa Parole vivante, était exploité sur Terre uniquement à des fins égoïstes. Il manquait en l'occurrence aux hommes toute notion des vrais principes christiques. S'étant au contraire accoutumés à une servilité entièrement fausse et purement terrestre, ils repoussèrent finalement toute autre conception comme ne venant pas de Dieu. Aujourd'hui encore, ils repoussent et combattent tout ce qui ne revêt pas cette rebutante mollesse souhaitée par eux ainsi que tous ceux qui ne pratiquent pas ce même culte de l'humain si malsain et si servile.

Tout ce qui n'est pas fondé sur la reconnaissance de la souveraineté humaine est simplement qualifié de faux et d'étranger à la Parole de Dieu. Mais sous ce comportement ne se cache en réalité rien d'autre que la terrible angoisse que puisse être révélée l'inanité de la fausse construction, inanité ressentie depuis longtemps.

Voilà ce qu'on avait fait du legs sacré du Fils de Dieu! C'est en partant d'hypothèses aussi avilissantes que l'on transmit Ses Paroles claires en les interprétant de façon par trop humaine. On recruta des adeptes en flattant les faiblesses humaines dans le but d'exercer une certaine puissance terrestre, puissance vers laquelle tendaient finalement tous les efforts. Mais, par la suite, de bestiales cruautés révélèrent très vite à quel point les porteurs du principe christique méconnu étaient loin de le comprendre véritablement et combien peu ils le vivaient.

Sans cesse, et toujours plus nettement, la preuve fut établie que précisément ceux qui, dans leur impardonnable impudence, prétendaient être porteurs du principe christique étaient les pires ennemis et les plus grands offenseurs de ce principe tel qu'il est en réalité. Toute l'histoire postérieure à la vie terrestre du Christ, dès la naissance des Églises, montre ces faits gravés en runes indélébiles et marqués en lettres de feu de façon si claire que jamais ils ne sauraient être contestés ou minimisés. Sans qu'il soit possible de le dissimuler, le monument infâmant de l'hypocrisie consciente fut érigé par la longue histoire des meurtres individuels et collectifs perpétrés sous la criminelle invocation de Dieu et, aujourd'hui encore, on continue en bien des lieux à œuvrer dans ce sens; seules les formes ont changé et se sont adaptées à l'époque actuelle.

Les ténèbres devinrent ainsi de plus en plus noires grâce à la complaisance de tous les esprits humains à mesure qu'approchait l'époque où le Fils de l'Homme devait être incarné sur Terre.

Une joyeuse animation dans les éléments annonça Sa naissance terrestre. Des anges L'accompagnèrent avec amour jusque sur cette Terre. Des êtres primordiaux formèrent un solide rempart autour de Lui et de Son enfance terrestre. Il Lui fut donné de vivre sur Terre une jeunesse ensoleillée. Comme un signe de Dieu le Père, Il voyait le soir rayonner la Comète au-dessus de Lui; Il la considérait tout naturellement comme faisant partie des astres, et cela jusqu'à ce que Lui fût posé le bandeau qu'Il devait porter au cours de Son amer apprentissage terrestre.

Tout parut alors étranger autour de Lui, seule une profonde et inextinguible nostalgie emplissait son âme; elle alla grandissant jusqu'à Lui ôter tout repos, jusqu'à devenir une incessante et fébrile recherche. Rien de ce qu'offrait la Terre n'était en mesure de l'apaiser.

Le bandeau de matière subtile posé devant les yeux, Il se trouvait à présent face aux ténèbres, sur un terrain hostile, sur un champ de bataille où tout ce qui est ténèbres pouvait prendre pied plus fermement que Lui-même. Il était donc logique que, partout où Il tentait d'entreprendre quelque chose, aucun écho ne puisse se faire entendre et aucun succès en résulter; au contraire, seules les ténèbres sifflaient dans leur hostilité.

Tant que le moment de l'accomplissement ne fut pas venu pour Lui, les ténèbres purent toujours rester les plus fortes et Lui nuire matériellement là où Il exerçait quelque activité terrestre, car ce qui est terrestre devait tout naturellement s'opposer avec hostilité à l'Envoyé de Dieu puisque tout vouloir humain est aujourd'hui dirigé *contre* la véritable Volonté de Dieu, malgré la prétendue recherche de la Vérité, recherche derrière laquelle ne se cache jamais que la présomption sous ses multiples aspects. Partout les ténèbres trouvèrent aisément des créatures prêtes à entraver l'Envoyé de la Lumière, à Lui infliger de sensibles et douloureuses blessures.

C'est ainsi que Son temps d'apprentissage terrestre devint un chemin de douleur.

De même que le spirituel, avec une force considérable, exerce en apparence une action magnétique, attirant et maintenant l'essentialité, la matière subtile et la matière dense, de même – et bien plus puissamment encore – ce qui a son origine au-dessus du spirituel doit agir dans la postcréation sur *tout* ce qui se trouve au-dessous de lui. C'est là un processus naturel, il ne pourrait en être autrement. Pourtant, ses effets ne font que ressembler à une force d'attraction. Au sens courant du terme, la force d'attraction ne s'exerce qu'entre des genres en affinité.

Cependant, il s'agit *ici* de l'effective *puissance du plus fort* au sens purement objectif, au sens le plus noble, et non selon la façon de voir humaine et terrestre puisque, dans la matière dense, par suite de l'intervention des hommes, comme toute autre chose, cette loi se manifeste par des effets plus grossiers. L'effet naturel de cette puissance supérieure apparaît sous son aspect extérieur comme une force d'attraction magnétique exerçant une action de concentration, de cohésion et de prééminence.

Or, en vertu de cette loi, les êtres humains eux aussi se sentirent magnétiquement attirés vers cet Étranger voilé de mystère et plus puissant qui venait d'En haut, même si bien souvent ils s'opposèrent à Lui avec hostilité. Les enveloppes compactes dont Il était entouré ne réussissaient pas à endiguer complètement cette Force étrangère sur Terre alors qu'elle ne pouvait encore rayonner librement pour exercer *cette* puissance irrésistible qu'elle aura à l'heure de l'accomplissement, après l'abandon des enveloppes dont Il avait été revêtu.

Cela provoqua une discordance dans les intuitions humaines. A elle seule, la présence de l'Étranger éveillait en eux, dès l'instant où ils Le rencontraient, les pensées d'espoir les plus diverses qui, malheureusement, du fait de leur mentalité, ne se concrétisaient jamais que sous forme de vœux matériels qu'ils nourrissaient et laissaient grandir en eux.

L'Étranger, cependant, ne pouvait absolument pas prendre de tels vœux en considération car Son heure n'était pas encore venue. S'étant fait des illusions, beaucoup d'entre eux furent donc souvent profondément déçus et, chose singulière, ils se sentirent même dupés. Jamais il ne leur vint à l'idée qu'en réalité *seuls leurs propres* espoirs égoïstes ne s'étaient pas réalisés et, indignés, ils en firent dans leur déception endosser la responsabilité à l'Étranger. Lui, pourtant, ne les avait pas appelés: c'étaient eux, au contraire, qui s'imposaient et s'accrochaient à Lui sous l'effet de cette loi qui leur était inconnue; souvent même, ils devinrent pour Lui une lourde charge qu'Il porta lors de Son périple à travers *ces* années terrestres qui avaient été prévues pour Son temps d'apprentissage.

Les hommes de la Terre ressentaient en Lui quelque chose de mystérieux, d'inconnu, qu'ils ne pouvaient expliquer, ils pressentaient une puissance cachée qu'ils ne comprenaient pas. De ce fait, dans leur ignorance, ils ne supposèrent finalement que suggestion intentionnelle, hypnose ou magie, selon le genre de leur incompréhension, alors que rien de tout cela n'entrait en ligne de compte. La sympathie initiale, la conscience d'une attirance étrange, se transformait alors très souvent en haine qui se déchaînait en lapidant moralement ou en tentant de salir Celui dont ils avaient prématurément beaucoup attendu.

Nul ne se donna la peine de s'analyser en toute justice, ce qui aurait montré que l'Étranger – qui vivait Sa vie propre selon d'autres conceptions et d'autres idéaux – avait été exploité par ceux qui s'imposaient à Lui, alors que Lui-même était fort loin d'exploiter quiconque, comme ces importuns, tout à l'amertume du non-accomplissement de leurs souhaits d'une vie commode, tentaient de s'en persuader et d'en convaincre les autres. Dans leur aveuglement – à l'instar des agissements de Judas – ils répondirent par une haine et une animosité insensées à la bienveillance qui leur avait été témoignée.

Mais l'Étranger sur la Terre dut tout supporter: n'était-ce pas là une conséquence toute naturelle de Sa présence tant que l'humanité vivait dans l'égarement? Rien qu'à cela, Il put reconnaître – Lui à qui toute action et toute pensée mauvaises étaient parfaitement étrangères – ce dont, dans leur genre, les humains de la Terre furent capables. Toutefois, une telle expérience Lui apporta en même temps l'endurcissement nécessaire qui, lentement, telle une cuirasse, recouvrit Sa serviabilité par ailleurs toujours disponible. C'est ainsi qu'un abîme se creusa entre Sa serviabilité et l'humanité ... à cause des blessures infligées à Son âme. Ces blessures entraînèrent une rupture que seule la transformation radicale de l'humanité est capable de guérir. A partir de cet instant, les blessures qui Lui furent infligées formèrent l'abîme au-dessus duquel seul peut jeter un pont *celui* qui suit *entièrement* le chemin des Lois de Dieu: lui seul peut servir de pont. Tout autre ne pourra que s'écraser dans l'abîme, car il n'est pas d'autre chemin pour le franchir, et le fait de s'immobiliser devant cet abîme entraîne l'anéantissement.

A l'heure précise, avant même la fin de ce dur apprentissage, s'accomplit la rencontre avec *cette* compagne qui, étant une partie de Lui-même, devait cheminer à Ses côtés tout au long de Sa vie terrestre afin de collaborer à cette haute Mission, selon l'ordonnance divine. Étrangère Elle-même sur Terre, Elle s'intégra en pleine conscience et avec joie dans la Volonté de Dieu pour s'y épanouir avec gratitude.

Alors seulement vint l'heure des appelés qui avaient jadis prêté à Dieu le serment de servir dans la fidélité. Avec sollicitude, l'exaucement de leur requête fut mené à bonne fin. Leur incarnation sur Terre eut lieu en temps voulu. Fidèlement guidés, ils furent équipés sur le plan terrestre de tout ce dont ils avaient besoin pour accomplir leur tâche respective. Ils se voyaient si manifestement pourvus et comblés qu'ils ne pouvaient que considérer cela comme un don, un prêt consenti pour l'heure de l'accomplissement de leur promesse d'antan.

A l'heure dite, ils entrèrent en contact avec l'Envoyé, par Sa Parole, puis aussi personnellement... Beaucoup d'entre eux pressentirent effectivement l'appel, ils éprouvèrent en leur âme quelque chose d'inhabituel, cependant ils s'étaient entre-temps, au cours de leur existence terrestre, à tel point laissés prendre par des choses purement matérielles – et jusqu'à un certain point aussi par les ténèbres – qu'ils ne furent plus en mesure de rassembler la force nécessaire pour «se débarrasser du vieil homme» en vue du véritable service pour lequel il leur avait été donné de venir sur Terre durant cette grande époque.

Quelques-uns manifestèrent bien des velléités d'accomplissement, mais leurs défauts terrestres les empêchèrent de les mettre à exécution. Il y en eut malheureusement d'autres qui, certes, s'engagèrent sur la voie qui leur était destinée mais qui, dès le départ, ne cherchèrent en *premier* lieu qu'à en retirer des avantages matériels pour eux-mêmes. Même parmi ceux dont le vouloir était sincère, il y en eut plusieurs pour s'attendre à ce que Celui qu'ils devaient servir, *eux*, leur aplanît le chemin de l'accomplissement, alors que cela aurait dû être le contraire!

Très peu – quelques-uns seulement – se montrèrent vraiment capables de s'identifier peu à peu avec leur tâche. C'est à ceux-là qu'à l'heure de l'accomplissement une force décuplée fut dévolue de sorte que les lacunes cessèrent de se faire sentir et que, dans leur fidélité, ils devinrent même capables d'accomplir davantage que n'aurait jamais pu accomplir le grand nombre.

C'est avec tristesse que l'Étranger sur la Terre vit les ravages dans les rangs des appelés. *Ce fut pour Lui l'une des plus amères expériences.* Quoi qu'Il ait pu apprendre, quoi qu'Il ait pu souffrir par les hommes... devant cette dernière réalité, Il restait sans comprendre car Il ne trouvait aucune excuse à cette défaillance. Selon Lui, un appelé qui, en exaucement de sa requête, avait été spécialement guidé et incarné, pouvait-il faire autrement qu'accomplir sa tâche avec fidélité et dans la joie la plus profonde? Pour quelle autre raison était-il donc sur Terre? Pourquoi avait-il été fidèlement protégé jusqu'à l'heure où l'Envoyé aurait besoin de lui? Tout cela ne lui avait été donné que dans l'intérêt de son indispensable service!

C'est pourquoi il advint que, lorsque l'Étranger entra en contact avec les premiers appelés, Il leur accorda Son entière confiance. Il les considérait uniquement comme des amis dont la fidélité la plus inébranlable constituait la base de leurs pensées, de leurs intuitions et de leurs actions. Ne s'agissait-il donc pas de ce qu'il y a de plus grand, de plus précieux qui puisse advenir à un être humain? Il ne Lui vint pas un instant à l'idée que même des appelés aient pu eux aussi devenir impurs pendant leur période d'attente. Pour Lui, il était inconcevable qu'un être humain comblé d'une telle grâce pût ainsi criminellement gâcher et manquer le but proprement dit de son existence terrestre. Avec les fautes qui leur restaient attachées, ils Lui apparurent comme ayant grand besoin d'aide... L'horreur d'une pareille constatation Le frappa d'autant plus durement qu'Il dut ressentir par l'expérience vécue que, même dans des cas aussi extraordinaires, l'esprit humain n'est pas digne de confiance et que, en dépit d'une conduite spirituelle des plus fidèles, il se montre indigne de la grâce la plus insigne.

Bouleversé, Il vit soudain devant Lui l'humanité dans son indicible médiocrité, son infamie. Il en eut la nausée.

La misère sur Terre se fit plus accablante. L'inconsistance de tout ce que l'activité des hommes avait érigé de façon erronée jusqu'à ce jour apparut toujours plus nettement. La preuve de leur incapacité se montra encore davantage au grand jour. En raison de la confusion croissante, tout se mit lentement à vaciller, à cette exception près: la présomption des êtres humains quant à leur prétention au savoir.

C'est précisément cette prétention qui grandissait, plus luxuriante que jamais, ce qui était naturel puisque la présomption a toujours pour base l'étroitesse de vue. L'accroissement de cette étroitesse ne peut qu'entraîner dans son sillage la poussée foisonnante de la présomption.

Le besoin de se faire valoir s'enfla jusqu'à devenir frénétique. Moins l'homme avait à donner, plus l'âme en lui, apeurée, ne pressentant que trop bien l'effondrement, criait qu'on la délivre, et plus, par un fallacieux besoin de compensation, sa recherche des *futilités terrestres* et des distinctions humaines devenait pressante. Même s'il advenait souvent que, dans leurs moments de calme, les hommes en viennent finalement à douter, cela ne faisait que les inciter davantage à vouloir au moins *passer* pour savants, et ceci à *tout* prix!

C'est ainsi que la chute se fit vertigineuse. Dans le pressentiment de l'effondrement à venir – pressentiment qui est source d'angoisse – chacun ne cherchait en fin de compte qu'à s'étourdir à sa manière, laissant les événements inouïs suivre leur cours. Il fermait les yeux devant la responsabilité imminente.

Cependant, des hommes «sages» annonçaient l'heure de la venue d'un aide puissant qui sauverait l'humanité de la détresse, mais la plupart d'entre eux voulaient reconnaître ce guide en eux-mêmes ou, s'ils étaient modestes, le trouver du moins au sein de leur groupe.

Les «croyants» imploraient Dieu de les aider à sortir de la confusion. Mais il s'avéra que ces petits êtres humains, tout en priant dans l'attente de l'accomplissement, tentaient de poser en leur for intérieur des conditions à Dieu en souhaitant que ce guide fût *tel* qu'il corresponde à *leurs idées*. Voilà jusqu'où peuvent aller les conséquences de l'étroitesse de vue terrestre! Et les hommes arrivent à croire qu'un Envoyé de Dieu a besoin de se parer de futilités terrestres! Ils attendent de Lui qu'Il se conforme à leurs opinions terrestres si bornées afin d'être ainsi reconnu par eux et de gagner *par là* leur foi et leur confiance. Quelle présomption inouïe, quel orgueil repose dans ce seul fait! La présomption sera impitoyablement écrasée à l'heure de l'accomplissement, de même que tous ceux qui, en esprit, se vouèrent à semblable illusion!

Alors le Seigneur appela Son serviteur qui cheminait en étranger sur cette Terre, afin qu'Il parlât et annonçât le Message à tous ceux qui en avaient soif.

Et voici que le savoir des «sages» était faux et les prières des croyants non sincères, car ils ne s'ouvrirent pas à la voix qui venait de la Vérité et qui, par conséquent, ne pouvait être reconnue que là où l'étincelle de Vérité en l'homme n'avait pas disparu sous les imperfections terrestres, sous la puissance de l'intellect et tout ce qui est susceptible de détourner l'esprit humain du vrai chemin et d'entraîner sa chute.

La voix de la Vérité ne pouvait éveiller un écho que là où la prière émanait d'une âme réellement humble et sincère.

L'appel retentit. Là où il frappait, il apportait inquiétude et dissension. Mais là où il avait été sincèrement attendu, il apportait paix et félicité.

Les ténèbres furent prises d'une agitation fébrile et se condensèrent encore davantage, se faisant plus compactes, plus lourdes, plus noires autour de la Terre. Dans leur hostilité, elles crachaient ici et là et, dans leur haine, se dressaient en sifflant, frappant dans les rangs de ceux qui voulaient répondre à l'appel. Cependant, elles encerclaient toujours plus étroitement *ceux des appelés* qui, ayant failli, étaient contraints de sombrer dans l'obscurité à laquelle ils avaient ainsi volontairement tendu la main. Leur serment d'antan les liait fortement sur le plan spirituel à l'Envoyé, les attirait vers Lui à mesure qu'approchait l'heure de l'accomplissement, tandis que leurs défauts faisaient obstacle et les écartaient de Lui parce que, dans ces conditions, aucune liaison avec la Lumière n'était possible.

Il ne put à nouveau en résulter qu'un pont pour la haine, pour l'immense haine des ténèbres contre tout ce qui est Lumière. Le chemin de douleur de l'Envoyé de la Lumière jusqu'à Son Golgotha se trouva ainsi aggravé, et la majeure partie de l'humanité ne se prêta que trop volontiers à le rendre plus pénible, surtout ceux qui s'imaginaient déjà connaître et suivre eux-mêmes la voie de la Lumière, comme jadis les pharisiens et les scribes.

Tout cela créa une situation qui permit à l'humanité de fournir une nouvelle fois la preuve qu'elle commettrait aujourd'hui exactement le même crime que celui qu'elle perpétra jadis sur la personne du Fils de Dieu, mais cette fois sous une forme moderne: une crucifixion symbolique par une tentative d'*assassinat moral* qui, selon les Lois de Dieu, *n'est pas moins condamnable que l'assassinat physique.*

Tel fut l'accomplissement après la dernière possibilité de grâce perdue par insouciance. Des traîtres, des faux-témoins et des calomniateurs sortirent des rangs des appelés. Toujours plus dense, la vermine des ténèbres osait s'approcher: elle se croyait en sécurité parce que l'Étranger sur Terre, en accomplissement de Sa Mission, se taisait en face de l'ordure, comme il Lui avait été prescrit de le faire, et comme le fit jadis le Fils de Dieu devant la foule hurlante qui voulait Le faire clouer sur la croix en tant que criminel.

Mais lorsque les renégats parjures, dans leur haine aveugle, s'imaginaient déjà tout près de la victoire, lorsque les ténèbres croyaient une fois encore l'Oeuvre de la Lumière anéantie parce qu'elles espéraient avoir totalement rendu inopérant sur le plan terrestre le Porteur de cette Oeuvre, alors Dieu, *dans Sa Toute-puissance*, révéla cette fois *Sa Volonté*. Et... tremblants, les railleurs tombèrent eux aussi à genoux, mais... pour eux, il était trop tard!

LE SALUT ET LA RÉDEMPTION

LE SALUT! La rédemption! Que de fois déjà les êtres humains se sont fait de ces termes une fausse image en voulant y voir un secours inconditionnel de la part de la Lumière, à l'exclusion de la très Sainte Justice! Il y a là une aberration totale qui se manifeste dès à présent dans tout ce que conçoit l'entendement des humains. Ils veulent faire de Dieu leur esclave prêt à les secourir, un esclave qu'ils n'autorisent à intervenir que pour le bien des petits hommes de la Terre.

Interrogez-vous donc vous-mêmes à ce sujet; sans vous chercher de circonstances atténuantes, examinez vos pensées de près, regardez avec objectivité et lucidité en allant au fond des choses, vous serez alors obligés de reconnaître que, dans votre façon de penser, vous n'avez jamais voulu autre chose que voir Dieu constamment vous aider et vous servir sur votre demande afin de réaliser vos vœux.

Certes, vous ne donnez pas à cette attitude le nom qui correspondrait à votre état intérieur mais, comme toujours, vous usez de détours pour masquer votre vouloir erroné; vous revêtez le mantelet de l'humilité simulée et vous ne parlez que «d'accorder» au lieu de servir; pourtant, cela ne change rien au fait que tout votre comportement, même lorsque vous priez, vient du malin et ne saurait être agréable à Dieu.

Soyez donc pour une fois enfin sincères envers vous-mêmes et tremblez en reconnaissant quelle fut jusqu'à ce jour votre attitude devant votre Dieu: obstinés, arrogants et insatisfaits, hypocrites en raison de votre superficialité, ne pensant à Lui que dans la détresse et le malheur afin qu'Il vous aide à échapper aux conséquences de vos actes, alors que vous ne vous êtes jamais demandés auparavant si vos décisions concordaient aussi avec *Sa* Volonté.

Qu'êtes-vous, hommes, devant la Toute-puissance et la Majesté du Seigneur que vous voulez voir veiller sur vous de la façon qui vous est agréable! Avec quelle présomption voulez-vous imposer ici sur Terre *ces* lois qu'a engendrées votre étroitesse de vue et qui ne sont pas en harmonie avec les

Lois divines que Lui, le Seigneur, a déposées dans la création! Vous exercez bien souvent votre vouloir erroné en recourant à une ruse irresponsable et à une façon de penser mauvaise aux yeux de Dieu, portant ainsi préjudice à votre prochain dans le but d'obtenir des avantages pour vous-mêmes, que ce soit en argent et en biens matériels ou en considération de la part de ceux pour lesquels vous agissez de la sorte.

A présent, tout cela va retomber sur vous avec le poids d'une montagne puisque, de par la loi de la réciprocité des effets, la moindre partie de vos mauvaises actions n'a pu vous être remise comme étant rachetée, à moins que vous ne vous en soyez libérés vous-mêmes grâce au changement de votre vouloir pour le bien.

Les obstacles qui retiennent encore la chute des innombrables châtiments accumulés se trouveront arrachés. Irrésistiblement, tout déferle sur l'humanité terrestre qui veut persister dans sa paresse d'esprit et son arrogance afin d'imposer sa volonté, une volonté qui, depuis longtemps déjà, s'est fort éloignée de la Volonté de Dieu.

Or, voilà la fin du règne de tout ce qui est ténèbres sur la Terre! Ce règne s'effondre, entraînant dans sa chute tous ceux qui se firent ses complices.

Mais au milieu du tumulte fracassant de l'effondrement général vibre la Parole! Victorieuse, Elle se répand dans tous les pays afin que puisse encore se sauver celui qui *s'efforce* sincèrement de la saisir.

Cela implique que chacun doive s'efforcer personnellement de reconnaître la Parole du Seigneur comme étant le salut. Si, par scepticisme, il laisse passer cette dernière possibilité sans la saisir de toutes ses forces, jamais plus l'occasion ne se représentera, et le moment de trouver la rédemption dans la Parole sera perdu pour lui à jamais.

Le salut et la rédemption ne viendront à lui que dans la Parole qu'il lui faut accueillir afin que, en vivant d'après Elle, il se libère des liens qui le maintiennent dans la méconnaissance et la déformation des véritables valeurs.

Vous avez été le plus gravement intoxiqués et mis en danger par la représentation erronée de l'Amour divin que vous avez tenté de dépouiller de toute fraîcheur, de toute force et de toute clarté pour le recouvrir en échange d'une mollesse malsaine et d'une indulgence nuisible qui ne pouvaient que vous précipiter tous dans la paresse d'esprit, et par conséquent dans la perdition.

Gardez-vous de la funeste déformation de la notion du Saint Amour de Dieu! Vous tombez par là dans une somnolence qui, d'abord agréable, ne tarde pas à se transformer en un sommeil mortel.

Il n'y a pas de *véritable* Amour dans l'indulgence et une bonté qui pardonne tout; au contraire, cette erreur est comme un stupéfiant qui ne fait que bercer les esprits dans la lassitude et les affaiblir, entraînant finalement la paralysie totale et provoquant la mort éternelle puisque, dans ce cas, il n'est plus possible de se réveiller à temps.

Seule la froide sévérité de la Pureté divine peut percer la lassitude et ouvrir au véritable Amour le chemin menant à votre esprit. La Pureté *est* sévère, elle ne connaît aucun accommodement, pas plus d'ailleurs que d'excuses. Voilà pourquoi elle ne manquera pas de paraître sans égards à bien des êtres humains qui ne cherchent que trop volontiers à se leurrer à leur propre sujet. Mais en réalité, elle ne blesse que là où quelque chose n'est pas en ordre.

La mollesse porte préjudice aussi bien à vous-mêmes qu'à ceux auxquels vous croyez ainsi faire plaisir. Vous serez un jour jugés par quelqu'un de *plus haut*, selon un genre de justice qui, par votre faute, vous est devenu étranger depuis longtemps, car vous vous en êtes éloignés.

C'est la *Justice divine*, immuable d'éternité en éternité et indépendante de l'opinion des hommes, indifférente à leurs faveurs, à leur haine ainsi qu'à leur méchanceté et à leur puissance. Elle est *Toute*-puissante car Elle est issue de Dieu!

Si vous ne mettez pas *toute* votre force en œuvre pour vous délivrer du «vieil homme», vous ne parviendrez pas non plus à comprendre cette Justice. Mais alors vous ne pourrez pas davantage devenir nouveaux en vousmêmes! Or, seul l'homme *nouveau* qui se conforme à la Parole de Vie et aspire à la Lumière reçoit l'aide dont il a besoin pour traverser un Jugement divin.

Il faut que l'être humain s'aide de la Parole qui lui indique les voies à suivre. Ce n'est qu'*ainsi* qu'il peut trouver la rédemption; sinon, elle ne vient pas à lui. Il lui faut devenir fort dans le combat qu'il mène pour luimême, ou bien il y périt fatalement!

Éveillez-vous et, en combattant, opposez-vous à tout ce qui est ténèbres; la force secourable vous est alors donnée en partage. Les faibles, cependant, perdent tout ce qui leur reste de force, car ils ne savent pas s'en servir correctement. Ainsi leur est-t-il encore ôté le peu qu'ils ont parce que, selon la loi de l'attraction des affinités, tout afflue vers ceux qui utilisent la Force avec zèle et de la *bonne manière*. C'est ainsi que s'accomplit ce qui est annoncé par de très anciennes prophéties.

LE LANGAGE DU SEIGNEUR

C'EST UN devoir sacré pour l'esprit humain que de rechercher pourquoi il vit sur Terre ou plus généralement dans cette création à laquelle il est rattaché comme par des milliers de fils. Aucun être humain ne se croit assez insignifiant pour s'imaginer que son existence soit sans but, à moins que *lui-même* ne la rende sans objet. Pour cela, il se considère de toute façon comme étant trop important. Et pourtant, seuls quelques êtres humains parviennent avec peine à se défaire *suffisamment* de leur paresse d'esprit pour se préoccuper sérieusement de rechercher quelle est leur mission sur Terre.

Là encore, c'est uniquement la paresse d'esprit qui leur fait accepter de plein gré des doctrines rigides conçues par d'autres. Et c'est paresse que de penser, pour se tranquilliser, qu'il y a de la grandeur à s'en tenir à la croyance de ses parents sans soumettre les principes qu'elle renferme à un examen personnel précis et rigoureux.

En ce domaine, les hommes se voient à présent encouragés avec zèle par les associations intéressées et égoïstes qui croient posséder, par l'augmentation du nombre de leurs adeptes, le meilleur moyen d'élargir et de consolider leur influence, et donc d'accroître leur puissance.

Elles sont fort éloignées de la vraie connaissance de Dieu, sinon elles n'entraveraient pas l'esprit humain par les chaînes d'une doctrine rigide; elles devraient au contraire lui inculquer la responsabilité personnelle qui est instaurée par Dieu et dont la condition fondamentale est *la liberté absolue de la résolution spirituelle.* Seul un esprit libre à cet égard peut parvenir à la vraie connaissance de Dieu. Cette connaissance mûrit en lui jusqu'à la conviction totale indispensable à quiconque veut être élevé vers les hauteurs lumineuses, car seule une conviction libre et sincère peut l'y aider.

Mais vous, les hommes, qu'avez-vous fait? Comme vous avez entravé cette suprême Grâce de Dieu, comme vous l'avez criminellement empêchée de se développer et d'ouvrir à tous les humains de la Terre *cette* voie qui les conduit sûrement à la paix, à la joie et à la félicité suprême!

Réfléchissez: déjà dans le choix, de même que dans l'acceptation ou dans l'obéissance qui, conséquence de la paresse spirituelle, ne se manifeste peut-être que par habitude ou parce que c'est l'usage pour d'autres, *repose une résolution personnelle* entraînant, selon les lois de la création, la responsabilité de celui qui agit ainsi.

Ceux qui poussent un esprit humain à agir de la sorte portent tout naturellement aussi une responsabilité personnelle, responsabilité qui est inévitable, inéluctable. La moindre pensée ou la moindre action ne saurait être effacée de la création sans entraîner des conséquences de même nature. Dans la trame de la création se tissent sans erreur possible, pour les individus comme pour les masses, les fils qui attendent les dénouements que leurs auteurs – c'est-à-dire ceux qui les ont engendrés – doivent finalement recueillir à leur tour, sous forme de douleur ou de joie, selon le genre que ces mêmes auteurs leur imprimèrent jadis, mais amplifiés, donc intensifiés.

Vous êtes pris dans la trame de votre propre vouloir, de vos actes, et vous ne vous en libérerez pas avant que les fils ne puissent se détacher de vous en se dénouant.

Parmi toutes les créatures se trouvant dans la création, seul l'esprit humain possède le *libre arbitre* qu'il n'a pu, certes, expliquer jusqu'à ce jour, qu'il n'a pas compris parce que les limites étroites de son intellectualisme vétilleux ne lui fournissaient aucun point d'appui qui pût lui servir de preuve.

Son libre arbitre réside uniquement dans la *résolution* dont il peut en effet prendre un grand nombre à chaque heure. Cependant, dans l'activité autonome des lois de la création, il est infailliblement soumis aux conséquences de chacune de ses propres résolutions. C'est là que réside sa responsabilité, indissolublement liée à la faculté de prendre librement des résolutions, faculté qui est donnée en propre à l'esprit humain dont elle fait partie intégrante.

Sinon, que deviendrait la Justice divine qui, en tant que pilier, facteur d'équilibre et de maintien de toute activité dans la création, y est fermement ancrée?

Toutefois, dans ses effets, cette Justice ne tient pas toujours uniquement compte du court laps de temps d'une existence terrestre pour un esprit humain; au contraire, des conditions bien différentes entrent en jeu, comme le savent les lecteurs de mon Message.

Par maintes résolutions prises à la légère, vous avez bien souvent déjà attiré sur vous le mal et vous l'attirez parfois de force sur vos enfants. Bien que vous vous soyez personnellement montrés trop indolents pour trouver encore la force de décider par vous-mêmes et en votre intuition la plus profonde – sans prendre en considération ce que vous' avez appris – si chaque parole à laquelle vous avez résolu d'adhérer peut renfermer en elle la Vérité, vous ne devriez pas chercher à imposer de surcroît les conséquences de votre paresse à vos enfants que vous précipitez ainsi dans le malheur.

Ce qui, chez les uns, est causé par la paresse d'esprit, vient chez d'autres de l'intellect calculateur.

L'humanité se trouve à présent enchaînée par ces deux ennemis de la liberté spirituelle de décision, à l'exception de quelques-uns qui s'efforcent encore de trouver le courage de briser ces liens en eux afin de devenir eux-mêmes vraiment des «hommes», comme l'implique l'observance des Lois divines.

Les Lois divines sont en tout de vraies amies, ce sont des grâces secourables issues de la Volonté de Dieu qui ouvre par là les chemins du salut à quiconque se donne la peine de les chercher.

Pour atteindre ce but, il n'existe aucune autre voie en dehors de celle qu'indiquent clairement les Lois de Dieu dans la création. La création entière est le Langage de Dieu, un Langage que vous devez sérieusement vous efforcer de lire et qui n'est nullement aussi difficile que vous le pensez.

Vous appartenez à cette création dont vous êtes une partie, il vous faut par conséquent vibrer avec elle, œuvrer en elle, mûrir en apprenant d'elle et, parvenant ainsi à la connaissance, vous élever toujours davantage, de degré en degré, entraînant dans l'irradiation tout ce qui entre en contact avec vous sur votre chemin, afin de l'ennoblir.

Alors s'accompliront spontanément autour de vous miracles sur miracles et, grâce à la réciprocité des effets, ils vous entraîneront toujours plus loin vers le haut.

Apprenez à reconnaître votre chemin dans la création et vous saurez aussi quel est le but de votre existence. Vous serez emplis d'une allégresse pleine de gratitude et du plus grand bonheur qu'un esprit humain est capable d'éprouver, un bonheur qui repose uniquement dans la connaissance de Dieu!

Mais la félicité qui vient de la vraie connaissance de Dieu ne peut jamais naître – et encore moins s'épanouir – à partir d'une foi aveugle et apprise;

seul un savoir fondé sur la conviction, une conviction fondée sur le savoir, donne à l'esprit ce dont il a besoin pour y parvenir.

Vous, les hommes de la Terre, vous êtes dans cette création pour *trouver* la félicité, la trouver dans le Langage que Dieu vous parle de façon vivante! Et comprendre ce Langage, l'apprendre, y ressentir intuitivement la Volonté de Dieu, *tel* est votre *but* lors de votre pérégrination à travers la création. C'est dans la création elle-même, à laquelle vous appartenez, que se trouve l'explication du *sens* de votre existence et, en même temps, la reconnaissance de votre *but!* Vous ne pouvez jamais trouver ni l'un ni l'autre autrement.

Cela exige de vous que vous *viviez* la création. Cependant, vous ne pouvez la vivre ou en faire *l'expérience* vécue que si vous la *connaissez* réellement.

Par mon Message, je vous ouvre à présent le Livre de la création. Le Message vous montre clairement le Langage de Dieu dans la création, ce Langage que vous devez apprendre à comprendre afin de pouvoir le faire entièrement vôtre.

Représentez-vous par exemple un enfant sur Terre qui ne peut comprendre son père ou sa mère parce qu'il n'a jamais appris le langage qu'ils lui parlent. Que pourra-t-il bien advenir de cet enfant?

Il ne sait absolument pas ce qu'on attend de lui et il ira de ce fait de difficulté en difficulté, il s'attirera malheur sur malheur et, en définitive, il risquera d'être totalement inutilisable pour faire quoi que ce soit ici-bas et sera incapable de ressentir la moindre joie.

Chaque enfant ne doit-il pas apprendre seul, et *par lui-même*, le langage de ses parents s'il veut arriver à quelque chose? Personne ne peut lui éviter cette peine!

Faute de quoi, jamais il ne parviendrait à s'y retrouver, jamais il ne mûrirait et jamais il ne pourrait agir sur cette Terre; il resterait au contraire une entrave, une charge pour les autres, et devrait finalement être séparé d'eux afin qu'il ne cause pas de préjudices.

Vous attendez-vous donc à autre chose à présent?

Tout comme l'enfant, vous avez, bien entendu, les mêmes devoirs inéluctables envers votre Dieu dont vous devez *vous-mêmes* apprendre à comprendre le Langage dès que vous désirez Son aide. Or, Dieu vous parle dans Sa création. Si vous voulez y progresser, il vous faut d'abord apprendre à connaître le Langage qui est le Sien. Si vous négligez de le faire, vous serez séparés de ceux qui connaissent ce Langage et s'y conforment, car autrement vous causeriez des préjudices et des entraves, peut-être même sans le vouloir vraiment.

C'est donc à *vous* d'agir. Ne l'oubliez pas et veillez à le faire dès maintenant, sinon vous serez abandonnés à la merci de tout ce qui vous menace! Mon Message sera pour vous un aide fidèle.

NOTE DU TRADUCTEUR

D'après certaines notes apparaissant dans ce volume, le lecteur remarquera que l'attention se trouve attirée sur les termes «spirituel», «essentiel», «essentialité», «êtres essentiels», etc. Il semble au traducteur que les mots «essentiel» et «essentialité» décrivent au mieux la nature de cette sphère particulière dont l'auteur révèle ici l'existence pour la première fois. Ces mots englobent des notions beaucoup plus vastes et souvent bien différentes de celles que l'on trouve généralement dans les dictionnaires. Toutefois, si le lecteur s'efforce sincèrement de suivre pas à pas les explications données dans le Message du Graal, il pourra saisir intuitivement ces termes dans leur vrai sens.

TABLE DES MATIÈRES

TABLE DES MATIÈRES
PAR ORDRE ALPHABÉTIQUE

TABLE DES MATIÈRES
DES TOMES II ET III DE CETTE ŒUVRE

TOME II

TOME III

Mouvement du Graal — Canada

C.P. 993, VICTORIAVILLE
PROV. QUEBEC, CANADA G6P 8Y1
TEL.: (819) 752-6072